信息科学与技术丛书

SAS编程与数据挖掘商业案例

姚志勇　编著

机 械 工 业 出 版 社

本书是作者多年来在企业实践工作中的经验总结，详细讲解了使用SAS进行商业数据挖掘的方法。其中包含了目前公开出版的诸多 SAS 教材没有的大量实战内容。

本书内容全面、新颖独创、综合性强，适合企业人员使用，也可作为数学、统计学、金融、电子商务、医药等专业的本科生、硕士生学习 SAS 编程和数据挖掘的参考资料。

读者可在 http://www.cmpbook.com 下载书中的 SAS 程序及相关测试数据集。

图书在版编目（CIP）数据

SAS 编程与数据挖掘商业案例 / 姚志勇编著. —北京：机械工业出版社，2010.5（2020.10 重印）
（信息科学与技术丛书）
ISBN 978-7-111-30535-4

Ⅰ. ①S… Ⅱ. ①姚… Ⅲ. ①商业统计－统计分析—应用软件，SAS Ⅳ. ①F712.3

中国版本图书馆 CIP 数据核字（2010）第 078039 号

机械工业出版社（北京市百万庄大街 22 号 邮政编码 100037）
策划编辑：车 忱
责任编辑：车 忱
责任印制：常天培

北京机工印刷厂印刷

2020 年 10 月第 1 版 • 第 9 次印刷
184mm×260mm • 22.25 印张 • 551 千字
17 001—17 500 册
标准书号：ISBN 978-7-111-30535-4
定价：79. 00 元

电话服务	网络服务
客服电话：010-88361066	机 工 官 网：www.cmpbook.com
010-88379833	机 工 官 博：weibo.com/cmp1952
010-68326294	金 书 网：www.golden-book.com
封底无防伪标均为盗版	机工教育服务网：www.cmpedu.com

出 版 说 明

随着信息科学与技术的迅速发展，人类每时每刻都会面对层出不穷的新技术和新概念。毫无疑问，在节奏越来越快的工作和生活中，人们需要通过阅读和学习大量信息丰富、具备实践指导意义的图书来获取新知识和新技能，从而不断提高自身素质，紧跟信息化时代发展的步伐。

众所周知，在计算机硬件方面，高性价比的解决方案和新型技术的应用一直备受青睐；在软件技术方面，随着计算机软件的规模和复杂性与日俱增，软件技术不断地受到挑战，人们一直在为寻求更先进的软件技术而奋斗不止。目前，计算机在社会生活中日益普及，随着Internet延伸到人类世界的方方面面，掌握计算机网络技术和理论已成为大众的文化需求。由于信息科学与技术在电工、电子、通信、工业控制、智能建筑、工业产品设计与制造等专业领域中已经得到充分、广泛的应用。所以这些专业领域中的研究人员和工程技术人员越来越迫切需要汲取自身领域信息化所带来的新理念和新方法。

针对人们了解和掌握新知识、新技能的热切期待，以及由此促成的人们对语言简洁、内容充实、融合实践经验的图书迫切需要的现状，机械工业出版社适时推出了“信息科学与技术丛书”。这套丛书涉及计算机软件、硬件、网络和工程应用等内容，注重理论与实践的结合，内容实用、层次分明、语言流畅，是信息科学与技术领域专业人员不可或缺的参考书。

目前，信息科学与技术的发展可谓一日千里，机械工业出版社欢迎从事信息技术方面工作的科研人员、工程技术人员积极参与我们的工作，为推进我国的信息化建设作出贡献。

机械工业出版社

前　　言

当前国内的诸多数据挖掘书籍几乎都是基于理论说明，很少深入介绍数据挖掘实践，涉及 SAS 开发的更是少见。因此，从商业应用出发，基于实践而不是基于理论的数据挖掘书籍呼之欲出。本书作者从商业需求出发，以商业人士的眼光来看待企业数据挖掘，并给出大量的商业实践案例。把主流的数据挖掘技术用真实案例来实现是本书出版的初衷，同时为了满足初学者需求，作者也给出了数据挖掘必备的基础编程知识模块。

全书共分两部分。

第一部分是 SAS 编程：

第 1 章和第 2 章主要介绍 SAS 系统和编程基础，同时介绍 SAS 数据处理最核心的内容——数据指针和 PDV 流程。该核心内容贯穿第一部分，是已出版的其他 SAS 图书没有的。

第 3～9 章主要介绍 SAS 的数据处理技术，也是第一部分的主要内容，包括数据集处理、变量处理和观测处理等多种数据处理技术，同时也介绍了循环控制等稍难的内容，重要的是给出了诸多实际案例及商业应用。尽管第 3～9 章从表面上看和诸多已经出版的 SAS 图书没有什么大的不同，但是这些章节最大的亮点是作者对每一个示例和案例从数据指针和 PDV 流程的角度给予了最详细的程序解读，让读者真正读懂程序，而不是停留在程序的表面。

第 10 章是第一部分的难点。作者还是站在商业实践的角度逐一介绍宏最常用的部分，同时也给出了非常详细的程序解读。

第 11 章介绍 SQL 过程。有关内容在国内同类书中都出现过，但是作者独辟蹊径，融合了项目实践中诸多真正有用的语句，同时也给出了诸多开发建议和应注意的问题。

第 12 章介绍数据处理实践。该章共包括四个方面的内容，几乎都是目前国内没有出现过的，如 HASH 对象及商业应用、正则表达式等。随机抽样也是数据处理经常面临的问题，这里作者开发了在 SAS 系统中如何处理分层不等比例抽样的代码，这也是目前国内其他 SAS 图书没有介绍过的。

第二部分是数据挖掘商业案例：

第 13 章主要介绍数据挖掘概念和流程。数据挖掘流程尤其是商业流程是本章的重点。该流程告诉读者一个真正的商业数据挖掘流程在商业环境中是如何实施的。

第 14 章重点介绍响应模型。响应模型是商业实践中最常用的预测模型，基于第 13 章的流程规范给出了一个具体的商业案例研究。

第 15 章是客户行为分析。该章有目前全球最流行的行为分析，包括“行为年龄”和“行为性别”（注意完全不同于具有自然属性特征的“真实年龄”和“真实性别”），作者运用 Naïve Bayesian 技术开发出一整套模型，并对该模型拥有完全自主知识产权。

第 16 章介绍文本挖掘。该章首先介绍了文本挖掘的流程，然后开发出基于 Naïve Bayesian 文本分类算法和 EM 迭代思想的大型代码，并成功应用于商业实践。

本书特色如下：

（1）国内少有的由商界人士编写的 SAS 数据挖掘图书。书中有近一半的内容是目前国内没有出现过的。同时克服了诸多国内 SAS 书籍只翻译（如 SAS 帮助文档）而不予解释，或者即便解释也只是停留在程序表面的严重弊端，从程序的内在运行流程并基于作者多年的商业实践给予程序代码更详细到位的解析。

（2）国内首次用 SAS 编程开发 Naïve Bayesian 分类算法和 EM 迭代（原创代码）。

（3）国内首次把数据挖掘理论和商业应用相结合，给出三个非常典型的数据挖掘项目案例，并配有大型的算法代码。

（4）国内首次介绍非常实用的抽样技术。

（5）国内首次介绍 SAS 的一个重要组件——HASH 对象，并给出商业实践案例。

本书按照惯例，SAS 的关键字在代码中使用小写，而在正文中使用大写。

本书适合多层次多专业的人士阅读，如数学、统计学、经济学、保险和商业管理等专业的本科生、研究生及相关从业人员。希望这是一本让 SAS 用户和数据挖掘工作者都非常喜欢的书。

限于作者的水平，并且由于数据挖掘涉及领域非常广泛，所以本书只是把目前主流的数据挖掘付诸实践，今后如有机会，将不断更新和改进。

姚志勇

目　录

出版说明
前言
第 1 章　SAS 系统简介 …… 1
1.1　系统简介 …… 1
1.1.1　SAS 系统与商务智能系统 …… 1
1.1.2　SAS 系统与其他数据库的数据交换 …… 1
1.1.3　SAS 语言与 SAS 系统 …… 2
1.1.4　SAS 9 浏览窗口简介 …… 3
1.2　一个简单的编程实例 …… 4
1.2.1　编写一个 SAS 程序 …… 4
1.2.2　提交一个 SAS 程序 …… 5
1.2.3　保存和打开一个 SAS 程序 …… 6
1.3　DATA 步的数据指针和 PDV 流程 …… 6
1.3.1　数据指针和 PDV 流程 …… 6
1.3.2　DATA 步执行次数 …… 7
第 2 章　SAS 编程基础 …… 9
2.1　SAS 逻辑库 …… 10
2.1.1　创建 SAS 逻辑库 …… 10
2.1.2　删除 SAS 逻辑库 …… 12
2.1.3　永久逻辑库和临时逻辑库 …… 13
2.2　SAS 数据集 …… 13
2.2.1　SAS 数据集命名规则 …… 13
2.2.2　永久 SAS 数据集和临时 SAS 数据集 …… 13
2.2.3　SAS 数据集结构 …… 15
2.2.4　SAS 数据集形式 …… 16
2.3　SAS 索引 …… 17
2.3.1　创建索引 …… 17
2.3.2　删除索引 …… 18
2.4　SAS 目录 …… 18
2.5　数据字典 …… 18
2.6　SAS 变量 …… 21
2.6.1　变量属性 …… 21
2.6.2　变量列表 …… 21
2.6.3　自动变量 …… 21
第 3 章　数据获取与数据集操作 …… 23
3.1　数据获取 …… 23
3.1.1　LIBNAME 方式 …… 23
3.1.2　PASSTHROUGH 方式 …… 24
3.1.3　IMPORT 方式 …… 25
3.1.4　INPUT 方式 …… 25
3.2　SET 语句 …… 26
3.2.1　语法说明 …… 26
3.2.2　实例详解 …… 26
3.2.3　商业实践 …… 33
3.3　BY 语句 …… 36
3.3.1　语法说明 …… 36
3.3.2　实例详解 …… 36
3.4　MERGE 语句 …… 38
3.4.1　语法说明 …… 38
3.4.2　实例详解 …… 38
3.5　UPDATE 语句 …… 41
3.5.1　语法说明 …… 41
3.5.2　实例详解 …… 41
3.6　MODIFY 语句 …… 42
3.6.1　语法说明 …… 42
3.6.2　实例详解 …… 44
3.6.3　商业实践 …… 47
3.7　PUT 语句 …… 49
3.7.1　语法说明 …… 49
3.7.2　实例详解 …… 51
3.7.3　商业实践 …… 54
3.8　FILE 语句 …… 55
3.8.1　语法说明 …… 56
3.8.2　实例详解 …… 57
3.8.3　商业实践 …… 59

3.9 INFILE 语句 ························60
3.9.1 语法说明 ························60
3.9.2 实例详解 ························61
3.9.3 商业实践 ························62
第 4 章 SAS 变量操作 ························64
4.1 赋值语句和累加语句 ························64
4.1.1 赋值语句 ························64
4.1.2 累加语句 ························66
4.2 KEEP 语句和 DROP 语句 ························67
4.2.1 KEEP 语句 ························67
4.2.2 DROP 语句 ························68
4.3 RETAIN 语句 ························68
4.3.1 语法说明 ························69
4.3.2 实例详解 ························69
4.3.3 商业实践 ························70
4.4 ARRAY 语句 ························75
4.4.1 语法说明 ························75
4.4.2 实例详解 ························77
4.4.3 商业实践 ························77
4.5 其他语句 ························84
4.5.1 RENAME 语句 ························84
4.5.2 LENGTH 语句 ························85
4.5.3 LABEL 语句 ························86
第 5 章 SAS 观测值操作 ························87
5.1 OUTPUT 语句 ························87
5.1.1 语法说明 ························87
5.1.2 实例详解 ························88
5.2 子集 IF 语句 ························89
5.2.1 语法说明 ························89
5.2.2 实例详解 ························90
5.2.3 子集 IF 与 OUTPUT 语句比较 ························90
5.3 WHERE 语句 ························92
5.3.1 语法说明 ························92
5.3.2 实例详解 ························92
5.3.3 子集 IF 与 WHERE 语句比较 ························94
5.4 REPLACE 语句和 REMOVE 语句 ························94
5.4.1 REPLACE 语句 ························94
5.4.2 REMOVE 语句 ························94
5.4.3 REPLACE、REMOVE 与 OUTPUT 应用 ························95
5.5 DELETE 语句与 STOP 语句 ························96
5.5.1 DELETE 语句 ························96
5.5.2 STOP 语句 ························97
第 6 章 SAS 数据集管理 ························98
6.1 APPEND 过程 ························98
6.1.1 语法说明 ························98
6.1.2 实例详解 ························100
6.2 SORT 过程 ························101
6.2.1 语法说明 ························102
6.2.2 实例详解 ························102
6.2.3 商业实践 ························103
6.3 TRANSPOSE 过程 ························104
6.3.1 语法说明 ························104
6.3.2 实例详解 ························105
6.4 CONTENTS 过程 ························107
6.4.1 语法说明 ························107
6.4.2 实例详解 ························107
6.5 DATASETS 过程 ························108
6.5.1 语法说明 ························108
6.5.2 实例详解 ························110
第 7 章 DATA 步循环与控制 ························112
7.1 IF-THEN/ELSE 语句与 SELECT 语句 ························112
7.1.1 IF-THEN/ELSE 语句 ························112
7.1.2 SELECT 语句 ························115
7.2 DO 语句 ························118
7.2.1 DO 组语句 ························118
7.2.2 DO 循环语句 ························119
7.2.3 DO WHILE 语句 ························121
7.2.4 DO UNTIL 语句 ························121
7.2.5 DO OVER 语句 ························122
7.2.6 商业实践 ························123
7.3 各种控制语句 ························127
7.3.1 GO TO 语句 ························127
7.3.2 CONTINUE 语句与 LEAVE 语句 ························128

7.3.3 RETURN 语句 …… 129
第 8 章 常用全程语句 …… 131
8.1 COMMENT 语句 …… 131
8.2 X 语句 …… 131
8.3 FILENAME 语句 …… 132
8.4 %INCLUDE 语句 …… 134
8.5 TITLE 语句 …… 135
8.6 FOOTNOTE 语句 …… 136
第 9 章 输出控制 …… 137
9.1 LOG 窗口输出控制 …… 137
9.2 OUTPUT 窗口输出控制 …… 138
9.3 常用 ODS 输出控制 …… 138
9.3.1 ODS LISTING …… 139
9.3.2 ODS RESULTS …… 141
9.3.3 ODS TRACE …… 142
9.3.4 ODS OUTPUT …… 144
9.3.5 ODS HTML …… 146
9.3.6 ODS CSVALL …… 148
9.3.7 ODS SELECT …… 149
9.3.8 ODS EXCLUDE …… 151
第 10 章 SAS 宏语言 …… 152
10.1 宏运行的内在机制 …… 152
10.2 宏变量 …… 154
10.2.1 定义宏变量 …… 154
10.2.2 显示宏变量 …… 155
10.2.3 引用宏变量 …… 155
10.3 宏程序 …… 157
10.3.1 定义宏 …… 158
10.3.2 调用宏 …… 158
10.3.3 宏内宏 …… 158
10.3.4 宏存储 …… 158
10.4 宏参数 …… 159
10.4.1 创建参数 …… 159
10.4.2 参数赋值 …… 160
10.5 宏函数 …… 160
10.5.1 通配函数 …… 160
10.5.2 计算函数 …… 162
10.5.3 字符函数 …… 163
10.5.4 引用函数 …… 165
10.6 宏语句 …… 166
10.6.1 %IF-%THEN/%ELSE 语句 …… 167
10.6.2 %DO 组语句 …… 168
10.6.3 %DO 循环语句 …… 168
10.6.4 %DO%WHILE 循环语句 …… 169
10.6.5 %DO%UNTIL 循环语句 …… 170
10.7 宏应用 …… 171
10.7.1 创建宏变量的七种方法 …… 171
10.7.2 宏程序一般应用 …… 173
10.7.3 宏程序高级应用 …… 174
第 11 章 SQL 过程 …… 178
11.1 单表操作 …… 178
11.2 多表操作 …… 180
11.2.1 多表关联 …… 180
11.2.2 子查询 …… 182
11.2.3 合并查询 …… 183
11.2.4 MERGE 与 SQL 比较 …… 184
11.3 创建、更新与删除表操作 …… 187
11.3.1 创建表 …… 187
11.3.2 行操作 …… 188
11.3.3 列操作 …… 190
11.3.4 删除表 …… 191
11.4 使用 SQL 注意的几个问题 …… 191
第 12 章 数据处理实践 …… 192
12.1 随机抽样 …… 192
12.1.1 简单无重复随机抽样 …… 192
12.1.2 分层等比例随机抽样 …… 193
12.1.3 分层不等比例随机抽样 …… 194
12.1.4 随机抽样 MACRO …… 196
12.2 HASH 对象 …… 200
12.2.1 HASH 对象的引例 …… 201
12.2.2 HASH 对象的语法 …… 203
12.2.3 HITER 对象的引例 …… 204
12.2.4 HITER 对象的语法 …… 205
12.2.5 商业实践 …… 205
12.3 FORMAT 综述 …… 210
12.3.1 PROC 步创建 …… 210
12.3.2 DATA 步创建 …… 211
12.3.3 永久存储及调用 …… 212

12.4 正则表达式……213
12.4.1 语法说明……214
12.4.2 常用函数……215
12.4.3 实例详解……216
12.5 宏在 SAS 与 Excel 转换中的应用……220
12.5.1 SAS 数据集转换成 Excel……220
12.5.2 Excel 转换成 SAS 数据集……221
第 13 章 数据挖掘概念、任务和流程……223
13.1 数据挖掘概念……223
13.2 数据挖掘任务……224
13.3 数据挖掘流程……225
13.3.1 定义商业目标……225
13.3.2 编制需求文档……228
13.3.3 选择数据源……231
13.3.4 建模流程图……232
13.4 LOGISTIC 建模及结果详解……233
13.4.1 数学模型……233
13.4.2 参数估计……234
13.4.3 模型评价指标……235
13.4.4 回归系数……237
13.4.5 变量筛选方法……238
13.4.6 应用举例及输出结果详解……239
13.4.7 多值 LOGISTIC 模型……242
第 14 章 响应模型：定位新客户……244
14.1 前期准备……244
14.1.1 商业需求……245
14.1.2 定义目标……245
14.1.3 选择变量……245
14.2 数据获取与数据处理……246
14.2.1 创建建模数据集……248
14.2.2 变量首次筛选……249
14.2.3 数据探索……252
14.2.4 数据清洗……254
14.2.5 变量二次筛选……259
14.2.6 变量三次筛选……266
14.2.7 字符变量压缩……269
14.3 模型开发……271
14.3.1 全模型法选择所有候选模型……271
14.3.2 逐步回归法筛选候选模型……272
14.3.3 创建两个重要数据集……273
14.3.4 创建 LIFT 图……274
14.3.5 创建评分卡文件……278
14.4 模型验证……279
14.4.1 评分卡文件导入……280
14.4.2 LIFT 图比较……281
14.4.3 模型确认……283
14.5 模型实施与监控……283
14.5.1 模型实施……283
14.5.2 模型监控……284
14.6 小结……285
第 15 章 行为建模：客户行为属性分析……286
15.1 前期准备……286
15.1.1 商业需求……286
15.1.2 定义目标……286
15.1.3 选择建模方法……288
15.2 数据获取与处理……288
15.3 模型开发……294
15.4 模型验证……296
15.5 模型打分……296
15.6 模型预测……298
15.7 模型实施……301
15.8 小结……302
第 16 章 文本挖掘：Web 文本分析……303
16.1 文本挖掘概念与流程……303
16.1.1 文本挖掘概念……303
16.1.2 文本挖掘流程……303
16.2 商业案例……308
16.2.1 商业需求……308
16.2.2 建模框架设计……308
16.2.3 结合朴素贝叶斯文本分类的 EM 迭代……309
16.2.4 数据获取与数据预处理……313

16.2.5 文本特征化 …………………… 318
16.2.6 模型开发：产生文本分类器 …… 321
16.2.7 模型验证：测试分类器效果 …… 336
16.2.8 模型评估：计算混淆矩阵……… 342
16.2.9 模型应用：对用户查询关键字进行分类…………………… 343
16.2.10 小结与展望…………………… 343
参考文献 · · · · · · · · · · · · · · 345

第 1 章　SAS 系统简介

1.1　系统简介

SAS 系统是一个面向对象的、跨平台的、模块化和组合化的应用软件系统，具有完备的数据存取、数据管理、数据分析和数据展现功能，特别是在数据处理和统计分析领域，SAS 系统至今仍然被誉为全球标准软件系统。

1.1.1　SAS 系统与商务智能系统

随着商务智能的日益普及，传统的 SAS 系统也已经进化到与商务智能和数据挖掘保持同步，基于商务智能的商务解决方案已成为 SAS 产品的重要组成部分。传统的 SAS 系统已经演化成服务端的一个模块基础，SAS BI 通过包含 SAS 基础在内的所有服务模块，并以 Web 等作为中间媒介，最终提供给客户包括联机分析系统 OLAP、客户端分析软件 EG 和客户端报表工具 Portal 等在内的一揽子商务解决方案，如图 1-1 所示。

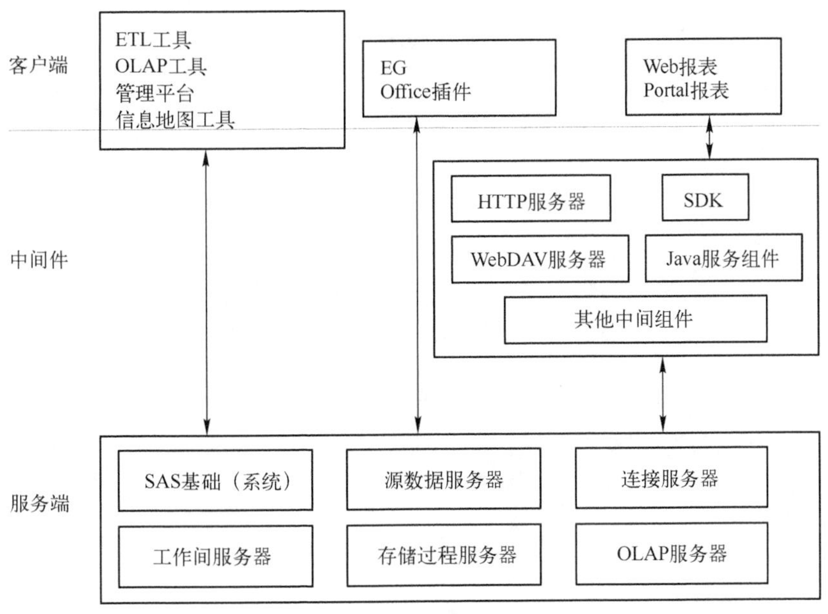

图 1-1　SAS 智能商务平台

本书内容主要集中在 SAS 基础（系统）模块，并未涉及其他任何模块。

1.1.2　SAS 系统与其他数据库的数据交换

SAS 系统提供了多种与现行数据库（如主流数据库 TERADATA、DB2、Oracle）的接口，以及其他应用类软件（如 SPSS 等），如图 1-2 所示。所以在数据获取上除了自身产生的数据外，还可以通过与现行数据库的接口实现从其他数据库获取数据。

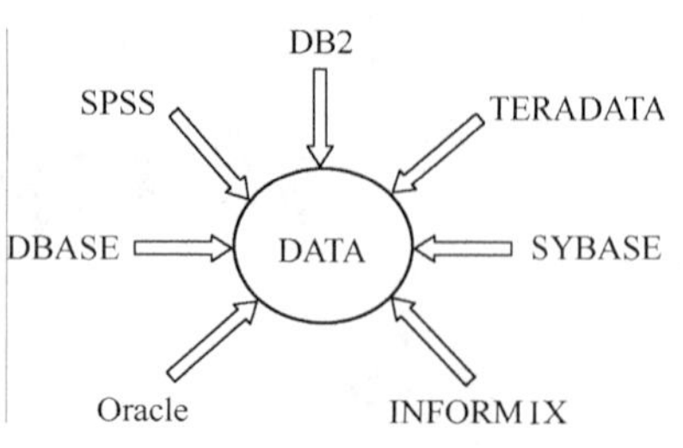

图 1-2　数据库交换系统

在商业实践中，从外部数据库获取数据的频率要远远大于 SAS 本身产生数据的频率，主要原因是商业数据往往都是海量的，一般情况下，需要处理的观测数都会在百万级以上。而 SAS 本身虽然具有建立逻辑数据库的机制，但是与真正意义上的数据库还存在一定差距。比如，对数据用户登录机制、查询优化机制、索引机制、数据存储机制、安全机制等都没有主流数据库（如 DB2、TERADATA 等）高效。因此，提供与这些主流数据库的接口是 SAS 系统处理大型数据的必然选择。

1.1.3　SAS 语言与 SAS 系统

SAS 语言是 SAS 系统的基础，是用户和系统直接对话的语言，其特点是用户不必告诉 SAS“怎么做”，只要告诉它“做什么”就行了。

SAS 语言结构主要由 DATA 和 PROC 两个基本步骤任意组合而成。其中，DATA 步完成对数据的获取、加工和处理；PROC 步用于数据分析和输出报告。

SAS 系统包含很多软件模块，见表 1-1。

表 1-1　SAS 主要软件模块及功能

软件模块	功能
BASE	数据管理、基础统计、报表生成和图形显示
STAT	统计分析软件包
ETS	计量经济和时间序列分析软件包
OR	运筹学软件包
QC	质量控制软件包
IML	矩阵语言运算软件包
GRAPH	图形软件包
FSP	数据处理的交互式菜单系统
AF	应用开发软件包
ASSIST	菜单驱动界面
ACCESS	与其他数据库接口的接口集
EIS	应用开发软件包
INSIGHT	可视化数据探索软件包
SHARE	进行数据库并发式控制的软件包
CONNECT	分布处理不同操作平台上的 SAS 系统

SAS 商务智能所有的解决方案及其产品都是以上面所列软件模块作为基础和核心的。而其中的 BASE 又是 SAS 基础（系统）的核心，主要功能是数据管理和数据处理，并有报表输出和基本统计量输出功能。STAT 是 SAS 的统计分析软件算法包，包括方差分析、回归分析、多变量分析、非参数分析等共 50 多个 PROC 步，每个 PROC 步提供多种不同的算法选

择，从而组成一个完整的统计分析方法集。历经 40 多年，至今该软件仍然是全球统计分析领域的领头羊。

BASE 模块和 STAT 模块是本书重点介绍的内容。

1.1.4 SAS 9 浏览窗口简介

SAS 9 是一个集成了几乎所有 SAS 软件模块的集成软件。在 Windows 操作系统环境下，如果安装了 SAS 软件，就可以在开始程序菜单里面看到快捷方式。单击快捷方式后，打开的主界面包括浏览器窗口、日志窗口、编程窗口以及通用的菜单栏和工具条，如图 1-3 所示（SAS 9.2）。

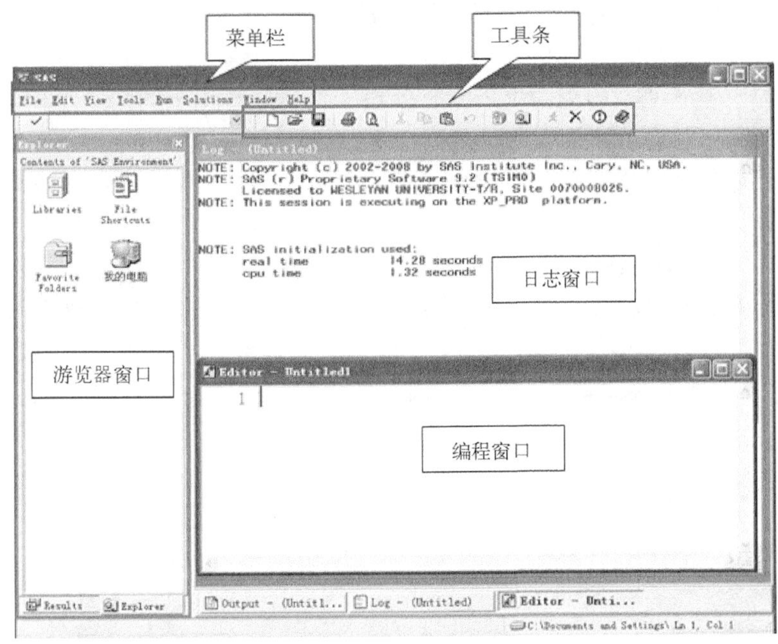

图 1-3 SAS 操作界面

1. 菜单栏

菜单栏由多个子菜单组成，不同的子菜单实现不同的功能。所以，激活不同的子菜单，窗口菜单的内容也会不同。与菜单栏功能相同的是弹出菜单，只要在当前子窗口右击鼠标即可。

2. 工具条

工具条包含了若干按钮，每一个按钮代表一个常用的命令，如保存程序、运行程序等。用户可以在菜单栏 Tools 子菜单中的 Customize 中设定工具条，非常简单。

3. 日志窗口

日志窗口可显示程序运行过程中的所有信息。例如，图 1-3 中日志窗口的文字就是在 SAS 启动后看到的日志信息。日志窗口对程序的调试起着非常重要的作用，因为程序员在开发程序的过程中，很少有一次就能开发所有的代码并运行成功的，一般都需要调试若干次才获得通过，这时所有调试出现的信息包括程序出错的信息都出现在日志窗口中。通过日志窗口，一般就能知道程序出错的原因，并找出相应的 Bug。

4．浏览器窗口

单击图 1-3 中左下角的 Explorer 按钮，就可以显示对应的浏览器窗口，包含四个对象，其中最常用的是 Library 逻辑库对象。

5．编程窗口

这是最重要的人机交互界面。一般来说，用户所有的开发代码都是在这个窗口完成和调试的。

6．输出窗口

输出窗口主要显示 SAS 在运行和 PROC 步有关的程序时输出的结果，如包含一些统计量的输出，一些报表的输出等。后面将专门提到，输出窗口的输出结果还可以通过 SAS 的文件输出系统（ODS）转换成 SAS 数据集等格式文件。

7．结果窗口

结果窗口主要是 SAS 在运行和 PROC 步有关的程序时输出的结果，和输出窗口不同的是，结果窗口把所有的输出结果呈树状排列，便于更好地检索输出结果。

如果输出结果非常多，直接观看输出窗口就很不方便，这时候在结果窗口中检索输出会更加便捷。

读者在熟悉 SAS 编程之前最好先熟悉这些界面窗口。在此作者并没有对这些窗口做详细介绍，特别是菜单窗口，希望读者自行熟悉这些窗口，以便做好编程前的充分准备工作。

1.2 一个简单的编程实例

1.2.1 编写一个 SAS 程序

在打开一个 SAS 进程并熟悉其中的各种菜单窗口以后，读者可在编程窗口输入如下代码：

```
data test;
input x y z ;
cards;
1 2 3
4 5 6
;
run;
```

这段程序仅包含七行代码：

第 1 行：产生数据集的 DATA 步语句。后面的 test 是要产生的 SAS 数据集。

第 2 行：输入变量的 INPUT 语句。该语句表明 test 数据集包含三个变量 x、y 和 z。

第 3 行：输入数据的 CARDS 语句。其后接具体的输入数据。

第 4，5 行：数据块。是要输入的具体数据。

第 6 行：分号。分号是 SAS 不同语句之间间隔的标志。

第 7 行：RUN 语句。表明到此为止就可以提交上面六行语句。

1.2.2 提交一个 SAS 程序

有四种方式可以运行该语句：

第 1 种：单击工具条里面的小人图标。

第 2 种：单击菜单栏 RUN 下面的 SUBMIT。

第 3 种：按热键〈F3〉。

第 4 种：保存上面的代码到某个盘符目录下，然后右键单击文件名，可以通过批处理方式提交，此时选择 Batch Submit With SAS 9.2；当然也可以交互式提交，此时选择 Submit With SAS 9.2。批处理提交和直接提交的区别在于：前者是全部提交所有的 SAS 代码，而后者是逐行提交，如果没有遇到 RUN 语句，进程会一直停留在运行状态，并等待用户的下一个命令。所以，一般情况下，除非在所有代码都调试成功后才用批处理命令，否则交互式命令是常用的选择。

按〈F3〉键运行上面的代码后，会发现日志窗口有如下显示：

```
1     data test;
2     input x y z;
3     cards;
NOTE: The data set work.test has 2 observations and 3 variables.
NOTE: data statement used (Total process time):
      real time           0.01 seconds
      cpu time            0.01 seconds
5     ;
6     run;
```

前 3 行是代码，第 4 行的 NOTE 说明有一个数据集 Work.test，在什么地方呢？有两种方式可以找到该数据集：

第 1 种：双击浏览窗口里面的 Libraries，进去以后会发现有四个逻辑库（关于什么是逻辑库，在第 2 章有详细说明，读者可暂时把它理解为类似于一个 Windows 系统下的目录），其中有个叫 Work 的逻辑库正是要寻找的对象，双击该逻辑库，就会发现里面藏有 test 文件集。双击该文件集，结果会显示该文件集有三个变量 x、y 和 z，对应值正是刚才输入的三个变量值。

第 2 种：单击工具条中的 SAS Explorer 图标，在浏览器窗口中会呈现一个树状的结构，如图 1-4 所示。

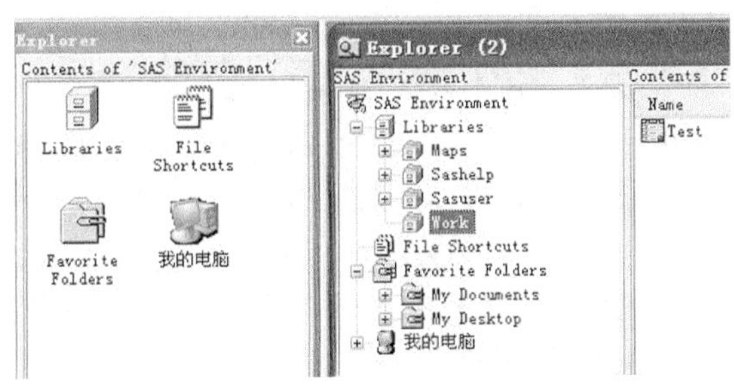

图 1-4　浏览器窗口

读者注意到，其实这个浏览器窗口就是图 1-3 中左边的浏览器窗口，只不过呈树状结构，看起来更方便。双击其中的 Work 逻辑库，在最右边也能看到 Test 数据集。

接下来的一个 NOTE 观测了该程序运行的时间。一般情况下，在项目实施过程中，会把这些时间观测输出，以便调试和优化现有的程序。

1.2.3 保存和打开一个 SAS 程序

刚才编写的这个程序在编程窗口中的名字仍然是 Unitited1，如果需要保存这个程序，有两种方式：

第 1 种：单击工具条的保存按钮，保存到指定目录。

第 2 种：单击菜单栏 File 菜单，选择 Save，保存到指定目录。

需要注意的是，SAS 程序文件的扩展名是 SAS，但可以用任何文本文件名作为扩展名，如 TXT，因为 SAS 程序文件实际上是一个文本文件。

如果要打开一个已经保存的 SAS 程序文件，只要选择 File 菜单下的 Open 选项，打开指定的文件即可。

1.3 DATA 步的数据指针和 PDV 流程

1.3.1 数据指针和 PDV 流程

SAS 语言是先编译后执行的语言，每一个 DATA 步开头标志着编译的开始，接下来的所有语句都被称为“程序”，SAS 总是把这些语句转换成计算机可识别的语言，然后通过逐行语句编译、转换，最后输出成 SAS 数据集。在理解一个 DATA 步所需要走过的正常流程之前，读者需要理解两个概念：

第一个概念是数据指针，为简化起见，读者可以把它理解成在当前的内存缓存区，输入数据所在的位置。

第二个概念是 PDV，它是 Program Data Vector 的缩写，也就是在 DATA 步中所有涉及的变量被变成当前向量的一部分。来自输入数据每一个原始数据或数据集的这些变量，和其他程序语句建立的新变量一起，都放在 PDV 里面。

下面以刚才产生的 Test 数据集为例讲解上面的流程。

第 1 步：编译程序，开辟内存空间。在 Test 数据集中，七行程序首先被编译，并在内存中开辟一块变量空间给三个变量 x、y 和 z。

第 2 步：初始化变量为缺失值。用 INPUT 语句输入的这三个变量在 DATA 步执行之前被置为缺失值。但是需要注意的是，用 RETAIN 语句读入的变量值则被保留。

第 3 步：执行 INPUT 等语句。读入第一条数据，并把读入的数据放入 PDV。

第 4 步：执行 RUN 语句或 OUTPUT 语句。输出第一条数据到被创建的 DATA 步后面的数据集中。

第 5 步：SAS 返回到 DATA 语句之后的第一个语句，并初始化 PDV 中的非 RETAIN 变量 x、y 和 z 为缺失值，然后继续下一个数据读入。

第 6 步：当 SAS 读完并处理完来自 INPUT 语句后面的 1;2;3 和 4;5;6 后，程序到了输入数据的结尾，于是结束 DATA 步，释放内存空间，完成产生 Test 数据集的全过程。如图 1-5 所示。

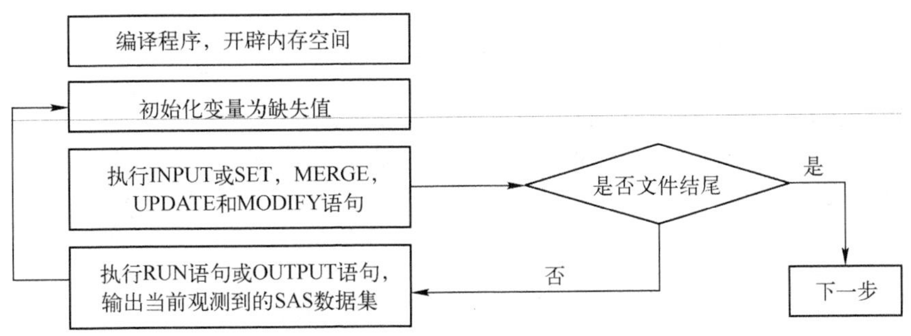

图 1-5　DATA 步 PDV 流程图

在以上这个例子中，数据指针实际上在每次读入 PDV 时只有一个，就是逐条读入的观测。但是在比较复杂的 DATA 步中，数据指针往往不止一个，同样 PDV 也不止一个。表 1-2 是作者在实际工作中遇到的各种情况的汇总。

表 1-2　数据指针和 PDV 情况汇总

语　句	数据指针数	PDV 数
INPUT variables	1	1
SET data1 data2;	1	1
MERGE data1 data2;	1	1
UPDATE data1 data2;	1	1
SET data1;SET data2;	2	1
SET data1;MODIFY data2;	1	2
MODIFY data1 data2;	1	2

1.3.2　DATA 步执行次数

SAS 对读入的每一条观测，执行包含在 DATA 步中的 INPUT、SET 等语句，尽管每一个语句只出现一次，但是 SAS 对每一个观测都执行这些语句，只有那些不包含以上列表汇总中的语句，DATA 步才执行一次；否则 DATA 步被重复执行直到输入的原始数据或现有数据集所有数据处理完毕，或除非遇到 STOP 或 ABORT 语句。程序语句中可能还包含一些语句，使得对每一个数据指针，DATA 步可以执行多次，如 DO 循环语句、ARRAY 语句等。

SAS 对数据指针指向每一条观测都有对应的自动变量，见表 1-3。

表 1-3　数据指针和 PDV 情况汇总

自动变量	数据指针	备　注
_N_=m	指向对应的第 m 条观测	N=0 表示数据集文件信息
POINT=variable	指向 POINT=对应观测	如 POINT=2 表示数据指针指向第二条观测
END=variable	指向输入数据集文件结尾	
NOBS= variable	输入数据集观测数	输入数据集 CONTENT 文件信息，非数据指针

（续）

自动变量	数据指针	备注
FIRST=m	指向对应的第 m 条观测并开始	
OBS=m	指向对应的第 m 条观测并结束	

理解 DATA 步的数据指针和 PDV 流程及其关系非常重要，它可以帮助读者从理论上理解 DATA 步中所有的执行语句是如何在缓存区、内存以及 I/O 系统之间转换的，从而能够跳出“不识庐山真面目，只缘身在此山中”的局限，而在编程细节之外俯瞰编程。

第 2 章　SAS 编程基础

SAS 系统的主要功能是实现对数据的获取、处理和分析，在这一过程中可能会产生各种各样的数据文件，如何对这些不同类型的数据文件进行管理？联想在 Windows 系统中，读者可以通过创建文件目录来对不同的文件进行管理，同样，在 SAS 系统中，也是通过一种类似于 Windows 系统的“目录”实现数据管理——SAS 逻辑库。

SAS 文件通过以下三种方式产生：

- 通过 DATA 步，或通过与外部主流数据库连接，或通过文本文件，或通过其他格式文件等产生数据文件，这类数据文件通常称为 SAS 数据集。
- 通过宏程序，或通过用户自定义的 FORMAT 格式，或通过日志窗口等产生数据文件，这类数据文件通常称为 SAS 目录。每个 SAS 目录下包含不同的条目，用于存储不同类型的数据结构。
- 其他 SAS 文件。包括存储的编译程序产生的文件和访问描述器。

SAS 逻辑库和 SAS 文件的关系如图 2-1 所示。

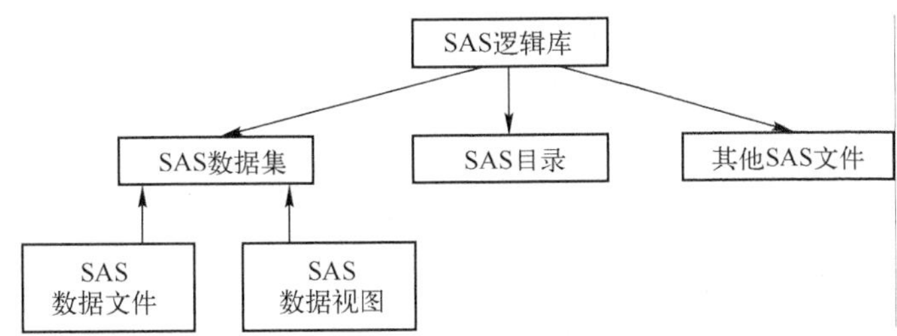

图 2-1　SAS 逻辑库和 SAS 文件的关系

本章重点介绍 SAS 逻辑库、SAS 数据集、SAS 索引和 SAS 目录，它们在浏览器中的显示格式如图 2-2 所示。

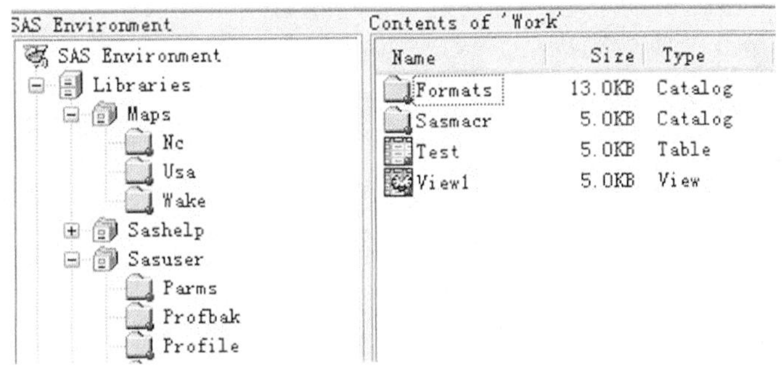

图 2-2　浏览器中各文件形式

其中：Formats 和 Sasmacr 是逻辑库中的目录，Test 是 SAS 数据集，View1 是视图。主要由以下代码产生：

```
data test;
input x y z @@;
cards;
1 2 3 4 5 6
;
run;
proc sql;
create view view1 as
select
*
from sashelp.class
;
quit;
proc format;
value fmt 1='a'
;
run;
%macro test;
data test;
x=1;
run;
%mend test;
%test;
```

关于这些代码的逻辑本书将在后面的章节中详细说明。

2.1 SAS 逻辑库

一个 Windows 系统下所有的 SAS 文件都是 SAS 逻辑库的成员，一个 Windows 目录可能包含外部文件（如 TXT 文件）和 SAS 文件，但是只有 SAS 文件才是 SAS 逻辑库成员。

逻辑库命名规则：

- 由英文字母（A～Z，包括大小写）或下画线(_)开始。
- 由数字、字母和下画线组成。
- 最多不超过 8 个字符。

2.1.1 创建 SAS 逻辑库

SAS 逻辑库只有在打开一个 SAS 进程时才是可见的，可以通过以下两种方式建立一个 SAS 逻辑库。

第 1 种：通过程序语句 Libname，如：

```
libname lb ' F:\Data_Model\Book_data\chapt2';
```

语句说明：libname 是关键字，表示将要建立一个 SAS 逻辑库，显然后面的 lb 是该逻辑库的名字，接下来引号内包括的其实就是 Windows 目录路径，最后用一个分号结束该程序语句。

打开 SAS 程序，复制这段代码到 SAS 编辑器窗口，按〈F3〉键运行，运行后单击工具条中的 Explorer 按钮，就会出现如图 2-3 所示界面。

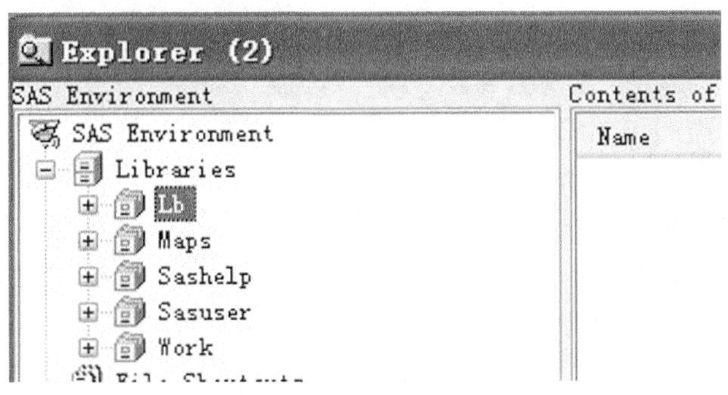

图 2-3 编程创建逻辑库

图 2-3 的左边出现了一个名为 Lb 的逻辑库，由于这个库对应的 Windows 系统目录没有任何 SAS 文件，所以右边没有出现 SAS 文件图标。

实际上，读者已经注意到，在每次打开一个 SAS 进程时，有四个 SAS 逻辑库已经自动生成，它们是 Maps、Sashelp、Sasuser、Work。如果要查看这些逻辑库对应的 Windows 目录到底在何处，可以右击某个逻辑库如 Sashelp，在弹出的菜单中单击 Properties，就可以看到 Sashelp 对应的 Windows 目录，一般情况下在 SAS 安装目录下。

第 2 种：通过手动创建 SAS 逻辑库。

打开一个 SAS 进程，单击工具条中的 Explorer 按钮，在出现的树状图里面右键单击 Libraries，在出现的弹出菜单中单击 New 选项，出现如图 2-4 所示界面。

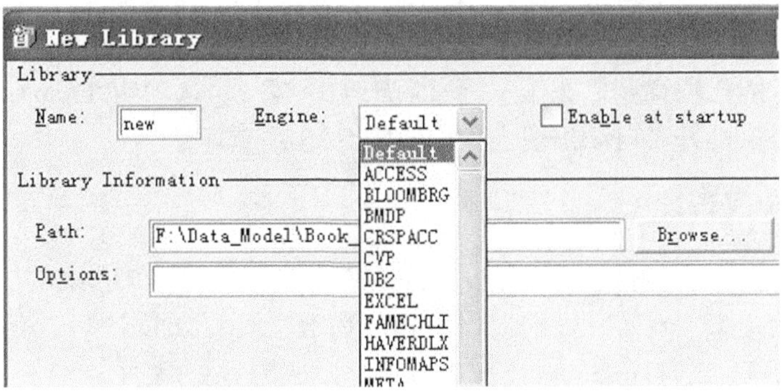

图 2-4 手动创建逻辑库显示所有引擎

第 1 行：第一项 Name 表示要创建的 SAS 逻辑库的名字，如 new。第二项 Engine 是数据库引擎，在这里面出现很多选项，包括各种数据库，如 DB2,Orcale,Excel 等。数据引擎是一项非常复杂的技术，但是在这里只需要把它理解成是 SAS 系统对其他数据系统的一种数据访问技术，并且这种技术是“透明的”，即当选择其中某一个数据库作为引擎的时候，这个数据库里面的所有成员在 SAS 系统里面看起来就像 SAS 数据集。例如，要在 SAS 和 Excel 数据库之间建立一个连接，单击 Excel，就会出现如图 2-5 所示界面。

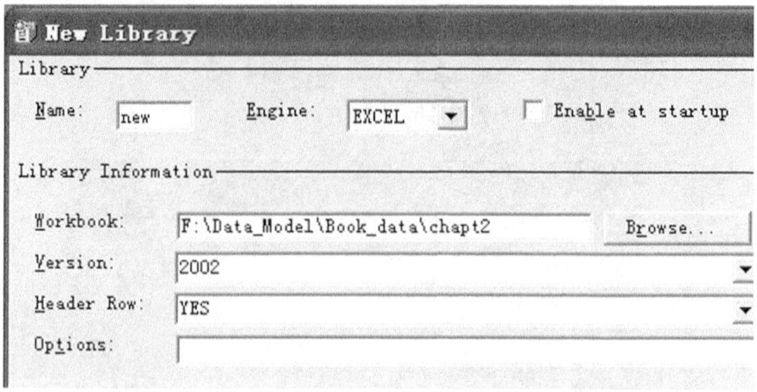

图 2-5　手动创建逻辑库显示 Excel 引擎

按照图 2-5 提示即可完成操作，最后可以看到如图 2-6 所示界面。

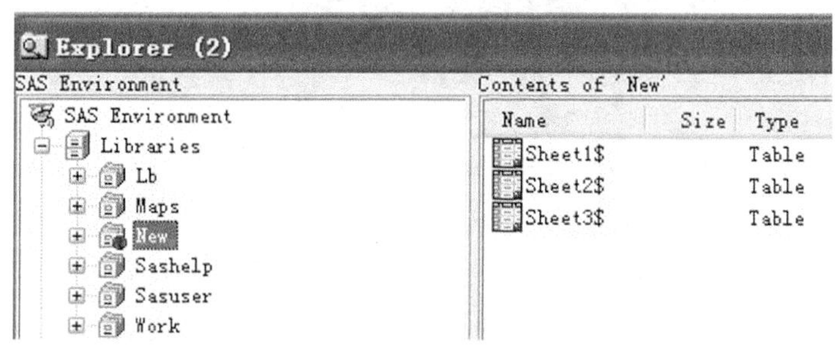

图 2-6　手动创建逻辑库显示结果

可以看出，在图 2-6 右边对应的三个 SAS 数据集其实就是 lib_excel.xls 里面的三个 sheet 表的名字（注意只能是英文名）。关于 SAS 和 Excel 之间的透明访问，本书会在后面的章节详细介绍。

细心的读者可能已注意到，在第一行最后一项还有一个选项叫“Enable at startup”，勾选此项，SAS 会在再次打开时自动出现上次创建的 SAS 逻辑库。

2.1.2　删除 SAS 逻辑库

SAS 逻辑库是一个逻辑概念，虽然它包括多个物理实体（即 SAS 文件。所谓物理实体，简单地说，就是那些真实存在的、占用一定物理空间的数据文件），但它本身却是“虚拟的”，因此在删除 SAS 逻辑库的同时绝对不会删除对应的 SAS 文件。

以下两种方式可以删除现存的 SAS 逻辑库：

第 1 种：用 libname 语句，如：

```
libname lb clear;
```

即可删除刚才建立的 lb 逻辑库。

第 2 种：手动删除。右击 Explorer 树状图里面的逻辑库，在弹出的菜单中单击 delete 选择即可。但是 SAS 系统自带的四个逻辑库 Maps、Sashelp、Sasuser 和 Work 不会被删除。

2.1.3 永久逻辑库和临时逻辑库

永久逻辑库是指其包括的 SAS 文件在固定的存储介质上，而并非逻辑库本身是永久的，因为只要关闭 SAS 程序，逻辑库即使消失，它包含的文件也仍然在存储介质上。

临时逻辑库一般情况下就是指 Work 逻辑库，Work 逻辑库可以存储当前 SAS 进程中的 SAS 文件，但是一旦 SAS 进程关闭，这些存储在 Work 逻辑库下面的所有 SAS 文件都将消失！

那么有读者就会问：既然 Work 逻辑库不能保障它里面的 SAS 文件永久存储，那么为什么还要用 Work 逻辑库呢？这是因为在商业实践中，一个商业需求往往会产生很多的 SAS 文件，很多文件只是临时文件，如果把这些临时文件都存放在永久介质上，不仅浪费介质存储空间，还会浪费时间。

因此，一般情况下，在商业实践中，都是把非常重要的 SAS 文件放在一个永久逻辑库中，而一些临时文件就放在 Work 逻辑库中。

2.2 SAS 数据集

SAS 数据集是 SAS 文件中最重要的部分，几乎所有的 DATA 步语句和绝大部分 PROC 步语句都和 SAS 数据集操作有关。

2.2.1 SAS 数据集命名规则

SAS 数据集遵循如下命名规则：

- 由英文字母（A～Z，包括大小写）或下画线(_)开始。
- 由数字、字母和下画线组成。
- 最多不超过 32 个字符。

上述三条规则中的前两条对所有 SAS 系统的不同对象（逻辑库、SAS 数据集、SAS 目录、数组、宏等）都是适用的，第三条是长度限制，对不同的对象有不同的限制。

2.2.2 永久 SAS 数据集和临时 SAS 数据集

一个 SAS 数据集是永久的还是临时的，取决于该数据集所属的 SAS 数据库是永久的还是临时的。例如，要创建一个名为 forever 的永久 SAS 数据集，并把它保存在目录 F:\Data_Model\Book_data\chapt2 下，可以用以下程序解决：

```
libname fv ' F:\Data_Model\Book_data\chapt2';
data fv.forever;
Input x y z;
Cards;
1 2 3
4 5 6
;
run;
```

运行该语句后，单击逻辑库 fv 会发现里面有 forever 数据集，同时在目录 F:\Data_Model\Book_data\chapt2 下也会发现这个文件——forever.sas7bdat（SAS 数据集在 Windows 系统中的文件扩展名是 SAS7BDAT）。

同样，如果只想建立一个名叫 temp 的临时数据集，可以用如下程序解决：

```
data temp;
Input x y z;
Cards;
1 2 3
4 5 6
;
run;
```

单击 Work 逻辑库，就会发现 temp 数据集。

下面只解释以上语句中的 Data fv.forever 语句和 Data temp 语句。很容易发现，两者有不同的 SAS 文件命名结构。

SAS 数据集命名用两级结构：第一级是逻辑库名字，第二级是要命名的数据集，中间用点号隔开即可。Data temp 语句其实等价于 Data work.temp 语句，也就是说，如果要创建临时数据集，就可以省略临时数据集所对应的 Work 逻辑库名称，如果要创建永久逻辑库，一般情况下，必须写出该永久逻辑库的库名。

但是，如果既想创建一个永久 SAS 数据集，又想省略前面的永久逻辑库库名，行不行呢？

答案是肯定的，可以通过一个设定来完成。

在 SAS 里面有一个特殊的逻辑库名字叫 user，请看下面这段程序：

```
libname user ' F:\Data_Model\Book_data\chapt2';
data forever;
Input x y z;
Cards;
1 2 3
4 5 6
;
run;
```

如果用特殊的名字 user 定义了目录 F:\Data_Model\Book_data\chapt2 后，就不需要再写 Data user.forever 了，只需要写 Data forever 即可。但是要注意，如果又要创建一个临时数据集到 Work 逻辑库，就不能像刚才那样写 Data temp，而一定要写 Data work.temp。

在商业实践中，一般这样编写代码：

```
options user=fv;
libname fv ' F:\Data_Model\Book_data\chapt2';
data forever;
Input x y z;
Cards;
```

```
1 2 3
4 5 6
;
run;
options user=work;
data temp;
Input x y z;
Cards;
1 2 3
4 5 6
;
run;
```

包含在两个 options 语句间的代码是希望生成的永久 SAS 数据集，在 options user=work; 之后会让 SAS 系统恢复到默认状态。

2.2.3 SAS 数据集结构

一个 SAS 数据集是数据值和数据集信息的集合，如图 2-7 所示。

- 数据值：由观测加变量组成。行为观测，列为变量。数据值有对应的物理存储空间，就是在操作系统目录下看到的扩展名为 sas7bdat 的文件。
- 数据集信息：包含该数据集名字、创建时间、在逻辑库中的成员类型等。数据集信息对用户是不可见的。

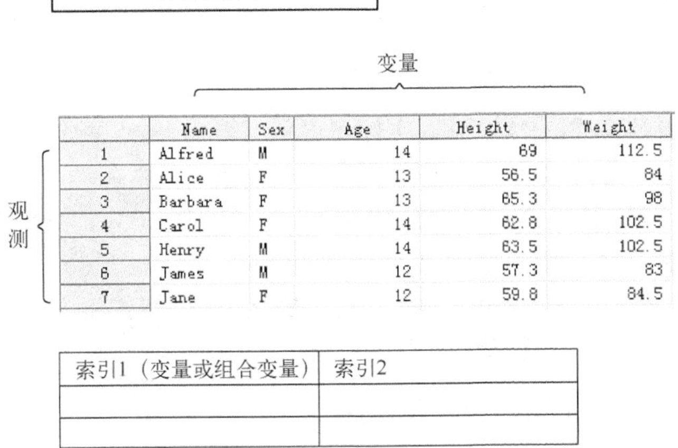

	Name	Sex	Age	Height	Weight
1	Alfred	M	14	69	112.5
2	Alice	F	13	56.5	84
3	Barbara	F	13	65.3	98
4	Carol	F	14	62.8	102.5
5	Henry	M	14	63.5	102.5
6	James	M	12	57.3	83
7	Jane	F	12	59.8	84.5

图 2-7 SAS 数据集结构

SAS 数据集的第三个组件是 SAS 索引。SAS 索引在物理上独立于数据值和数据集信息，并有它本身的物理存储空间，就是在操作系统目录下看到的扩展名为 sas7bndx 的文件（后面将会谈到如何创建 SAS 索引）。SAS 索引不是 SAS 数据集必须的组件，可以创建，也可以不创建，取决于商业需求。

数据集信息是数据集的 id，如同一个人的身份证，是用户用以识别不同数据集的重要依据。

所有数据集信息隐藏在一个头文件里面，对用户是不可见的，但是可以通过程序来获取该信息。如想知道 Sashelp 逻辑库里面名叫 CLASS 的 SAS 数据集信息，可以用如下程序实现：

```
proc contents data=sashelp.class;run;
```

运行该语句，在日志窗口产生如下信息：

```
Data Set Name          SASHELP.CLASS                        Observations            19
Member Type            DATA                                 Variables               5
Engine                 V9                                   Indexes                 0
Created                Wed, Jan 16, 2008 09:05:25 AM        Observation Length      40
Last Modified          Wed, Jan 16, 2008 09:05:25 AM        Deleted Observations    0
……
Data Set Type                                               Sorted                  NO
Data Representation    Windows_32
Filename               C:\Program Files\SAS\SASFoundation\9.2\core\sashelp\class.sas7bdat
Host Created           XP_PRO
```

如果需要把数据集信息输出成 SAS 数据集，则可以用以下程序：

```
proc contents data=sashelp.class out=class_cnt;run;
```

其中 OUT=CLASS_CNT 表示把 SAS 逻辑库 Sashelp 里面的 SAS 数据集 CLASS 的信息输出到 Work 逻辑库，并给输出数据集命名为 CLASS_CNT。

2.2.4　SAS 数据集形式

SAS 数据集有两种形式：SAS 数据文件和 SAS 视图。SAS 数据文件是包括描述信息和数据值的 SAS 数据集。一般说来，SAS 数据集可以分成两类：

（1）SAS 自身引擎创建：SAS 格式的数据文件，以 Windows 系统为例，就是经常看到的 Windows 系统目录下的扩展名为 SAS7BDAT 的文件。

（2）与其他数据库接口文件：如 Oracle、DB2、ODBC 等，SAS 通过数据库引擎实现对这些数据库的“透明”访问，如以下程序语句：

```
libname hsdb db2 user=xxuser password="xxxx" datasrc=datadb;
```

实现对 DB2 数据库的访问，此时在本地 SAS 逻辑库 HSDB 中就可以看到 DB2 内的所有数据集，如果有读取权限，就可以把这些数据集下载到本地进一步操作。

SAS 数据视图并不实际存储数据，本质上 SAS 数据视图是一个查询语句，这个查询语句建立了一个 SAS 逻辑数据集，每次双击打开 SAS 数据视图其实就相当于运行了一次查询语句。在商业实践中，一般不建议使用 SAS 数据视图，因为在空间和时间选择上，商业实践宁可选择牺牲空间而不愿浪费时间。表 2-1 给出两种创建 SAS 视图的程序语句，有兴趣的读者可以参考 SAS 帮助文档。

表 2-1 两种创建 SAS 视图的程序语句

DATA 步创建	SQL 过程创建
data class1/view=class1; set sashelp.class ; **run**;	**proc sql;** create view class2 as select * from sashelp.class; **quit;**

运行完上面两段程序后，可以看到 Work 逻辑库里面有两个数据视图。

2.3 SAS 索引

和其他主流数据库一样，SAS 索引存储 SAS 数据集中一些变量的值和与该值对应的观测进行直接定位的指针系统。一个索引独立于 SAS 数据集分开存储，但是一旦存在索引，SAS 数据集就会把它作为本身的一部分。例如，要复制一个含有索引的 SAS 数据集到其他目录，则该数据集自带的索引文件也被自动复制到该目录。

用户可以对一个 SAS 数据集创建不止一个索引，但是付出的代价是这些索引创建过程要占用时间，创建后要占用存储空间，所以在商业实践中，不建议过多地使用创建索引，除非该索引能够明显改善应用平台的执行。

2.3.1 创建索引

1. DATA 步创建索引

```
data idx(index=(x));
  input x y z;
  cards;
  1 2 3
  ;
run;
```

2. SQL 过程创建索引

```
proc sql;
  create index y on idx (y)/*定义单一索引*/;
  create index yz on idx (y,z);/*定义复合索引*/
quit;
```

3. DATASETS 过程创建索引

```
proc datasets lib=work;
  modify idx;
  index create z/nomiss unique;/* 定义单一索引*/
  index create xyz=(x y z)/nomiss unique;/* 定义复合索引*/
quit;
```

关键字 NOMISS 表示从索引中删除具有丢失值的所有观测，具有丢失值的观测仍然能从该索引对应的数据集读出，但是不能通过索引读出。

关键字 UNIQUE 规定变量的值必须是唯一的，否则该索引不会被创建，并在日志中报错，读者可以尝试一下。

2.3.2 删除索引

如果需要删除某个索引，也很简单，如：

```
/*删除指定索引:*/
Proc Sql;
  Drop Index X On Idx;
Quit;

/*删除全部索引:*/
Proc Datasets;
  Modify Idx;
  Index Delete   _All_;
Quit;
```

在商业实践中，有如下问题需要注意：

- SAS 创建索引后会单独存放到一个文件中。
- 创建索引后不能再进行排序。
- 单一索引创建的索引名必须和变量名相同，复合索引名必须和变量名不同。
- 索引无疑会提高查询性能，但是过多的索引会占用更多的存储空间，同时产生索引的操作也会减慢程序的速度。所以需要权衡。索引并不是越多越好，最好根据需求对经常需要用到的查询变量建立索引。

2.4 SAS 目录

SAS 目录（CATALOG）是一类特殊的 SAS 文件，用来存放多种类型的信息文件，这些信息文件都非常小，每个信息文件都被称为一个条目（ENTRY），条目又有很多的类型。在编程中常用的有 FORMAT、MACRO 等。关于 FORMAT 和 MACRO 后面将会专门介绍。

2.5 数据字典

数据字典（DICTIONARY TABLES）包含了所有的当前进程 SAS 逻辑库、SAS 数据表（包括 SAS 数据文件、SAS 数据视图和 SAS 索引）、SAS 目录等非常有用的信息。但是这些数据字典对用户是不可见的，检索数据字典的这些信息只能在 SQL 过程步中进行，后面将会有专门章节介绍。幸运的是，这些数据字典有对应的数据视图，而数据视图对用户是可见的，所有这些数据视图都存放在 Sashelp 逻辑库中。数据字典和数据视图的对应关系见表 2-2。

表 2-2　数据字典列表

表　名	内　容	视 图 名
DICTIONARY.MEMBERS	SAS 数据集	SASHELP.VMEMBER
DICTIONARY.TABLES	SAS 数据文件和数据视图	SASHELP.VTABLE
DICTIONARY.CATALOGS	SAS 目录册及包含的条目	SASHELP.VCATALG
DICTIONARY.COLUMNS	所有表的列变量	SASHELP.VCOLUMN
DICTIONARY.VIEWS	SAS 数据视图	SASHELP.VVIEW
DICTIONARY.DICTIONARIES	所有表字典	SASHELP.VDCTNRY
DICTIONARY.INDEXES	所有数据集索引	SASHELP.VINDEX

读者打开 Sashelp 逻辑库，对逻辑库成员按照类型进行排序，就可以看到上面所有的视图名。

下面是常用的数据字典查询语句：

```
proc sql flow=10;
    title2 'description of each dictionary table';
    describe table dictionary.members,
                   dictionary.tables,
                   dictionary.catalogs,
                   dictionary.columns,
                   dictionary.extfiles,
                   dictionary.indexes,
                   dictionary.options,
                   dictionary.views;
quit;
proc sql flow=10;
 /*取数据集变量信息*/
    title2 'do the columns have formats, informats, or labels?';
    title3 'dictionary.columns';
    create table colinf as
    select name,type,length,label,format,informat
      from dictionary.columns
      where libname='SASHELP' and memname = 'CLASS';
/*如有必要，可再加 memtype='DATA',注意都要大写*/

/*取数据集信息，包括观测个数、变量个数等*/
    title2 'tell me more about the paper table.';
    title3 'dictionary.tables';
    create table tabinf as
    select memname, nvar, nobs, obslen, protect, encrypt, compress
      from dictionary.tables
      where libname = 'SASHELP' and memname = 'CLASS';

/*取成员信息*/
    title2 'where does my new table, paper, reside?';
```

```
    title3 'dictionary.members';
    select *
       from dictionary.members
       where libname='SASHELP' and memname = 'CLASS';

  /*取目录可获取信息 */
     title2 'what catalog information is available?';
    title3 'dictionary.catalogs';
    select memname, memtype, objname, objtype, objdesc, alias
       from dictionary.catalogs
       where libname = 'SASHELP' and memname like 'BASE %' and
             objtype = 'HELP';

/*取目录创建和修改信息 */
     title2 'when was the catalog created or last modified?';
    title3 'dictionary.catalogs';
    select libname, memname, objname, objtype, modified, created
       from dictionary.catalogs
       where libname = 'SASHELP' and memname like 'BASE%' and
             objtype = 'HELP';

/*查看索引 */
     title2 'index information for paper table';
    select name, idxusage, indxname, indxpos, unique
       from dictionary.indexes
       where libname = 'SASHELP' and memname = 'CLASS';

 /*从数据字典中获取哪些数据视图 */
    title2 'views for dictionary tables are available to the user';
    select *
       from dictionary.views
     where libname = 'SASHELP' and memname not like 'M%';
    title2 'description of sashelp views';
    describe view sashelp.vcatalg
                    sashelp.vcolumn
                    sashelp.vextfl
                    sashelp.vindex
                    sashelp.vmember
                    sashelp.vscatlg
                    sashelp.vslib
                    sashelp.vstable
                    sashelp.vstabvw
                    sashelp.vsview
                    sashelp.vtable
                    sashelp.vview;
quit;
```

2.6 SAS 变量

SAS 变量主要有数值型和字符型两种类型，不同于一般的数据库，SAS 不能做 VARCHAR 型变量。

2.6.1 变量属性

变量属性包括长度、输入输出格式和标签。变量属性见表 2-3。

表 2-3 变量属性列表

变量属性	取值范围	备注
名称	有效的 SAS 名	命名规则同 SAS 数据集
类型	数值型	缺失值显示为一个点
	字符型	缺失值显示为空
长度	数值型 3～8B	默认值为 8B
	字符型 1～32767B	空值仍占用 1B
输入格式	见 SAS 帮助文档	--
输出格式	见 FORMAT 专题介绍	--
标签	最多 256B	命名规则同 SAS 数据集

2.6.2 变量列表

在 SAS 系统中，变量按照它们在 PDV 中出现的先后顺序被定义。因此，在操作多个变量的时候，可以借助 PDV 用一种比较简便的方式罗列多个变量。例如，在 INPUT 语句中，有六个变量 X、Y、Z、A、B、C 被先后输入，在编程过程中，如果只想要分析前四个变量，这时只需要用 X--A 来表示即可。详细的缩写方法见表 2-4。

表 2-4 SAS 变量列表缩写

变量列表	缩写	备注
X1 X2 … Xn	X1-Xn	X1～Xn 的所有变量，中间是一横
XA XB … XY	X:	取所有以字母 X 开头的变量
X Y Z A	X--A	X～A 的所有变量，中间是两横
	X_NUMERIC_A	X～A 的所有数值型变量
	X_CHARACTER_A	X～A 的所有字符型变量
	NUMERIC	SAS 数据集内所有数值型变量
	CHARACTER	SAS 数据集内所有字符型变量
	ALL	SAS 数据集内所有变量

2.6.3 自动变量

SAS 系统在 PDV 过程中会产生很多自动变量，这些自动变量在输出数据集中是看不到的，但是都非常有用，最常用的见表 2-5。

表 2-5 SAS 常用自动变量

自动变量	说明	自动变量	说明
_N_	观测序号	_CHARCATER_	所有字符型变量
ERROR	错误信息变量	_ALL_	所有变量
IORC	错误信息变量	FIRST.VARIABLE	同一个 BY 变量（组）内第一个观测
NUMERIC	所有数值变量	LAST.VARIABLE	同一个 BY 变量（组）内最后一个观测

第 3 章　数据获取与数据集操作

从本章开始，将正式进入 SAS 开发环境进行编程。编程的首要环节是获取数据，因此本章将介绍数据获取和数据集操作的有关语句。

表 3-1 列出了常用的数据集操作语句。

表 3-1　数据集操作常用语句

语　句	功　能
DATA 语句	创建 SAS 数据集
SET 语句	读数据行；纵向合并 SAS 数据集
BY 语句	控制 SET、MERGE、MODIFY、UPDATE 语句，并建立分组变量
MERGE 语句	横向合并两个或以上 SAS 数据集
UPDATE 语句	更新 SAS 数据集
MODIFY 语句	修改 SAS 数据集
PUT 语句	显示或输出数据行
FILE 语句	规定当前 PUT 语句的输出文件
INFILE 语句	规定 DATA 步要读入的外部文件

3.1　数据获取

数据获取是数据挖掘的第一个环节。SAS 系统提供了多种数据获取方式，总体分为两种：一种是直接在系统环境内通过 INPUT 语句创建数据模块来创建 SAS 数据集；另一种是获取外部文件并将其转化为 SAS 数据集。商业实践中，通过外部文件方法是最常见的。外部文件又包括两类：一类是 PC 格式的文件（如 TXT、Excel 等）；另一类是数据库文件（如 DB2、TERADATA 等），其访问方式见表 3-2。

表 3-2　SAS 系统可访问的外部文件及方式

文件格式	访问方式	文件格式	访问方式
TXT（PC）	INFILE 或 IMPORT	TERADATA（数据库）	LIBNAME 方式 PASSTHROUGH 方式 ODBC 方式
CSV（PC）	INFILE 或 IMPORT	ORACLE（数据库）	
Excel（PC）	INFILE 或 IMPORT	DB2（数据库）	
SPSS（PC）	IMPORT	SYBASE（数据库）	
MS ACCESS（PC）	ACCESS	⋮	

3.1.1　LIBNAME 方式

LIBNAME 方式是 SAS 数据库与其他数据文件实现数据交换的最主要的方式。它可以通过数据引擎读入其他分析文件数据集以及其他数据库文件。

1．直接访问外部数据库

例 3.1　访问 SPSS 数据集。

```
libname sps spss 'F:\Data_Model\Book_data\chapt3';
```

例 3.2　直接访问 DB2 数据库。

```
libname hsdb db2 user= xxxx password="xxxx" datasrc=datadb;
```

其中：HSDB 是 SAS 逻辑库名；DB2 是关键字；USER 和 PASSWORD 是 DB2 对用户开放的用户名和密码；DATASRC 是 DB2 中的数据库名称。

例 3.3　直接访问 Oracle 数据库。

```
libname oralib oracle user = xxx pw = xxx path = dbmssrv schema = educ;
```

例 3.4　直接访问 TERADATA 数据库。

```
libname p_cac_t teradata user=xxx password=xxx database=p_cac_t tdpid="caracal" override_resp_len=
yes dbcommit=0;
```

2．通过 ODBC 访问

通过 ODBC 访问的前提条件是创建 ODBC 数据源，创建过程需要在 Windows 操作系统的控制面板里完成。以数据库 Access 为例，操作步骤如下：

1）打开控制面板，双击管理工具，再双击 ODBC 数据源。

2）打开“用户 DSN”选项卡，选择 Access 选项，单击“添加”按钮。

3）打开创建数据源窗口，找到扩展名是 MDB 的驱动程序，单击“完成”按钮。

4）弹出配置窗口，“数据源名”选项是用户定义的数据源名称，如 TEST，然后选择数据库，找到事先创建好的 Access 数据库（此处选择目录盘符下一个名叫 ODBC.MDB 的数据库），单击“确定”按钮即可。

这时会在“用户 DSN”选项卡中看到多了一个名为 TEST 的用户数据源。接下来，在 SAS 系统里面用新建逻辑库手工方式或者编程实现数据获取，下面是程序实现的代码：

```
libname odb odbc user=*** password=*** datasrc=test;
```

打开逻辑库 ODB，就会发现 TEST 数据库里面的表。

例 3.5　通过 ODBC 访问 DB2 数据库。

```
libname hsdb odbc noprompt="uid=xxuser;pwd=xxxxx;dsn=datadb;" schema=hsuser
```

3.1.2　PASSTHROUGH 方式

PASSTHROUGH 方式在商业实践中运用非常广泛，仅次于 LIBNAME 方式。它通过 CONNECT 语句建立 SAS 和其他数据库之间的通信，并使用 SQL 过程将其他数据库数据直接导入到 SAS 系统。

例 3.6　把 TERADATA 数据库 TEST 里面的表 TB1 导入到 SAS 数据库，并取名为

SAS_TB。

```
proc sql;
  connect to teradata (user=xxx password=xxx database=access_views tdpid="xxx" mode=teradata);
  create table sas_tb as select * from connection to teradata
  (select * from access_views. tb1
  )
  ;
  disconnect from teradata;
quit;
```

3.1.3 IMPORT 方式

IMPORT 方式比较简单，如果是菜单操作，可以直接在 SAS 系统的文件下拉菜单中选择 IMPORT 数据集，再根据向导提示进行操作。常用的导入文件格式包括 TXT、CSV、Excel 和 Access 数据库，下面以 Excel 为例：

1）建立一个 SAS 逻辑库，如 libname impt 'F:\Data_Model\Book_data\chapt3'。

2）打开 SAS 系统，单击文件下拉菜单，选择 IMPORT 数据集。

3）在弹出的对话框中选择 Excel 2003 或更高版本，单击“下一步”按钮。

4）选择需要导入的 Excel 工作表（这里选择了名为 impt_excel.xls 工作簿的第一张工作表 DATA1），单击“下一步”按钮。

5）选择要放入的目标 SAS 逻辑库，此处是上面刚建立的 IMPT 逻辑库。在对话框中输入“impt_excel”。单击“下一步”按钮。系统询问是否需要保存向导产生的脚本，单击“浏览”按钮，保存该脚本。单击“完成”按钮即可。

这时，会在逻辑库 IMPT 里面看到一个名为 impt_excel 的 SAS 数据集，这个数据集其实就是 impt_excel.xls 工作簿的第一张工作表 DATA1。

再来看刚才保存的脚本，打开脚本，代码如下：

```
proc import out= impt.imp_excel
            datafile= "f:\data_model\book_data\chapt3\impt_excel.xls"
            dbms=excel replace;
     range="data1$";
     getnames=yes;
     mixed=no;
     scantext=yes;
     usedate=yes;
     scantime=yes;
run;
```

对其他几种格式文件进行类似上面的向导操作，最后保存获取的 SAS 代码即可。

3.1.4 INPUT 方式

INPUT 方式是直接在 SAS 系统下用 INPUT 语句输入 SAS 数据块。在商业实践中，这是最不常用的一块，即便使用，一般也只是做测试数据集。但是 INPUT 方式恰恰是四种方式中最复杂的，它包括了列模式输入、列表模式输入、格式化模式输入、命名输入和指针控制输入等。在 SAS 帮助文档里面有非常详细的介绍，也有美国学者著书介绍这些输入模式的应用[㊀]。由于本书重点介绍数据处理和数据挖掘，因此不对这种方式做进一步探讨。

在获取或生成 SAS 数据集后，接下来就需要对数据集进行处理，主要包括三部分：第一部分是对整个数据集进行处理；第二部分是对数据集观测进行处理；第三部分是对数据集变量进行处理。但是实际开发程序时，这三部分是交织在一起的。

3.2 SET 语句

SET 语句从一个或多个 SAS 数据集中读取观测值并实现纵向合并。每一个 SET 语句被执行时，SAS 就会读一个观测到 PDV 中。一个 DATA 步可以有多个 SET 语句，每个 SET 语句又可以跟多个 SAS 数据集。多个 SET 语句含有多个数据指针，多个 SET 语句被执行时，SAS 会按照自动变量_N_合并每个 SET 语句后面所有数据集的观测到一个 PDV 中。

3.2.1 语法说明

SET 语句格式如下：

```
SET<SAS-data-set(s) <(data-set-options(s) )>> <options>;
```

语法说明见表 3-3。

表 3-3 SET 语法说明

语　法	子　项	说　明
SAS-data-set(s)	一个或多个 SAS 数据集	一个 SET 语句最多规定 50 个数据集
data-set-options(s)	KEEP=变量（组）	指定的变量（组）进入 PDV
	DROP=变量（组）	指定的变量（组）不进入 PDV
	RENAME=表达式	对指定的变量在 PDV 更换变量名
	WHERE=表达式	执行 PDV 之前满足表达式
	IN=变量	创建一标识变量，如果当前观测属于某数据集，标识为 1，否则为 0
	FIRSTOBS=常数	如常数=3，表示从第三个观测开始读数据集。
	OBS=常数	如常数=10，表示读到的最后一个观测是第十个观测
options	NOBS=变量	把一个 SET 语句后所有数据集的总观测数赋值给变量
	POINT=变量	观测序号对应的数据指针，用以控制读入的观测序号
	END=变量	每一个 SET 语句后数据集文件结束的标志，结束为 1，否则为 0
	KEY=索引名	创建新自动变量_IORC_,显示最近的 I/O 操作序号，如果 KEY=值没有找到，则返回_ERROR_=1
	KEY=UNIQUE	规定总是从数据集索引的开头开始搜索

3.2.2 实例详解

例 3.7 KEEP=选项应用。

```
data keep;
```

㊀ 参见 Lora D. Delwiche 编写的《The little SAS book》。

```
    set sashelp.class(keep=name sex);
run;
```

使用 KEEP=选项会大大节省程序运行时间，主要是因为在读入 PDV 时只读入 KEEP=后面的变量，而对数据集其余变量不读入。类似的还有 DROP=选项。

例 3.8 输出两个数据集。

```
data d1(keep=name) d2(keep=name sex);
   set sashelp.class(keep=name sex);
run;
```

该例输出两个数据集 d1 和 d2。KEEP=选项也可以在输出数据集中使用。

例 3.9 RENAME=选项应用

```
data rename;
   set sashelp.class(keep=name sex rename=(name=name_new sex=sex_new));
run;
```

rename=选项需要对重命名变量用括号括起来。

例 3.10 WHERE 表达式应用。

```
data where;
   set sashelp.class(keep=sex where=(sex='M'));
run;
```

同样，where=选项要对表达式用括号括起来。事实上，上面四个数据集选项都有对应的 SAS 语句，后面相关章节还会具体提到。

例 3.11 IN=选项应用。

```
data one;
input x y$ @@;
cards;
1 a 2 b 3 c
;
data two;
input x z$ @@;
cards;
4 d 5 e
;
data in1;
set one(in=ina) two(in=inb);
in_one=ina;
in_two=inb;
run;
```

数据集 IN1 结果如下：

x	y	z	In_one	In_two
1	a		1	0
2	b		1	0
3	c		1	0
4		d	0	1
5		e	0	1

IN=是一个非常重要的 SAS 数据集选项，它可以把 SET 语句后面不同的数据集通过标识变量显示出来。但是由于 IN 本身不是变量，因此不能直接通过赋值语句如 in_one=in 得到标识变量，而只能先在 PDV 里面创建一个临时变量（该例是 ina 和 inb），然后把临时变量的值赋给输出变量（该例对应的是 in_one 和 in_two）。当然，不一定非要创建输出变量。再如：

```
data in2;
   set one(in=ina) two(in=inb);
   if ina=1 then flag=1;else flag=0;
run;
```

数据集 in2 结果如下：

x	y	z	flag
1	a		1
2	b		1
3	c		1
4		d	0
5		e	0

IN=选项的作用在于通过标识输入数据集，达到对不同输入数据集执行不同条件操作的目的。

例 3.12　FIRSTOBS=和 OBS=应用。

```
data obs;
   set sashelp.class(firstobs=3 obs=5);
run;
```

读取数据集 class 的第三条观测到第五条观测并输出。

例 3.13　NOBS=应用 1。

```
data nobs1(keep=total);
   set sashelp.class nobs=total_obs;
   total=total_obs;
   output;
   stop;
run;
```

程序解读：

1）程序编译时首先读到 NOBS=选项，该选项对应的信息实际上在 class 的头文件中，

NOBS=对应的是数据集 class 的观测数，NOBS=total_obs 语句把观测数传送给临时变量 total_obs。

2）然后 PDV 才读入数据集 class，并把 class 所有变量放入 PDV。

3）接着程序读入 total=total_obs;把临时变量 total_obs 的值赋给变量 total。

4）通过 output 语句输出 total 变量的值，同时也会把 class 在 PDV 里面显示的第一条观测输出。

5）stop 语句是停止 DATA 步语句。

以上这种方法是获取数据集观测比较快的一种方法，甚至还可以通过以下语句来获取数据集观测数。

例 3.14 NOBS=选项应用 2。

```
data nobs2;
   if 0 then set sashelp.class nobs= total_obs;
   total=total_obs;
   output;
   stop;
run;
```

该程序与上面一段相比多了一个条件：if 0；if 0 显然是条件不成立，因此后面的 set 语句不会执行，但是 SAS 语言却是先编译后执行的，尽管 set 语句因为条件不成立没有被执行，但是在编译期间已经把 class 数据集的头文件信息通过 nobs 语句传送给 total_obs 变量了，所以此时在 PDV 里面 class 其他所有变量的值都是缺失值（请参见第 1 章中 PDV 流程介绍），只有 total_obs 变量含有一个数值，该数值就是 class 的观测数。接下来程序执行其余语句，最后输出数据集 nobs2。

例 3.15 POINT=选项应用 1：取指定的一条观测。

```
data point1;
   n=3;
   set sashelp.class point=n;
   output;
   stop;
run;
```

程序解读：

1）程序编译后，执行 N=3 语句，获取变量 N 的值。

2）读入 SET 语句，数据指针跳过前两条观测，直接指向第三条观测。

3）读入 output 语句输出第三条观测。

4）读入 stop 语句停止 data 步。

在使用 POINT=时，有三点需要注意：

● 同 NOBS=选项一样，POINT=后面跟变量，而不是常数，因此，初学者往往容易犯如下错误：

```
data point1;
```

```
    set sashelp.class point=3;
    output;
    stop;
run;
```

从语言逻辑上很难发现上面程序的错误，但是它违背了 POINT=的规则。

- POINT=往往和 STOP 语句连用来终止 DATA 步执行。这主要是因为 POINT=对应的数据指针往往不是最后一条观测，如果不用 STOP 语句，SAS 无法判断该数据指针是否指向了最后一条观测，程序会陷入死循环。即便 POINT=是指向最后一条观测，但是 SAS 仍然不能确定，此时还是要用 STOP 语句来终止 DATA 步。
- POINT=和 NOBS=是互相独立的，在任何一个 DATA 步中，NOBS=总是在 PDV 之前执行，而 POINT=总是在 PDV 之后执行。

例 3.16 POINT=选项应用 2：取指定的多条观测。

```
data point2;
    do n=3,15,4,19;
    set sashelp.class point=n;
    output;
    end;
    stop;
run;
```

该程序用到了 DO 循环语句，关于 DO 循环语句后面会再介绍，大家应该可以读懂该程序。显然，数据指针是从第 3 条、第 15 条、第 4 条，最后跳到第 19 条（也是最后一条观测），并四次执行 output 语句，输出四条观测，最后退出 DO 循环语句，并终止程序执行。

例 3.17 NOBS=和 POINT=综合应用：快速取得最后一条观测。

```
data nobs_point;
    set sashelp.class nobs=last point=last;
    output;
    stop;
run;
```

程序解读：

1）在编译时 NOBS=对应数据信息（class 数据集观测总数）就会传送给 last 临时变量。

2）接下来程序读入 class 进入 PDV，读到 POINT=选项，此时数据指针获取 last 的值，指针直接指向 last 对应的观测值。

3）输出该观测；停止 DATA 步执行。

这应该是获取 SAS 数据集最快的一种方式，也有学者[㊀]提出一种所谓的寻找数据集最后一个观测的更简单的方法，类似代码如下：

```
data zhu;
    set sashelp.class end=obs_last;
```

㊀ 朱世武编著，《SAS 编程技术教程》第一版，北京：清华大学出版社，2007 年，第 123 页。

```
    if obs_last=1;
run;
```

该程序需要读入class所有数据直至最后一条观测才输出，显然这是不经济的。

例 3.18 END=应用。

```
data end;
    set sashelp.class end=last_obs;
    flag=last_obs;
run;
```

END=选项用法相对简单，它是文件是否结尾的标识。类似于 NOBS=和 POINT=，END=需要传送这种标识到临时变量，如果需要输出这个标识值，就要把临时变量赋值给输出变量。该程序中 last_obs 是临时变量，而 flag 是输出变量。

例 3.19 具有相同数据结构的多个数据集合并。

```
data concatenat;
    set sashelp.class sashelp.class(obs=10);
run;
```

程序解读：

1）编译后，由于内存发现只有一个 SET 语句，故只分配一个数据指针，同时把数据集 sashelp.class 的所有变量读入 PDV。

2）数据指针指向数据集 sashelp.class 的第一条观测，并输出该观测，返回 DATA 步。

3）重复第二步，直至读完数据集 sashelp.class 所有观测。

4）数据指针指向数据集 sashelp.class 的第一条观测，并输出该观测，返回 DATA 步。

5）重复第四步，直至读完数据集 B 的所有观测(截至到第 10 条观测)。

最后的数据集 Concatenat 总观测数应该是 19+10=29 条，数据结构和 sashelp.class 完全一样。

例 3.20 输出多个数据集。

```
data d1 d2;
    set sashelp.class;
    if _n_ le 10 then output d1;
    else output d2;
run;
```

程序解读：

该例用到了两个简单语句 IF 和 OUTPUT（后面将介绍），_N_是表示当前数据指针指向的观测数。该段程序实现：如果观测序号小于或等于 10 则输出数据集 d1，否则输出数据集 d2。

例 3.21 SET/SET 语句。

创建测试数据集见表 3-4。

表 3-4　SET/SET 语句测试数据集

data a; input x $ @@; cards; a1 a2 a3 ; run;	data a; input y $ @@; cards; b1 b2 ; run;

三个 SET/SET 程序比较见表 3-5。

表 3-5　三个 SET/SET 程序比较

第 1 个程序	第 2 个程序	第 3 个程序
Data ab; Set a;set b; **Run**;	**Data** ba; Set b;set a; **Run**;	**Data** c; Set a b; **Run**;

第 1 个程序解读：

1）编译后，内存出现两条数据指针，一条指向数据集 a；一条指向数据集 b，同时只产生一个 PDV，读入 a 和 b 所有变量。

2）数据集 a 的数据指针将数据集 a 的第一条观测读进 PDV，数据集 b 的数据指针将数据集 b 的第一条观测读进 PDV，然后输出；返回 DATA 步开头。

3）重复第二步动作，将数据集 a 第二条观测读进 PDV，再将数据集 b 的第二条观测读进 PDV，然后输出；返回 DATA 步开头。

4）读数据集 a 的第三条观测，但是由于数据集 b 总共只有两条观测，此时 b 的指针已经指向数据集 b 的末尾，故虽然读了 a 的第三条观测，但是由于数据集 b 的指针已指向末尾，故跳出 DATA 步。结果只有 2 个数据。

第 2 个程序解读：

前两条观测读取和第一个程序一样，返回 DATA，此时数据集 b 已经达到结尾，故直接跳出 DATA 循环。结果数据集 a 只读了 2 次，当然数据集 B 也只读了 2 次。

第 3 个程序解读：

程序解读参见例 3.13。

从这个简单的例子可以看出，SET/SET 语句是完全不同于单个 SET 语句的语句。SET/SET 语句实际上是一个双指针操作语句，这种双指针语句和 SAS 的某些数据集选项（如 IN=）结合，会显示 SAS 强大的数据处理功能。

例 3.22　SET/SET 语句应用。

```
libname chapt3 'f:\data_model\book_data\chapt3';
data percent;
    if _n_ = 1 then
        set chapt3.summary(keep = cargosum);
    set chapt3.empcount;
    pctemps = numemps / cargosum;
run;
```

程序解读：

1）首先在内存中开辟一个 PDV,读取数据集 summary 的第一个观测，读取变量 CargoSum 的值并保留。

2）再读取第二个数据集 empcount，并计算 PctEmps = NumEmps / CargoSum;输出数据并返回到 DATA。

3）此时 IF 语句不再执行，读取数据集 empcount 的第二条观测，并计算 PctEmps = NumEmps / CargoSum;如此下去直到读完 empcount。

3.2.3 商业实践

由于单 SET 语句相对简单，因此本节主要介绍 SET/SET 语句的商业应用。由于 SET/SET 语句是双指针操作，因此必须注意对被操作的数据集进行合理的指针控制，比如，如果每一个 SET 语句后面只跟一个数据集，最好的状态是两个数据集的数据指针能同时到达文件结尾。商业实践中有两种情况最为常见：一种是按照索引匹配和更新数据；另一种是按照某一个变量（如时间）排序，对排序变量实行 SET/SET 操作。

例 3.23 有匹配变量：SET/SET 和 KEY=结合应用。

数据集 expenses 为某航空公司三个航班（FlightID）在指定日期的成本观测；数据集 Income 则观测了大部分航班每天发生的收入，但是由于种种原因，并不是每天发生的费用都有对应的收入（如 2009 年 10 月 10 日有收入，但是没有观测成本），也不是每一个航班都有收入观测（如编号为 IA10203 的航班）。

需求如下：

- 计算发生费用的日期航空公司的利润是多少？
- 找出发生费用却没有对应收入的航班编号？

需求 1 的期望结果：

FlightID	FltDate	Expenses	Income	Revenue
IA10201	10-01-2009	100	200	100
IA10201	10-02-2009	110	210	100
IA10202	10-01-2009	200	210	10

需求 2 的期望结果：

FlightID	FltDate	Expenses
IA10203	10-10-2009	300

需求分析如下：

首先，成本表和收入表都有对应的两个变量 FlightID 和 FltDate，而且这两个变量组合唯一决定了两张表的数据观测唯一（类似于数据库的主键），因此，最直接的方法是用 SQL 语言实现（后面会有专门的章节讲解 SQL），代码如下：

```
proc sql;
  create table profit2 as
  select
  a.flightid
  ,a.expenses
```

```
      ,a.fltdate
      ,b.income
      ,sum(income,- expenses) as profit
      from chapt2.dnunder     as a
      join chapt2.sales as b
      on a.flightid=b.flightid
      and a.fltdate=b.fltdate
      ;
quit;
```

这里，如果大家暂时不理解代码没关系，在第 11 章会有具体的介绍。那为什么这么简单的商业需求还要用 SET/SET 来实现呢？主要原因是 SET/SET 语句的效率远比 SQL 高！尤其是在大数据量情况下，如果对查询表建立索引，再用 SET/SET 语句效率会提高数倍甚至数十倍。SET/SET 语句代码如下：

```
proc datasets lib=chapt2;
   modify income;
   index create dteflt=(flightid fltdate)/nomiss unique;
quit;
data profit;
      set chapt2.expenses;
      set chapt2.income key = dteflt;
      profit = sum(income,- expenses);
run;
```

程序解读：

首先建立查询表索引，这里建立了复合索引，并设置索引为非缺失和唯一。非缺失和唯一并非建立索引的必要条件，根据具体的需求而定，可设可不设。

1）DATA 步读入数据，注意 DATA 步中主表一定在前，查询表一定在后。

2）首先，程序进行编译，并分配两个数据指针，一个给数据集 expenses，另一个给数据集 income，同时创建一个 PDV，分配内存给所有按先后顺序进入 PDV 的变量，这里包括 Flightid，Expenses，Fltdate，Income，Profit。并置这些变量值为缺失。

3）expenses 数据指针指向 expenses 第一条观测，Income 数据指针按照 expenses 第一条观测返回值，根据索引寻找 income 中有没有对应值，结果在 income 的第三条观测发现有对应值 Flightid =IA10201 和 Fltdate=10-01-2009，系统抓取该观测并和 expenses 第一条观测一起进入 PDV。

4）程序再往下扫描，发现还有一个语句 Profit = Sum(Income,-Expenses);求得该值，传送给 PDV。

5）程序扫描到 Run 语句，输出 PDV 值，返回 DATA 步，并继续下一个操作。

6）同样输出第二条和第三条观测，返回 DATA 步，读 expenses 最后一条观测。此时出现问题，expenses 最后一条观测在 income 表里面没有对应观测。

7）SAS 系统对于这种没有匹配上的数据遵循如下机制：返回一个非零的自动变量 _IORC_和_ERROR_。同时，把发生错误的主表（第一个 SET 表）观测对应的最上临近

PDV 查询表（第二个 SET 表）观测的值保留到错误观测，该题由于发生错误的观测在 expenses 的第四条观测，因此，系统会把 PDV 第三条观测 income=210 保留到第四条观测存放至 PDV 中，有人要问：为什么不把主表的第三条观测也保留到第四条呢？这是因为程序先读主表，主表的第四条观测先行进入 PDV。正是因为该观测（Flightid =IA10203 和 Fltdate=10-10-2009）在查询表中没有找到观测，因此也就找不到对应的 income 值，故只好把 income 上一条的值抓取放入 PDV。

最后输出的结果如下：

flightid	expenses	fltdate	income	Profit
IA10201	100	2009-10-1	200	100
IA10201	110	2009-10-2	210	100
IA10202	200	2009-10-1	210	10
IA10203	300	2009-10-10	210	-90

最后一行数据显然有错误，因为航班编号 IA10203 在 income 表中根本就没有 income 数据！如何解决这个问题？请再看下面一段程序：

```
data profit errors;
    set chapt2.expenses;
    set chapt2.income key = dteflt;
    if _iorc_ = 0 then do;
       profit =sum(income,- expenses);
       output profit;
    end;
    else do;
       _error_ = 0;
       output errors;
    end;
run;
```

程序解读：

基本流程类似上面的程序，但是拆分了输出数据集。_IORC_=0 是自动变量_IORC_匹配成功的返回值，非零表示匹配失败，对自动变量_ERROR_也是如此：_ERROR_等于 0 表示无错误信息，_ERROR_不等于 0 表示有错误信息，并在日志中报告。

需求总结如下：

- 对于两个表存在相同变量，且查询表已经建立基于该相同变量的索引的情况下，SET/SET 语句是效率最高的编程形式。
- 主表的数据指针一般从第一条一直扫描到最后一条，不走回头路，但是对查询表，可以随时根据索引跳跃数据指针。
- SET/SET 语句对应的主表和建立索引的查询表一般都不再排序。
- KEY=应用常常会出现自动变量_IORC_和_ERROR_，因此务必当心在提高程序效率的同时，减少程序的 BUG。一般情况下，第二个程序较第一个程序好，因为它考虑到了潜在的程序风险，这也是优秀编程人员必须具备的开发素质。

上例详细讲解了在两表有匹配变量的情况下如何应用 SET/SET 语句，在 7.2 节还会讲解无匹配变量情况下如何应用 SET/SET 语句。

3.3 BY 语句

DATA 步中，BY 语句规定分组变量，用于控制 SET， MERGE，UPDATE 或 MODIFY 语句。

3.3.1 语法说明

```
BY <DESCENDING> variable-1
    <...<DESCENDING> variable-n > <NOTSORTED><GROUPFORMAT>;
```

其中：

Variable 为分类、排序或索引的变量。

GROUPFORMAT 为用格式化值分组。

NOTSORTED 为未排序。

3.3.2 实例详解

例 3.24　理解 FIRST.变量和 LAST.变量。

程序见表 3-6。

表 3-6　理解 FIRST.变量和 LAST.变量

程序 1：创建测试数据集	程序 2：对 by_data 数据集排序	程序 3：产生 FIRST.变量和 LAST.变量

data by_data;
input prov$ cty$ mth income @@;
cards;
JS c1 1 100 JS c1 2 110
JS c1 3 101 JS c2 1 200
JS c2 2 210 JS c2 3 201
SH c1 1 500 SH c1 2 510
SH c1 3 501 SH c2 1 400
SH c2 2 410 SH c2 3 4201
;
run;
	proc sort
	data=by_data;
	by prov cty mth;
	run
		data fst_lst;
		set by_data;
		by prov cty mth;
		fst_p=first.prov;
		lst_p=last.prov;
		fst_c=first.cty;
		lst_c=last.cty;
		fst_m=first.mth;
		lst_m=last.mth;
		run;

表 3-6 最后产生的数据集 fst_lst 结果如下：

prov	cty	mth	income	fst_p	lst_p	fst_c	lst_c	fst_m	lst_m
JS	c1	1	100	1	0	1	0	1	1
JS	c1	2	110	0	0	0	0	1	1
JS	c1	3	101	0	0	0	1	1	1
JS	c2	1	200	0	0	1	0	1	1
JS	c2	2	210	0	0	0	0	1	1
JS	c2	3	201	0	1	0	1	1	1

SH	c1	1	500	1	0	1	0	1	1
SH	c1	2	510	0	0	0	0	1	1
SH	c1	3	501	0	0	0	1	1	1
SH	c2	1	400	0	0	1	0	1	1
SH	c2	2	410	0	0	0	0	1	1
SH	c2	3	4201	0	1	0	1	1	1

程序解读：

首先产生测试数据集，其中前三个变量是后面需要排序的变量。然后对测试数据集用 SORT 过程排序，关于 SORT 过程后面还会有详细讲解，这里的代码非常简单，就是对三个变量 prov，cty，mth 进行排序（升序）。接下来进入主体程序。

1）SAS 对每一个 BY 组创建两个临时变量 FIRST.变量和 LAST.变量。BY 组是指同一个 BY 值所有观测构成的值，比如在上面的数据结果中，第一条虚线以上三条观测是变量 cty 构成一个 BY 组。同理，中间双横线以上六条观测是两个变量 prov 和 cty 构成一个 BY 组。在一个 BY 组内，如何区别第一条观测和最后一条观测以便能够对数据集进行操控？SAS 是通过临时变量 FIRST.变量和 LAST.变量实现这种操控的。由于 FIRST.变量和 LAST.变量是 PDV 临时变量，为了便于大家理解，程序代码把它们都赋值给用户定义的变量。

2）对每一个 BY 组内的第一条观测，FIRST.变量标识为 1，其余为 0；对每一个 BY 组内的最后一个观测，LAST.变量标识为 1，其余为 0。例如对 fst_p= first.prov 变量：由于以 prov 为 BY 组，即双横线以上 prov 为一组，双横线以下 prov 为另外一组，故双横线以上第一条观测和双横线以下第一条观测 fst_p 标识为 1，其余为 0。同样对 lst_p=last.prov，双横线以上最后一条观测和双横线以下最后一条观测 fst_p 标识为 1，其余为 0。同样对于 fst_c=first.cty 和 lst_c=last.cty。只不过这时 BY 组变成四组。而对于 fst_m=first.mth 和 lst_m=last.mth，每一条观测就是一个 BY 组，故所有值都为 1。不要错误地认为变量 mth 只有三个值，fst_m=first.mth 和 lst_m=last.mth 似乎最多有三个 1 才对，这是因为现有数据集已经按照变量 prov，cty 和 mth 排好序了，因此结果数据集在空间位置已经不能发生改变，如果按照 mth，prov 和 cty 的顺序排序，结果会完全不一样，有兴趣的读者不妨试一试。

FIRST.变量和 LAST.变量在 SAS 数据处理中有着极其广泛的应用，但是需要和同样功能强大的其他 SAS 语句如 RETAIN 语句、ARRAY 语句和 MACRO 结合才能显示它的优势。本节只列举几个简单的应用例子，更复杂的例子在学习了 RETAIN 语句后介绍。

例 3.25 取上例中 prov 对应的 BY 组第一条观测和最后一条观测，并输出到两个数据集。

```
data fst_data lst_data;
  set by_data;
  by prov cty mth;
  if first.prov then output fst_data;
  if last.prov then output lst_data;
run;
```

该程序相关语句 IF 和 OUTPUT 在 SET 语句中已经介绍过，在此不再赘述。

3.4 MERGE 语句

MERGE 语句可以实现多表的横向合并。从功能实现的角度，如果是一对一、多对一或一对多的关联，MERGE 语句和 SQL 基本上是一样的。但是对于多对多的关联，两者有很大的差别。在实际应用中，多对多的关联是很少出现的，如果出现了，一般情况下需要用 SQL 实现。

3.4.1 语法说明

```
MERGE SAS-data-set-1 <(data-set-options)> SAS-data-set-2 <(data-set-options) > <. . . SAS-data-set-n<(data-set-options)>> <END=variable>;
```

选项说明参见 SET 语句。显然 MERGE 选项操作没有 SET 复杂，主要原因是两者实现的功能不一样。在所有选项中，IN=选项使用频率最高。

3.4.2 实例详解

例 3.26 不用 BY 语句的一对一横向合并。

```
libname chapt3 'f:\data_model\book_data\chapt3';
data mg;
merge chapt3.merge_a chapt3.merge_b;
run;
```

输出结果如下：

x	y	z	bx
1	.	10	2
2	ZC	20	3
3	ZE	30	4
4	ZD	.	.

程序解读：

1）MERGE 语句在没有 BY 语句的情况下，对 MERGE 后面的数据集实行一对一横向合并，即每一个数据集的第一条记录全部按照先后顺序依次进入 PDV。显然，在不同数据集变量名相同的情况下，后面数据集的变量值会覆盖前面的数据集，即便后面变量值为空。

2）合并结果观测数取 MERGE 后面所有数据集中具有最大观测数的数据集所对应的观测数。

例 3.27 IN=选项应用。

```
proc sort data=chapt2.merge_a;by x;run;
proc sort data=chapt2.merge_b;by bx;run;
data test;
  merge chapt3.merge_a(in=a) chapt3.merge_b(rename=(bx=x) in=b);
  by x;
  ina=a;inb=b;
run;
```

程序解读：

1）对需要用到BY语句的MERGE，MERGE后面所有表在MERGE之前都需要排序。

2）相对于SET语句，IN=选项在MERGE语句中应用更广泛，其作用在SET语句中已经介绍，不再赘述。

3）BY语句后面的变量必须是MERGE语句后面所有数据集共同变量，因此这里对数据集MERGE_B的变量BX重命名。

4）在匹配合并中，如果MERGE后一个数据集出现空值，则空值也会覆盖前一个表的值。所以使用MERGE时要特别注意。此处MERGE无法像UPDATE那样设置UPDATEMODE=NOMISSINGCHECK选项。

例3.28 控制IN=选项输出两个数据集。

```
data merge_a c;
  merge chapt3.merge_a chapt3.merge_b(rename=(bx=x)in=b);
  by x;
  if b then output c;
  output merge_a;
run;
```

“if b then output c”表示如果观测在数据集merge_b中则输出数据集c，同时无条件输出数据集merge_a。

例3.29 一对多匹配。

```
proc sort data=chapt3.merge_a;by x;run;
proc sort data=chapt3.merge_c;by x;run;
data d;
  merge chapt3.merge_a chapt3.merge_c;
  by x;
run;
```

程序解读：

1）在例3.27和例3.28中，看到的都是一对一匹配。在一对一匹配中很难发现BY组的作用，这是因为一对一匹配中每一个BY组只有一条观测，但在一对多情况下，每个BY组可能会出现多条观测。

2）通过观察数据集MERGE_A和数据集MERGE_C发现，前者含有四个BY组，且每个BY组只有一个观测，后者也有四个BY组，但是第二个BY组有两条观测。

3）该例DATA步中，首先进行程序编译，并开辟一个PDV，由于是按照变量x进行排序（这里默认是升序），故BY组只有x变量。

4）数据指针扫描数据集MERGE_A的第一条观测，然后按照BY组的BY值扫描后面的数据集MERGE_C，并用数据集MERGE_C的y变量值覆盖数据集MERGE_A，同时带出其他所有不是两个数据集的所有非相同变量值（此处只有数据集MERGE_A的变量z）。并输出第一条观测。

5）接下来，数据指针扫描数据集MERGE_A的第二条观测，然后按照BY组的BY值扫描后面的数据集 MERGE_C 的第二条记录，并用数据集 MERGE_C 的 Y 变量值覆盖数据集 MERGE_A，由于此处数据集 MERGE_C 的 Y 变量值为空，所以输出变量 Y 的值就是空值。由于第二个 BY 组对应的数据集 MERGE_C 有两条观测，因此数据指针在输出该 BY 组第一条观测后，数据指针并没有立刻下移至 MERGE_A 第三条观测，而是停留在 MERGE_A 第二条观测，同时下移并指向数据集 MERGE_C 的第三条观测，最后输出该观测。

6）依此类推，数据指针将会按照每一个 BY 组同时扫描两个数据集并逐行下移，最后输出所有观测。

7）从上面的分析可以看出，MERGE 语句在每一个 BY 组内输出的观测数应该是该 BY 内所有数据集含有的观测数的最大值，输出的变量值对不同的变量，应该是 MERGE 语句后面该变量所属的那个数据集，对相同的变量，应该是该变量对应的 MERGE 语句后最后那个数据集。

在 MERGE 语句后面数据集的顺序必须要特别小心，一般主数据集在前，更新数据集在后，试比较：

```
proc sort data=chapt3.merge_a;by x;run;
proc sort data=chapt3.merge_c;by x;run;
data d;
   merge chapt3.merge_c chapt3.merge_a;
by x;
run;
```

例 3.30 多对多匹配。

```
proc sort data=chapt3.merge_d;by x;run;
data e;
   merge chapt3.merge_c chapt3.merge_d;
   by x;
run;
```

程序解读：

请读者自行按照例 3.29 一对多匹配所解释的机制理解该段代码的输出结果。

MERGE 的多对多匹配已经完全不同于 SQL 语言的多对多，在第 11 章会给出一个例子来解释这种不同。

例 3.31 MERGE 语句与 SET 语句合并比较。

MERGE 与 SET 的比较见表 3-7。

表 3-7 MERGE 语句与 SET 语句合并比较

合　并	SET 语句	MERGE 语句
合并方式	纵向合并	横向合并
合并机制	对每一个 BY 组内所有观测，数据指针先读完第一个数据集并输出，再读第二个数据集并输出，依此类推	对每一个 BY 组内所有观测，数据指针读第一个数据集在该组内的第一条观测，同时读第二个数据集在该组内的第一个观测，并用第二个数据集数据覆盖第一个数据集数据并输出，然后数据指针指向第一个数据集在该组内的第二条观测，同时读第二个数据集在该组内的第二个观测，并用第二个数据集数据覆盖第一个数据集并输出，依此类推

3.5 UPDATE 语句

UPDATE 在横向合并两个数据集时的方式和 MERGE 相似，都是用更新数据集修改主数据集，但是 UPDATE 语句后面只能跟两个数据集，最靠近 UPDATE 语句的是主数据集，随后是更新数据集。

3.5.1 语法说明

```
UPDATE master-data-set<(data-set-options)> transaction-data-set<(data-set-options)> <END=variable>
<UPDATEMODE= MISSINGCHECK|NOMISSINGCHECK>;
BY by-variable;
```

选项说明参见 SET 语句。几点说明：

- UPDATE 语句一定要和 BY 语句连用。这个 BY 语句给出了主数据集和更新数据集共同变量的名字。
- UPDATE 语句中使用的数据集必须事先按照 BY 语句指定的变量进行排序，或已经有合适的索引。
- 一般情况下，由 BY 语句指定的变量在主数据集中的观测值最好是唯一的；因为若有多个观测值相等，则 UPDATE 只更新第一个观测值。其数据指针的实现机制和 MERGE 有些不同。
- 对更新数据集存在缺失值的处理是通过开关选项 UPDATEMODE 来完成的。
- Updatemode = Missingcheck：检查修改数据集，若有缺失值，则保留主数据集中相应数据。该选项为默认设置。
- Updatemode = Nomissingcheck：不检查修改数据集，若有缺失值，则将主数据集中的相应数据更新为缺失。

在商业实践中，UPDATE 语句的应用比 MERGE 语句要少一些，主要是因为 UPDATE 语句能做到的 MERGE 几乎都能做到。但是有一点例外，就是对更新数据集缺失值的处理，MERGE 语句是不顾后果的，它会统统用远离 MERGE 语句数据集的数据覆盖靠近 MERGE 语句数据集的数据，即便是缺失值也会覆盖，但是有时候商业需求要求在更新数据集数据缺失的情况下用主数据集数据替代，这时候就是 UPDATE 语句的用武之地了。在使用 SAS 做数据仓库的 ETL 开发时就是如此。

3.5.2 实例详解

例 3.32　更新主数据集。

```
proc sort data=chapt3.merge_a;by x;run;
proc sort data=chapt3.merge_b;by bx;run;
data test;
  update chapt3.merge_a(in=a) chapt3.merge_b(rename=(bx=x) in=b);
  by x;
run;
```

程序解读：

该程序只是把 MERGE 语句里面的例子重新用 UPDATE 语句运行了一遍，但是结果却不一样，主要体现在缺失值的处理上，请读者参考前面的 UPDATE 语法说明比较结果。

3.6 MODIFY 语句

总体上来说，MERGE 语句和 UPDATE 语句对数据集横向合并的主要功能还只能体现在匹配访问上，如通过 BY 语句，对每一个 BY 组中的匹配数据集进行修改或更新。但是现实世界的需求是非常复杂的，比如一个非常庞大的数据集需要定期更新，但是每次更新的观测对象是动态的，这时候如果用 MERGE 或 UPDATE 这种匹配访问方式会消耗很多的资源，而 MODIFY 可以通过高效的访问机制来实现这个需求。

3.6.1 语法说明

```
MODIFY master-data-set <(data-set-option(s))> transaction-data-set <(data-set-option(s))>
<NOBS=variable> <END=variable> <UPDATEMODE=MISSINGCHECK|
NOMISSINGCHECK>;
BY by-variable;

MODIFY master-data-set <(data-set-option(s))>
KEY=index </UNIQUE> <NOBS=variable> <END=variable> ;

MODIFY master-data-set <(data-set-option(s))> <NOBS=variable> POINT=variable;

MODIFY master-data-set <(data-set-option(s))> <NOBS=variable> <END=variable>;
```

下面着重从三个方面来讲解该语法结构。

1．关于访问方式

以下四种语法形式分别对应不同的数据集访问机制：匹配访问、索引访问、观测序号访问、顺序访问。

（1）匹配访问。程序结构如下：

```
data master_data;
  modify master_data transaction_data;
  …;
  by variable;
run;
```

匹配访问以 BY 变量作为主数据集和更新数据集共同的标识变量，在 PDV 机制上，MODIFY 会要求内存开辟两条 PDV，分别对应主数据集 master_data 和更新数据集 transaction_data，MODIFY 在读入更新数据集的观测后，系统启动动态 WHERE 语句查询主数据集中对应的观测，然后对该观测进行更新。

注意几点：

1）除非使用 OUTPUT 语句，否则 DATA 步后面只能接一个数据集，并且 MODIFY 后面的第一个数据集必须和 DATA 步后面的数据集同名。

2）BY 语句对应的是标识变量，不同于 MERGE 和 UPDATE 中的 BY 语句对应的变量（组）必须事先排序或创建索引。

3）MODIFY 后面只能接两个数据集，一个是主数据集，一个是更新数据集。一般情况下，主数据集对应的 BY 标识变量的消除重复值的集合应该包含更新数据集对应的 BY 标识变量的消除重复值的集合。

4）MODIFY 主数据集和更新数据集的 BY 变量都可以有重复值，如果主数据集的 BY 变量有重复值，则只有第一个出现的观测被更新；如果更新数据集的 BY 变量有重复值，则会反复对主数据集对应的观测进行更新，最后真正起作用的只是最后一次更新。如果要想把更新数据集重复的 BY 变量值都进行运算，可以通过累加语句实现。

5）对 MODIFY 语句不能重复运行测试通过的代码，否则在某些情况下数据集数据会不断更新而不被发觉，这一点和后面要讲到的 APPEND 过程非常相似。避免该风险的简单而有效的解决方法是寻找到产生主数据集所在的原始代码并运行。在此基础上再次运行 MODIFY 语句代码就不会出现问题。

（2）索引访问。程序结构如下：

```
data master_data;
  set transaction_data;
  modify master_data key=variable</unique>;
  …;
run;
```

索引访问指定 KEY=为主数据集被索引的变量，然后由该变量连接 SET 语句后更新数据集对应观测。如果更新数据集在主数据集没有找到主数据集 KEY=对应的变量值，系统会设置自动变量_ERROR_值为 1，并在日志中报错且显示该变量值。在 PDV 机制上，SET/MODIFY 同样会要求内存开辟两条 PDV。在数据处理机制上和匹配访问大同小异，但是有以下几点不同：

1）对同名变量的处理。匹配访问中，更新数据集同名变量会自动覆盖主数据集；索引访问会被当作不同的变量。

2）对更新数据集出现 BY 变量重复值的处理。索引访问会报错并终止程序，不过可以通过选项 UNIQUE 来纠正。

（3）观测序号访问。程序结构如下：

```
data master_data;
  set transaction_data;
  modify master_data point=variable;
  …;
run;
```

观测序号访问是通过 POINT=指定更新数据集中的一个变量，该变量的值必须是主数据集需要更新的观测序号。如果更新数据集在主数据集没有找到 POINT=对应的变量值，系统会设置自动变量_ERROR_的值为 1。另外，由于 POINT=有可能使程序陷入死循环，因此一般要和 STOP 语句结合使用。

（4）顺序访问。程序结构如下：

```
data master_data;
  modify master_data <nobs=variable end=variable>;
...;
run;
```

顺序访问是四种访问方式中最简单的一种。

2．关于输出观测的方法

（1）没有任何规定的输出语句——SAS 系统会输出 PDV 当前观测到主数据集原先的位置。

（2）OUTPUT 语句——当 OUTPUT 没有规定数据集名字时，把当前观测输出到 DATA 步后面的所有数据集的末尾；当规定数据集名字时，把 PDV 当前观测输出到 OUTPUT 规定数据集的末尾。

（3）REPLACE 语句——输出 PDV 当前观测到主数据集原先位置。该语句是系统的默认语句，只能在 MODIFY 语句中使用。

（4）REMOVE 语句——当 PDV 输出当前观测到主数据集原先位置后，REMOVE 语句删除该观测，该观测删除可以是物理上的（即从存储设备上删除），也可以是逻辑上的（即存储设备仍然保留，但是需要在一定条件下使用）。REMOVE 语句也只能在 MODIFY 语句中使用。

3．关于自动变量_IORC_

当运行 MODIFY 语句时，一个名为_IORC_的自动变量被系统创建。_IORC_自动变量包含系统每次运行 MODIFY 语句时返回的 I/O 操作码。以匹配访问为例：如果主数据集 BY 变量值在更新数据集中存在，自动变量_IORC_返回零，如果主数据集 BY 变量值在更新数据集中不存在，不产生自动变量_IORC_，但是如果更新数据集 BY 变量值在主数据集中不存在，自动变量_IORC_会返回一个非零值。实际应用时可以通过_IORC_返回码进行其他形式的操作。

3.6.2 实例详解

表 3-8 所示为产生 MODIFY 语句的 4 个测试数据集。

表 3-8 产生 MODIFY 语句的测试数据集

测试数据集 1	测试数据集 2	测试数据集 3	测试数据集 4
data a1(index=(x)); input x y @@; cards; 101 1 1 10 2 20 3 30 ; **run**;	**data** b1; input x y @@; cards; 1 100 2 200 ; **run**;	**data** b2; input x y @@; cards; 1 100 2 200 2 280 ; **run**;	**data** b3; input pnt y @@; cards; 2 200 3 300 4 400 ; **run**;

例 3.33 测试自动变量_IORC_返回码。

```
data a1;
  modify a1 b3(rename=(pnt=x));
  by x;
  put _iorc_=;
run;
```

程序解读：

1）程序编译后，系统开辟两条 PDV，一条为数据集 a1 所有，另外一条为 b3 所有。同时把数据集 b3 的变量 pnt 在 PDV 里面重新命名为 x，这是为了匹配变量的需要。

2）由于动态的 WHERE 查询机制，a1 的数据指针根据标识变量 X 直接指向数据集 a1 第三条观测（x=2），并将其输入 PDV，同时 b3 的数据指针也将 b3 对应的观测输入 PDV，并用 b3 的同名变量值 y 覆盖 a1 的同名变量 y。最后用 REPLACE 方式输出当前观测到主数据集对应的原有观测位置。由于该次操作是匹配操作，因此系统返回一个等于零的_IORC_值。

3）重复第二步，同样的操作机制输出 a1 第四条观测，系统再次返回一个等于零的_IORC_值。

4）最后发现 b3 中有一个标识变量值(pnt=4)在 a1 中没有，于是系统返回一个非零的_IORC_值，并在日志中报错。

例 3.34 修改观测值。

```
data a1;
  modify a1;
  if x=2 then y=200;
run;
```

程序解读：

1）程序首先编译，并创建一个 PDV。此时数据集 a1 已经处在打开状态，但是由于 MODIFY 的独特机制，系统并没有另外开辟外存空间，所以在整个程序运行过程中，在磁盘设备上看不到数据集 a1 的临时数据集。

2）由于 MODIFY 语句采用动态 WHERE 查询，而 WHERE 查询动作是在 PDV 之前就完成，因此当系统读到 IF X=2 条件时，数据指针在 PDV 之前就指向该观测并修改，最后由 PDV 输出，且输出的方式不是 OUTPUT 方式，而是 REPLACE 方式。除非用户指定 OUTPUT 语句，否则系统会默认以 REPLACE 方式输出。但是一定要谨慎使用 OUTPUT 语句，否则系统可能会陷入死循环。要避免使用类似下面的代码：

```
data a1;
  modify a1;
  if x=2 then y=200;
  output;
run;
```

运行该段代码，程序会进入死循环。主要原因还是 MODIFY 的运行机制：当程序运行一遍后，OUTPUT 会输出数据集 a1 的第一条观测（x=101）到 a1 原有第四条观测后面，变成第五条观测，程序返回 DATA 步，此时数据指针指向第二条观测(x=1)，并把该观测输出成第六条观测，依次下去，由于数据集 a1 会一直处在打开状态，所以数据指针永远不能指向数据集 a1 的结尾，程序最终陷入死循环。

上面的例子也可以用 SET 语句实现，代码如下：

```
data a1;
  set a1;
  if x=2 then y=200;
run;
```

但是由于 SET 语句需要读每一条观测进入 PDV，因此在性能上显然不如 MODIFY 高效。用 SET 语句还可以用下面的程序实现：

```
data a1;
  set a1;
  if x=2 then y=200;
  output;
run;
```

细心的读者会问：为什么在这段程序中用 OUTPUT 语句不会出现死循环呢？这是因为从表面上看，上面 SET 语句的输出数据集也是 a1，其实这个 DATA 步后面的 a1 在程序运行过程中根本就不是 SET 语句后面的 a1，如果数据集 a1 足够大，到产生数据集 a1 的目录文件夹里面观察，会发现有一个扩展名为 LCK 的文件。该文件是 SAS 的临时文件，因此尽管在程序中命名数据集的时候用同样的名字，但是 DATA 步后面的 a1 在程序运行过程中是一个独立于 SET 语句后面的数据集 a1 的临时文件。显然，SET 语句是完全可以读到其后数据集 a1 的文件结尾的，因而也不会存在死循环问题了。

例 3.35 主数据集和更新数据集 BY 变量无重复值。

```
data a1;
  modify a1 b1;
  by x;
run;
```

上面的程序代码是通过匹配访问方式实现的。事实上，也可以通过索引访问方式实现（前提是主数据集对应的标识变量要建立索引），代码如下：

```
data a1;
  set b1(rename=(y=y1));
  modify a1 key=x;
  y=y1;
run;
```

程序解读：

1）程序编译后，系统开辟两条 PDV，一条为数据集 a1 所有，另一条为 b1 所有。

2）由于索引访问对同名变量名不能覆盖（事实上，同名变量名在内存中处于不同的位置），所以在 SET 语句后面添加了数据集选项 RENAME。

3）接下来的数据指针操作类似上面的匹配访问，但是选项 KEY=告诉系统使用索引来处理观测，不需要用动态 WHERE 处理，并且在最后多了一个赋值语句，该语句实现把 b1 对应的 y1 变量值赋值给 a1 中的 y 变量。

除了用 MODIFY 实现上面的需求外，完全可以用 MERGE 语句来实现，代码如下：

```
proc sort data=b1;by x;run;
data a1;
  merge a1(in=ina) b1(in=inb);
  by x;
  if ina then output;
run;
```

例 3.36 主数据集 BY 变量无重复值，更新数据集 BY 变量有重复值。

```
data a1;
  modify a1 b2;
  by x;
run;
```

程序解读：

请参考例 3.35 第一段代码的匹配访问方式及语法说明中的注意事项。

例 3.37 用观测指针更新主数据集。

```
data a1;
  set b3(rename=(y=y1));
  modify a1 point=pnt;
  y=y1;
run;
```

程序解读：

1）程序编译后，系统开辟两条 PDV，一条为数据集 a1 所有，另一条为 b3 所有。

2）同索引访问一样，必须重命名 y 变量才能替换 a1 中的 y 变量。同时要注意 b3 中变量 pnt 值的真正含义是观测值。

3）程序第一次执行 SET 语句，重命名 y 的同时，获取变量 pnt 的值（pnt=2）。接下来执行到 MODIFY 语句时，a1 数据指针并不是指向第一条观测，而是 POINT=pnt 对应的值，也就是第二条观测，然后通过赋值语句 y=y1 更新 a1 中变量 y 的值并输出该观测到数据集 a1 原有位置（第二条观测位置）。

4）接下来程序返回到 DATA 步开头，重复执行第三步。

3.6.3 商业实践

由于 MODIFY 语句可以替代、删除或添加新观测到的一个已存在的数据集，并且可以在没有创建备份的情况下节省磁盘空间，因此其应用相当广泛。主要应用于以下几个方面：

- 根据某些需求条件更新特定变量（组）。
- 对主数据集的某些变量做历史累加。

例 3.38 定期更新客户交易总额（见表 3-9）。

表 3-9 产生客户交易的测试数据集

主 数 据 集	交易数据集
Data master_trans;	**Data** day_trans;
Input user_id trans_amt @@;	Input user_id day_amt @@;
cards;	cards;
101 1000 102 1500 103 2000	102 50 102 60 103 30 110 80
;	;
Run;	**Run**;

表 master_trans 是公司所有客户的历史交易总额，在数据仓库做初始加载的时候已经汇总完毕。表 day_trans 是公司每天所有客户（包括老客户和新客户）的交易流水表。要求：

将每天产生的数据表 day_trans 加载到历史表 master_trans 中去，汇总每一个客户在截至最新日期时的累计交易总额。

需求分析如下：

如果不考虑时间成本，这个需求可以通过 SQL 来实现，但在现实商业环境中，效率永远是第一位的，并且由于该需求对象是每天的交易记录，一般数据量都非常大，因此，在 SAS 语言环境中，MODIFY 是处理此类问题的最好方法。代码如下：

```
data master_trans;
  modify master_trans day_trans;
  by user_id;
  trans_amt=trans_amt+day_amt;
  if _iorc_=0 then replace;
  else do;trans_amt=day_amt;_error_=0;output; end;
run;
```

程序解读：

1）编译阶段，系统产生两条 PDV，一条为 master_trans 所有，另一条为 day_trans 所有。

2）master_trans 的数据指针直接指向 master_trans 的第二条观测，同时 day_trans 的指针指向 day_trans 的第一条观测，接下来执行累加语句 trans_amt=trans_amt+day_amt；执行完毕后，系统发现 day_trans 仍然还有一条观测（第三条观测）与 master_trans 的第二条观测匹配，于是，day_trans 的数据指针指向 day_trans 的第三条观测，系统再次执行累计语句 trans_amt=trans_amt+day_amt；直到再也不能从 day_trans 中发现匹配的 BY 标识变量值，系统才继续往下执行其他语句。接下来，if _iorc_=0 then replace;被执行，因为该次匹配是成功匹配，系统返回自动变量_iorc_=0。既然条件_iorc_=0 成立，系统就执行 replace 语句。至此，master_trans 的第二条观测已被更新，并以 replace 方式输出到 master_trans 原来的观测位置（第二条观测位）。

3）重复执行第二步，系统同样以 replace 方式输出 master_trans 的第三条观测。

4）此时 master_trans 的数据指针已经指向 master_trans 文件末尾，但是 day_trans 还有最后一条观测没有在 master_trans 中被发现，于是系统返回一个非零的自动变量_IORC_，这时程序将执行 else 后面的语句：首先将 day_trans 变量 day_amt 的值赋给 master_trans 变量 trans_amt，然后重置另外一个自动变量_ERROR_=0（重置的原因是非零的自动变量_IORC_会同时带出一个非零的自动变量_ERROR_=1），最后执行 OUTPUT 输出方式到 master_trans 的末尾。

当然，完全可以用 SQL 和 MERGE 实现，代码如下：

```
proc sql;
  create table temp as
  select
  user_id
  ,sum(day_amt) as day_amt
  from day_trans
  group by 1;
quit;
proc sort data=master_trans;by user_id;run;
proc sort data=temp;by user_id;run;
data master_trans;
  merge master_trans temp;
  by user_id;
  if trans_amt eq . then trans_amt=COALESCE(trans_amt,day_amt);
  else trans_amt=sum(trans_amt,day_amt);
run;
```

3.7 PUT 语句

PUT 语句可以输出变量信息到指定地点，包括：

- 输出到 SAS 系统的日志窗口。
- 输出到 FILE 语句规定的外部文件。
- 输出到 SAS 系统的 OUTPUT 窗口。

3.7.1 语法说明

1. 语法格式

由于 PUT 语句包含 5 种输出方式，因此对应有 5 种语法形式。

- 简单方式（没有任何格式）：

```
PUT <specification(s)><_ODS_><@|@@>;
```

- 列方式：

```
PUT variable start-column <-- end-column> <.decimal-places> <@ | @@>;
```

● 列表方式：

```
PUT <pointer-control> variable <@ | @@>;
PUT <pointer-control> <n*>'character-string' <@ | @@>;
PUT <pointer-control> variable <: | ~> format.<@ | @@>;
```

● 格式化方式：

```
PUT <pointer-control> variable format. <@ | @@>;
PUT <pointer-control> (variable-list) (format-list) <@ | @@>;
```

● 命名方式：

```
PUT <pointer-control> variable= <format.> <@ | @@>;
PUT variable= start-column <-- end-column> <.decimal-places> <@ | @@>;
```

2. 选项说明

PUT 语句选项说明见表 3-10。

表 3-10　PUT 语句方式选项说明

选　项	说　明
variable	列出要输出的变量名
variable-list	列出要输出的变量列表
character-string	指定输出的字符串
n*	规定字符串被重复 N 次
pointer-control	把输出指针移到规定的行或列上
format.	在输出变量时规定的输出格式
format-list	输出变量列表使用的格式
ALL	输出所有变量的值
$	定义字符型变量

3. 指针控制

SAS 系统使用 PUT 语句输出值时，可以用指针来控制数据项的具体位置，如指定某一数据项在指定列或指定行输出。

使用指针控制，用户可以规定移动指针到表示该行或列的绝对位置，或者规定相对于当前输出位置的相对行或列的位置。表 3-11 列出可以同 PUT 语句一起使用的指针控制和行固定说明符。注意列指针控制的@要放在变量之前，而行固定说明符的@要放在变量之后。

表 3-11　PUT 语句指针控制选项说明

指 针 控 制	相 对 位 置	绝 对 位 置
列指针控制	+n	@n
	+numeric-variable	@ numeric-variable
	+(expression)	@(expression)

（续）

指针控制	相对位置	绝对位置
行指针控制	/	#n
	PAGE	# numeric-variable
	BLANKPAGE	
	OVERPRINT	
行固定说明符	@单尾符	不能使用
	@@双尾符	不能使用

行固定说明符中的单尾符和双尾符作用如下：

- 单尾符：一个数据行用多个 PUT 语句输出数据；或者多个 INPUT 语句输入数据。
- 双尾符：一个输入数据行含有多个观测的值，用 INPUT 语句读入（如测试数据集 a）；或者把多个观测输出到一个数据行，用 PUT 语句输出。

一般情况下，单尾符更多应用在 PUT 语句中，而双尾符更多应用在 INPUT 语句中。

3.7.2 实例详解

首先产生测试数据集 a，代码如下：

```
data a;
  input x $ y z @@;
  cards;
  a 10 20 b 30 40 c 50 60
  ;
run;
```

例 3.39 五种方式输出结果比较。

简单方式输出：

```
data _null_;
  set a;
  put x$ @;
  put y @;
  put z;
run;
```

LOG 窗口输出结果：

```
a 10 20
b 30 40
c 50 60
```

程序解读：

程序读入数据集 a 的第一条观测后，执行第一个 PUT 语句，输出变量 x 的值到日志窗口。由于使用行固定说明符中的单尾符，故控制指针仍然停留在该行，继续执行下一个 PUT 语句，输出变量 y 值后再次固定行，执行最后一个 PUT 语句输出 z 值。由于 z 后面没有跟指针控制符，故在读取下一条观测时数据指针会跳转到下一行。

请读者自行测试以下几种情况：

- 如果 z 后面也加上@，则数据集 a 的所有数据项将在日志窗口同一行输出。
- 如果 x，y 和 z 变量都不加@，则每读 1 条观测时，3 个变量的值分 3 行在日志窗口输出，最后在日志窗口共输出 9 行，这是因为没有使用行固定说明符，程序每次执行 PUT 语句都会自动跳转到新的输出行。

再看一个简单格式的例子：

```
data _null_;
   set a;
   put @10 x$ @;
   put @15 y @;
   put @20 z;
run;
```

程序解读：

程序读取数据集 a 的第一条观测后，执行第一个 PUT 语句，控制指针立刻指向第 10 列并输出变量 x 的值，同时由于后跟单尾符，指针仍然停留在该行。继续执行下一个 PUT 语句，指针又指向该行第 15 列并输出变量 y 的值，由于 y 变量后也跟单尾符，指针再次停留在该行。继续执行最后一个 PUT 语句，指针再次指向该行的 20 列并输出 z 值。由于变量 z 后未跟单尾符，故控制指针从该行释放，等待下次执行 PUT 语句时会自动跳转到下一行。最后执行 RUN 语句，依次下去。

列方式输出：

```
data _null_;
   set a;
   put x$ 10-14 @;
   put y 15-19 @;
   put z 20-24;
run;
```

程序解读：

列方式输出的一个最大特点是可以自定义输出的列，即可以把每一个输出变量固定在某几列上。同样，列方式可以跟行固定符的单尾符。

如果需要带小数点，程序代码如下：

```
data _null_;
   set a;
   put x$ 10-14 @;
   put y 15-20 .3 @;
   put z 25-30 .2;
run;
```

列表方式输出：

```
data _null_;
   set a;
   put x$ : @;
   put y : 4.3 @;
   put z : 7.4 @;
   put 3*'here is char';
run;
```

程序解读：

列表方式输出的一个最大特点是可以用冒号去掉输出值之间多余的空格。程序中的冒号表示输出变量值时去掉前后的空格；而 4.3 和 7.4 是对应的输出格式；3*'here is char'表示重复输出字符串 here is char 三次。

格式化输出：

```
data _null_;
   set a;
   put x$ 5-10 @;
   put @15 (y z) (4.3 "--" 2.);
run;
```

程序解读：

格式化输出的最大特点是可以自定义格式化列表，如上面代码中的(4.3 "--" 2.)。而格式化列表必须和变量列表连用，如上面代码中的(y z)。实际上，上述代码完全可以写成：

```
data _null_;
   set a;
   put x$ 5-10 @;
   put @15 y 4.3 @;
   put "--" @;
   put z 2.;
run;
```

命名方式输出：

```
data _null_;
   set a;
   put x= @;
   put @15 y=4.3 @;
   put @25 z=2.;
run;
```

程序解读：

命名方式输出的一个最大特点是变量后面有等于号，而且在日志输出窗口中也会显示等于号。上面代码运行日志窗口显示结果如下：

```
x=a            y=10.0     z=20
```

```
x=b          y=30.0    z=40
x=c          y=50.0    z=60
```

从以上列举的五种方式可以看出，不同的方式有不同的特点，需要根据实际需求选择具体的输出方式。另外，不同的输出方式之间也不是绝对隔开的，完全可以使用混合输出方式。

例 3.40　混合使用五种不同的输出方式。

```
data mix;
  input x $ y z m n p q;
  cards;
  x 10 20 30 40 50 60
  y 70 80 90 100 110 120
  ;
data _null_;
  set mix;
  put @2 x$ @;
  put y 5-10 .2@;
  put @15 z:5.3 @;
  put (m n p)(best10. "---" 4.2 "---" 4.2) @;
  put @60 q=;
run;
```

例 3.41　使用相对位置指针输出。

```
data _null_;
  set mix;
  put @2 x$ @;
  put +3 y 5-10 .2@;
  put +5 z:5.3 @;
  put +5 (m n p)(best10. "---" 4.2 "---" 4.2) @;
  put +10 q=;
run;
```

程序解读：

第一个变量 x 从第二列开始输出，第二个变量 y 在 x 输出之后间隔三列输出，其余变量类似输出。

3.7.3　商业实践

在商业实践中，PUT 语句最常用的两个用途是：

- 输出结果到 LOG 窗口，调试程序运行过程中变量产生的中间值。
- 输出结果到外部文件。

例 3.42　调试程序。

```
data a;
```

```
        do i=1 to 5;
        x=i+1;
        put x=;
        end;
    run;
```

程序解读：

该程序演示了在一个 DO 循环语句里面如何查看一个变量的中间值的变化，从而能够通过控制该变量的值继续进行其他操作。

例 3.43 输出打分文件。

```
libname ch3 'f:\data_model\book_data\chapt3';
ods listing close;
ods output parameterestimates=et ;

proc reg data=ch3.fitness outest=est;
   model oxygen=age weight runtime runpulse restpulse maxpulse    ;
quit;

ods output close;
ods listing;

filename fb " f:\data_model\book_data\chapt3\score";

data _null_;
   set et(keep=variable estimate ) end=last;
   file fb notitles;
   if _n_=1 then put @1 "scr= 0";
   est=abs(estimate);
   if estimate<0 then put @1 '-' @;
   else put @1 '+' @;
   if variable ='intercept' then put @5 est 10.5;
   else put @5 '(' est best10. @20 '* sum(' variable $20.    ',0)) ';
   if last then put @5 ';';
run;
```

程序解读：

该程序是商业应用中比较标准的输出多元线性回归打分文件的程序，其中的 ODS 在后面有专门章节介绍，核心代码是最后一个 DATA 步。而该代码里面含有大量的 PUT 语句，请读者结合前面的知识理解每一个 PUT 语句，这里不再赘述。

3.8 FILE 语句

FILE 语句用于规定当前的输出文件，并且该文件一定是一个不同于 SAS 文件的外部文件。FILE 语句一般要与 PUT 语句配合使用，同一个 DATA 步可以使用多个 FILE 语句。

FILE 语句还有可能用到其他语句，如 FILENAME 语句等。

3.8.1 语法说明

```
FILE file-specification <options> <host-options>;
```

file-specification 选项说明见表 3-12。

表 3-12 FILE 语句选项说明

选项	说明	举例或备注
external-file	规定一个外部文件的名字	"d:\test.txt"
fileref	文件标识名，一般用 filename 语句定义	1.filename fln 'd:\'; 2.filename fln 'd:\test.txt';
log	规定输出到 LOG 窗口	file log
print	规定输出到 OUTPUT 窗口	file print

options 选项说明见表 3-13。

表 3-13 options 选项说明

选项	说明	备注
DELIMITER /DLM=分隔符	指定列表输出文件的分隔符，默认值是空格	DLM=","
DROPOVER	规定当输出数据行长度超过指定值时，忽略超过部分	指定值在选项 LINESIZE=中规定
FLOWOVER	规定当输出数据行长度超过指定值时，超过部分在下一行输出，此为默认值	——
STOPOVER	当 PUT 语句企图输出超出数据行长度的数据项，系统将临时终止 DATA 步，并在日志中报错	——
DSD	规定一个数据项可以包含分隔符，但是要用引号括住	默认的分隔符是逗号
ENCODING= 'value'	指定输出外部文件所用的编码	由于不同系统的编码机制可能不同，如当某一个主机系统需要 Unicode 八位编码时，用 ENCODING='utf-8'可以实现
FILENAME= variable	定义一个临时字符型变量，其值为 PUT 语句打开的文件名（包括路径），默认长度为 8	一般需要将临时变量再次赋值给其他可输出变量
FILEVAR= variable	定义一个临时变量，FILE 语句根据其值变化关闭当前输出文件并在下一次 FILE 语句执行时打开新的输出文件，长与 INPUT 语句连用	——
LINESIZE/LS =行大小	规定输出报表每一行最大列数和数据行最大记录长度	——
LRECL=value	规定输出文件的逻辑记录长度	LRECL=与 LINESIZE=区别：前者规定文件实际行的长度，如果超出，将执行 DROPOVER 或 FLOWOVER 或 STOPOVER；后者告诉系统当前使用的行有多长，如果超出，则默认时会分几条记录输出
MOD	把输出行输出到文件中已经存在的行的后面	——
OLD	替换文件原有的内容	OLD 与 MOD 执行相反动作
PAD/NOPAD	规定输出文件的数据行是否把空格算在 LRECL=指定的长度中	当输出一个变长度文件时，NOPAD 是默认值；当输出固定长度文件时，PAD 是默认值

3.8.2 实例详解

例 3.44 ENCODING=应用。

```
filename file 'f:\data_model\book_data\chapt3\utf.txt';
data _null_;
  set sashelp.class;
  file file encoding='utf-8';
  put name weight;
run;
```

程序解读：

1）filename 语句定义一个输出路径及文件名（关于 filename 语句后面会有介绍）。

2）SET 语句读入一个 SAS 数据集，用 PUT 语句输出该数据集中的两个变量 name 和 weight 到 utf.txt，并规定输出的编码格式为 utf-8。如果下次某一主机需要用到该文件格式就可以直接读入 utf.txt 文件而不需要再进行转换。

例 3.45 filename=variable 应用。

```
filename files 'f:\data_model\book_data\chapt3\filename.txt';
data a;
  file files filename=temp;
  put 'abc';
  fname=temp;
run;
```

程序解读：

1）该程序实现输出两个文件，一个是 SAS 数据集 a，另一个是文本文件 filename.txt。

2）file 语句定义一个输出文件标识名 files，该标识名在 filename 中定义，输出文件的内容在 PUT 语句后面定义。同时，filename=选项定义一个临时变量 temp，当把 temp 赋值给显性变量 fname 时，在数据集 a 中就会显示 fname，而 fname 的值就是 files 对应的文件名。

3）检查输出结果发现，filename.txt 里面的内容没有问题，就是字符串 abc。但是发现 SAS 数据集 a 的 fname 变量并不是 files 对应的文件名，似乎被截尾。这是由于 filename 规定的系统默认字符长度只有 8 位，所以上面的程序需要修改如下：

```
filename files 'f:\data_model\book_data\chapt3\filename.txt';
data a;
  length temp $50;
  file files filename=temp;
  put 'abc';
  fname=temp;
run;
```

filename=只能定义一个输出文件，而 filevar 可以动态定义多个输出文件。

例 3.46 filevar=variable 应用。

```
data b;
  length name $200;
  input name;
  name='f:\data_model\book_data\chapt3\'||strip(_infile_)||'.txt';
  file anyname filevar=name ;
  date=date();
  n=name;
  format date yymmdd10.;
  do;
  put 'test' @;
  put ',' @;
  put date ;
  end;
  cards;
  test_file1
  test_file2
  test_file3
;
run;
```

程序解读：

1）该段代码实现和上面例子一样的功能，但是更进一步，通过 filevar 选项的控制同时输出多个外部文件，并把外部文件名输出给 SAS 数据集。

2）规定一个长度为 200 字节的变量 name，该变量的值随 cards 语句后面值的变化而变化。而变化函数通过 strip(_infile_)实现，_infile_是 SAS 的自动变量，表示读入当前存在于 PDV 的值，可以把它理解成自动变量_N_对应的观测。

3）变量 name 在 file 语句的选项 filevar 里面是临时变量，比如当 DATA 步第一次运行完程序时，系统会读入第一条数据 test_file1 进入 PDV，而_INFILE_会获取该条数据，并赋值给 name，name 的值应该是 F:\Data_Model\Book_data\chapt2\test_file1.txt。由于 name 是临时变量，因此需要再次赋值给另外一个变量 n 才能在数据集 b 里面显示，同时 name 作为 filevar 对应的文件名，将会在目录 F:\Data_Model\Book_data\chapt2 下显示。

4）DATA 步循环三次，读入三条数据记录，完成 DATA 步，此时数据集 b 有三条观测，而对应 F:\Data_Model\Book_data\chapt2 目录下有三个文本文件。

事实上，如果仅仅需要读入某一个目录下的所有外部文件名至另外一个文本文件，则代码如下：

```
data _null_;
  do i=1 to 3;
  length name $200;
  name='f:\data_model\book_data\chapt3\'||'test_file'||put(i,1.)||'.txt';
  file anyname filevar=name ;
  file 'f:\data_model\book_data\chapt3\fname.txt';
```

```
    put name;
    end ;
run;
```

3.8.3 商业实践

例 3.47 输出定长文本文件。

```
data _null_;
    set sashelp.class(keep=name sex) nobs=obs end=last;
    date=date();
    file "f:\data_model\book_data\chapt3\test1.txt"   dropover lrecl=32767 ;
    if _n_=1 then
    do;
        put 'header'   @;
        put date @;        format date yymmdd10.;
        put obs z8.;
    end;
    do;
        put name $ 1-10 @;
        put sex $ 15-16 ;
        ;
    end;
    if last then do;
        put 'end';
    end;
run;
```

程序解读：

该需求的关键是如何确认定长，在第一个 DO 组语句中规定输出第一行信息，记录当前输出日期和输出记录观测，且观测以 Z8.格式输出（请参考 SAS 帮助文档）。第二个 DO 组语句就是包含的输出格式。其中，name 以长度 10 输出，而 sex 以长度 1 输出。@表示输出完第一个变量值后，记录指针还停留在该行，继续下一个变量输出。

注意以下几种输出方式：

- 列方式输出：在 PUT 语句后要紧跟列号，对字符型要加$符号，如 Put name $1-8。
- 列表方式（或自由格式）输出：只是在 PUT 语句后列出变量名，当然字符型要外加$符号，如 put name $ age。
- 格式化方式输出：在 PUT 语句后要指明输出格式，输出格式同时指明数据类型和列宽度，最后要加一个句点结尾，如 put name $8. age 4.。

所以上面的第二个 DO 组完全可以改成：do; put name $10. @;put sex $16. ;end;

例 3.48 输出含有逗号的不定长文本文件。

```
libname chapt3 'f:\data_model\book_data\chapt3';
data _null_;
```

```
    set chapt3.file_put1;
    file "f:\data_model\book_data\chapt3\test2.txt"   dropover lrecl=32767 dsd dlm=",";
    do;
        put firstname   @;
        put id   @;
        put phonenumber ;
    end;
run;
```

程序解读：

1）DSD 选项是将变量本身包含的一些敏感符号用双引号括起来，以避免和外面的真正分隔符冲突。对缺失值，不输出任何内容（包括小数点），只是用分隔符隔开。

2）DLM 选项是分隔符，用于分割不同变量。

例 3.49 输出定长且含有逗号的文本文件。

```
data _null_;
    set chapt3.file_put2;
    file "f:\data_model\book_data\chapt3\test2.txt" dropover lrecl=32767 ;
    do;
        put firstname $10. @;
        put "," @;
        put id $3. @;
        put "," @;
        put phonenumber 8.;
    end;
run;
```

实际上，输出格式有很多种，就像 INPUT 语句那样，完全取决于需求的多样性。

3.9 INFILE 语句

INFILE 可以用来定义一个外部文件，这个文件数据是用 INPUT 语句读取的。外部文件可以是磁盘文件，也可以是输出的数据块。

3.9.1 语法说明

```
INFILE file-specification <options > <host-options>;
```

大部分选项的作用和 FILE 一致。下面介绍 INFILE 独有的常用选项，见表 3-14。

表 3-14 INFILE 选项说明

选 项	说 明	备 注
DSD	规定一个数据项可以包含分隔符，但是要用引号括住；两个连续分隔符之间的数作为缺失值处理	默认的分隔符是逗号
FRISTOBS=record-number	规定从该记录行开始读入	一般是为了规避第一行的变量
OBS= record-number	规定要读入的记录数	——

（续）

选　项	说　明	备　注
LENGTH=variable	把当前行的数据长度赋值给临时变量 variable	一般和$VARYING informat连用
MISSOVER	阻止 INPUT 语句从下一数据行读入数据，未赋值的变量设为缺失	——
INFILE=variable	定义一个字符变量记录当前 INFILE 语句的输入缓冲器	——

3.9.2 实例详解

例 3.50 导入指定编码格式文件。

```
filename file 'f:\data_model\book_data\chapt3\utf.txt';
data unicode;
    infile file encoding="utf-8";
    input name $ weight;
run;
```

在 FILE 语句里面对已经生成的 utf.txt 文件用 INFILE 语句导入，由于 utf.txt 文件的编码格式是 utf-8，所以在 INFILE 语句里面必须加上 encoding="utf-8"选项。

例 3.51 DSD 应用 1：缺失值处理。

```
data num;
    infile datalines dsd;
    input x y z;
    datalines;
,2,3
4,5,6
7,,9
;
run;
```

程序解读：

这里 DSD 其实有两个作用，一个是设置默认分隔符为逗号；另一个是如果相邻两个逗号之间没有数据项，在输出时作为缺失值处理。所以，如果上面不是逗号，而是其他符号（如空格），则需要再加 dlm="选项，代码如下：

```
data num;
    infile datalines dsd dlm=";
    input x y z;
    datalines;
 2 3
4 5 6
7  9
;
run;
```

例 3.52　DSD 应用 2：引号内分隔符处理。

```
data scores;
    infile datalines dsd;
    input Name : $9. Score
            Team    : $25. Div $;
    datalines;
Joseph,76,"Red Racers, Washington",AAA
Mitchel,82,"Blue Bunnies, Richmond",AAA
Sue Ellen,74,"Green Gazelles, Atlanta",AA
;
run;
```

程序解读：

由于上面输出数据行有数据项包含分隔符（这里是逗号），为了区别数据项内的分隔符和数据项之间的分隔符，就必须用 DSD 选项。同样，由于这里没有用 DLM=',' 选项，系统默认数据项的分隔符为逗号。

例 3.53　MISSOVER 应用。

```
data weather;
    infile datalines missover;/*这里可以用 DLM=' ' DSD 替代*/
    input temp1-temp5;
    datalines;
97.9 98.1 98.3
98.6 99.2 99.1 98.5 97.5
96.2 97.3 98.3 97.6 96.5
;
run;
```

程序解读：

显然上面数据行第一行后面有两个数据项缺失，有两种方法可以解决：一种是用上面的 DLM 和 DSD（见上面的注释语句），还有一种就是 MISSOVER。MISSOVER 就是强迫数据指针必须读完每一行对应的所有输入变量的值，如果该变量在这一行没有值，就置为缺失。

3.9.3　商业实践

在商业实践中，INFILE 语句应用非常广泛，原因就是需求的千变万化以及输入格式（一般以文本格式为主）的多样性。这里仅举一例作为说明。

例 3.54　如何输入变长文件。

```
filename fl "f:\data_model\book_data\chapt3\uncertain_len.txt";
data len;
   infile fl length=len lrecl=32767;
   input record $varying1000. len;
run;
```

程序解读：

1）INFILE 语句：定义外部文件 uncertain_len.txt，选项 length=len 分配一个临时变量 len，系统将在每次读入文件数据行时，把该数据行的长度赋值给 len，lrecl=32767 是逻辑长度。

2）INPUT 语句：对变量 record 将使用变长输入格式$varying1000，但是其每一行的实际长度是 len 对应的值。

第 4 章　SAS 变量操作

本章介绍与 SAS 变量操作有关的语句。

SAS 变量操作主要有两种：一种是 DATA 步变量及变量属性控制语句，这些语句规定数据集变量个数及变量属性，它们都不是可执行语句，可以出现在 DATA 步的任何地方。还有一种是可执行语句，主要完成对变量的加工处理，见表 4-1。

表 4-1　SAS 变量操作的常用语句

语　句	功　能
ASSIGNMENT	创建或修改变量
SUM	累加变量或表达式
KEEP	规定在数据集中保留的变量
DROP	规定在数据集中删除的变量
ARRAY	定义一个数组
RETAIN	定义可以在 PDV 中保留之前的变量值的变量
RENAME	重命名数据集变量
LENGTH	定义变量长度
LABEL	定义变量标签

4.1　赋值语句和累加语句

赋值语句可以将一个 SAS 表达式结果赋给一个变量。累加语句可以迭代累加一个表达式的结果。

4.1.1　赋值语句

赋值语句是一个可执行语句。

1．语法说明

```
variable=expression;
```

语法说明如下：

（1）variable（变量）：规定一个新的变量或者已经存在的变量名字。variable 可以是变量名也可以是数组元素（一个数据元素对应一个变量名）。变量名可以是用户自定义变量，也可以是系统产生的变量，如临时变量等。

（2）expression(表达式)：一切有效的 SAS 表达式。

例如，下面的语句都是有效的赋值语句：

```
X=X1+X2;  /*规定新的变量 X，它是 X1 与 X2 的和*/
```

```
X=sum(of X1-X5) /*规定新的变量 X，它是 X1 到 X5 五个变量的和*/
AR(1)=BR(1); /*规定将数组 BR 的第一个元素的值赋给数组 AR 的第一个元素*/
X=X+Y; /*规定一个已经存在的变量 X，它的值为原来的值和 Y 值之和*/
X=Y=Z; /*如果 Y=Z，则 X=1；否则 X=0。注意：不要以为是 Z 值赋值给 Y，再把 Y 值赋值给 X*/
```

在项目实践中，很少使用 X=X1+X2，而是用 X=sum(X1,X2)替代，比较下面结果便知原因：

```
data a;
  input x y;
  z1=x+y;
  z2=sum(x,y);
  cards;
  1 2 . 5 8 .
  ;
run;
```

程序解读：SAS 系统对连加的变量表达式，如果第一个变量有缺失值，则赋值语句结果变量将是缺失值。对上面代码中的 z1 变量，在程序读到第二条观测时，变量 x 的对应值为缺失值，这时系统将直接把缺失值赋给 z1，显然，实际需求往往要加总所有的变量值，而 sum 函数可以克服缺失值带来的毛病。

2. 结果变量类型

赋值语句变量通过表达式计算后，会存在以下三种情况：

- 如果表达式中的变量全部是数值型，则赋值语句变量为数值型。
- 如果表达式中的变量全部是字符型，则赋值语句变量为字符型。
- 如果表达式中的变量既有数值又有字符型，则赋值语句变量为数值型。

对第三种情况，SAS 系统对表达式中的字符变量（通常字符变量本身的值是数值）转换为数值变量，然后进行运算，如果不能转换，日志窗口会发布错误信息。例如：x="1"+2;系统将返回值 X=3。而对于 x="a"+2;系统将报错。

3. 结果变量长度

系统在编译阶段，会将所有变量读入 PDV，此时对于赋值语句变量，如果是字符型则长度为 1，数值型则长度为 8，接下来，系统将执行赋值语句，这时变量长度将由第一次读入的表达式的运算结果决定。例如：char="abc"，由于第一次读入的字符 abc 的长度是 3，无论下一次 PDV 读入多长数据，char 已经被确定为只有 3 字节的长度。除非通过 LENGTH 语句事先定义 char 变量的长度。见表 4-2。

表 4-2　结果变量长度

赋值语句变量类型	表　达　式	结果变量长度	例　　子
数值	数值变量	默认为 8	Length a 4; X=a;（X 长度为 8）
字符	字符变量	原变量长度	Length a $4; X=a;（X 长度为 4）

（续）

赋值语句变量类型	表　达　式	结果变量长度	例　　子
字符	字符常数	第一个字符串长度	X="ab"; X="abcd" ;(X 长度为 2)
字符	字符连接	所有变量长度之和	Length a $3 b $4; X=a||b; (X 长度为 7）
字符	变量和字符串连接	变量和第一个字符串长度之和	Length a $3; X=a||"ab"||"ab"; X=a||"ab"||"abcd"; X 长度为 7

4．如何改变结果变量长度

这里所说的改变不是指通过 LENGTH 语句来预定义赋值语句变量长度，而是在一个 SAS 数据集所有变量形成后，如何去改变变量长度。

例 4.1　改变结果变量长度。

```
data a;
  length x $8 y 8;
  x="abc";
  y=100;
run;
proc sql;
  alter table a
  modify
  x char(3) ,
  y num(5);
quit;
```

程序解读：

这里又一次用到 SQL 过程。SQL 过程可以通过 alter 和 modify 语句来改变已经客观存在的字符型变量的长度，但是对于数值型变量无效。

4.1.2　累加语句

累加语句是一个可执行语句，语法如下：

```
variable+expression;
```

语法说明：

（1）variable（变量）：规定累加变量的名字。必须是数值类型；在编译阶段，PDV 自动设置该累加变量值为 0；它的值从当前执行后一直保留在 PDV，直到下一次执行为止。

（2）expression（表达式）：一切有效的 SAS 表达式。

例如，下面的语句都是有效的累加语句：

```
X+1; /*每执行一次，X 自动加 1*/
X+(-1);   /*每执行一次，X 自动减 1。注意不能写成 X-1*/
X+(Y=Z); /*如果 Y=Z，系统返回值 1，累加到 X，否则不累加*/
```

在项目实践中，一般都用 RETAIN 语句替代累加语句，这是因为 RETAIN 语句可以初始化累加变量为一个非零值，而累加语句初始值只能为零。因此可以认为累加语句是 RETAIN 语句的一个特例。

4.2 KEEP 语句和 DROP 语句

4.2.1 KEEP 语句

在 DATA 步中使用 KEEP 语句规定包含正在创建的 SAS 数据集中的变量。它对 DATA 步中正在创建的所有 SAS 数据集都适用。如果要求不同 DATA 步创建数据集含有不同的变量，就需要在该数据集名字后面使用 KEEP=的数据集选项。KEEP 语句不是一个可执行语句。

语句格式：

```
KEEP variable-list;
```

其中，variable-list 规定输出数据集中要包含的变量，可以使用 SAS 系统允许的任何形式的变量列表。

例 4.2 比较 KEEP 语句与 KEEP=选项。

KEEP 语句	KEEP=选项
data a1; set sashelp.class; keep name weight; **run**;	**data** a2; set sashelp.class(keep=name weight); **run**;

程序解读：

第一个 DATA 步使用 KEEP 语句；第二个 DATA 步使用 KEEP=选项，结果是一样的。

在商业实践中，用 KEEP=选项的频率远远大于 KEEP 语句，主要原因还是和 PDV 有关：KEEP=选项保证在读入数据集时只有 KEEP=后面的变量进入 PDV，而数据集其他所有变量将不会进入 PDV。但是如果使用 KEEP 语句，系统在读入数据集时仍然会把数据集所有变量读入 PDV，显然对于一个含有几百个变量的读入数据集而言，使用 KEEP=选项要比 KEEP 语句有效得多。但是在输出数据集上，两者效率是一样的。以下两个 DATA 步效率等价：

```
data a3;
   set sashelp.class(keep=name weight);
   x=1;
   keep name x;
run;
```

```
data a4(keep=name x);
   set sashelp.class(keep=name weight);
   x=1;
run;
```

例 4.3 保留特定变量列表。

```
data a5;
```

```
    set sashelp.class(keep=_character_);
run
```

```
data a6;
    set sashelp.class(keep=_numeric_);
run;
```

程序解读：

第一个程序将保留数据集 class 所有字符型变量；第二个程序将保留数据集 class 所有数值型变量。

例 4.4 输出多个数据集保留不同变量。

```
data a7(keep=name) a8(keep=weight);
    set sashelp.class;
    ...;
run;
```

程序解读：

经过 DATA 步一系列操作后，输出两个数据集：a7 只有 name 变量；a8 只有 weight 变量。

4.2.2 DROP 语句

DROP 语句是 KEEP 语句的反向声明语句，规定输出数据集中要删除的变量，同 KEEP 一样，对 DATA 步中正在创建的所有 SAS 数据集都适用。尽管 DROP 语句规定变量不包含在被创建的 SAS 数据集里面，但是在程序执行过程中，DROP 语句后面的所有变量仍然有用。

语句格式：

```
DROP variable-list;
```

其中，variable-list 规定输出数据集中要删除的变量。可以使用 SAS 系统允许的任何形式的变量列表。同 KEEP 语句一样，DROP 语句有如下两个重要功能：

- 读入数据集用 DROP=选项效率高于 DROP 语句。
- 既可以删除变量列表，也可以在输出数据集中删除不同变量。

由于 DROP 语句是 KEEP 语句的反向操作，在此不再举例赘述。

4.3 RETAIN 语句

该语句对 INPUT 语句或者赋值语句后面的变量规定：从当前 DATA 步运行开始到下次再次执行到该语句时变量值被保留。在第 1 章，通过学习 PDV 在内存中如何运行知道，DATA 步中的 DATA 语句和 RUN 语句其实构成一个循环语句。一般情况下，系统每读一遍 DATA 步所有语句时，PDV 都会清空所有变量值，并置为缺失，然后根据执行语句，如赋值语句等，再次对变量进行赋值。但是如果在 DATA 步中使用 RETAIN 语句，则 PDV 就不会清空 RETAIN 语句对应的变量，而是一直保留直到下次该变量再次被执行。

RETAIN 语句不是一个可执行语句。

4.3.1 语法说明

```
RETAIN <element-list(s) <initial-value(s) | (initial-value-1) | (initial-value-list-1) >
<. . . element-list-n <initial-value-n | (initial-value-n ) | (initial-value-list-n)>>>;
```

语法说明见表 4-3。

表 4-3 RETAIN 语句选项说明

选　项	说　明
没有选项	对 INPUT 语句或者赋值语句创建的所有变量从 DATA 步的这次执行到下次再次执行时被保留
element-list(s)	规定变量名字；变量列表或数组名
initial-value(s)	列出 RETAIN 语句规定的变量初始值
initial-value-n	规定初始值列表

下面都是有效的 RETAIN 语句：

- retain；
- retain x y；
- retain month1-month5；
- retain month1-month5 1 year 0 a b c 'XYZ'；
- retain month1-month5 (1); /*初始化变量 month1 值为 1，其余为缺失值*/；
- retain var1-var4 (1 2 3 4)；
- retain var1-var4 (1,2,3,4)；
- retain var1-var4(1:4)；
- array ar(3) x y z; retain ar；

4.3.2 实例详解

RETAIN 在 DATA 步中有着广泛而强大的应用，RETAIN 对数据集的操作可以到单元格，而一般的函数只能操作到列，所以，在实际应用中，灵活使用 RETAIN 会使程序更加简化。

例 4.5 缺失值填充。

```
data retain_mis;
  input id x @@;
  cards;
  1 10 2 10 3 .
  4 . 5 20 6 .
  ;
data a;
  set retain_mis;
  retain new_x;
```

```
    if x ne . then new_x=x;
run;
```

需求如下：

如果在两个非缺失值之间存在缺失值，用前面的非缺失值填充，直到遇到下一个非缺失值为止。

程序解读：

1）首先，程序编译后 PDV 存在三个变量：ID; X; NEW_X，其中 NEW_X 是 RETAIN 变量，显然 ID 和 X 在当前 PDV 里面，在所有程序还未执行之前，其值为缺失值。NEW_X 也是一样，但是如果在 RETAIN NEW_X 语句后面加上一个初始化的值，比如零，则在 PDV 中 NEW_X 就应该是零，因此 RETAIN 变量和非 RETAIN 变量在程序编译之前本质上初始值是不一样的。

2）接下来程序开始执行，PDV 通过 SET 语句读入第一条观测， 接下来立刻执行 IF 语句（由于 RETAIN 语句是非执行语句），由于 X NE .条件成立，所以 X 值将赋值给 RETAIN 变量 NEW_X，这时 NEW_X 已经获得一个初始变量值 10。

3）如此循环下去，直到 PDV 读入第三条观测，此时 IF 语句条件已经不成立，故程序跳过 IF 语句，直接执行 RUN 语句，而这正是需求所期望的结果，因为需求就是想在两个非缺失值之间一直保留第一个非缺失值变量值，这里就是变量值 10。因此，第三条和第四条观测输出的结果中，NEW_X 的值都是 10。

4）在程序执行到第五条观测时，IF 语句再次被执行，此时 NEW_X 对应的值 10 将被新的 X 值替代（即 20），如此循环，第五条和第六条观测 NEW_X 对应值将都是 20。

程序总结：从这个简单的缺失值演示例子可以看出 RETAIN 语句的功能很强大，它完全可以控制一个变量的值不变，并随时根据外部条件的变化而改变其值。

4.3.3 商业实践

商业实践中，RETAIN 语句往往和 FIRST.VARIABLE 和 LAST.VARIABLE 连用，也可以单独使用，主要实现以下需求：

- 汇总数据。
- 累加变量。
- 纵向比较变量。
- 创建 FLAG 标识变量。
- 处理缺失变量。
- 迭代累加字符变量值。

例 4.6 汇总数据。

下面的代码产生测试数据集 retain1：

```
libname chapt4 "f:\data_model\book_data\chapt4";
data chapt4.retain1;
    input id txn_cde$ cns txn_dte$;
    cards;
```

```
    10 101 10 20070101
    10 101 20 20080402
    10 201 30 20050203
    20 101 40 20040105
    20 201 50 20040105
    20 301 60 20070806
    20 201 70 20050607
    30 301 80 20070501
    30 401 90 20070306
    ;
run;
```

需求如下：

（1）按照每一个 ID，汇总 CNS 的值。

（2）按照每一个 ID，汇总 ID 的记录数。

（3）按照每一个 ID，如果 TXN_CDE 变量取 101 和 201 两个值，则累加计算一次。

（4）按照每一个 ID，计算 TXN_DTE 的最小值。

（5）每个 ID 按照上述条件输出最后一条记录。

程序 SQL 实现：

```
proc sql;
  create table sum as
  select
  id
  ,sum(cns) as cns
  ,count(*) as count
  ,sum(case when txn_cde in("101" "201") then 1 else 0 end) as cnt_condi
  ,min(txn_dte) as min_txn_dte

  from chapt4.retain1;
  group by 1
  ;
quit;
```

但是，在实际中很少应用 SQL，主要原因是 SAS 的 SQL 过程比 DATA 步效率要低得多，尤其在遇到大数据量或汇总变量比较多的时候更是如此。

程序 DATA 步实现：

```
proc sort data= chapt4.retain1;by id txn_dte;run;
data test1;
    set chapt4.retain1;
    by id txn_dte;
    retain min_dte sum_cns cnt cnt_condition;
    if first.id then do;
            min_dte=txn_dte;
```

```
            sum_cns=0;
            cnt=0;
            cnt_condition=0;
        end;
        min_dte=min(min_dte,txn_dte);
        sum_cns+cns;
        cnt+1;
        cnt_condition+(txn_cde in("101" "201"));
        if last.id;
    run;
```

程序解读：

由于 DATA 步需要用到 FIRST 和 LAST 变量，因此必须在 DATA 步之前用 SORT 过程对 FIRST 变量进行排序，这一点非常重要！对接下来的主体程序 DATA 步整体架构共分成 5 块：

- SET/BY 模块：SET 语句是读数据集，当然必不可少，一定要注意 BY 语句不能丢，BY 后面的变量就是刚才 SORT 过程中的排序变量。
- RETAIN 模块：该模块对需要 RETAIN 的所有变量做 RETAIN 声明。
- FIRST 模块：该模块对 RETAIN 变量按照每一个 FIRST.ID 做初始化。
- 主体模块：该模块介于 FIRST 和 LAST 之间，主要是完成对需求的运算。
- LAST 模块：该模块主要完成最后的输出，有时候也需要继续在该模块对需求进行进一步的数据处理。

程序运行流程如下：

1）首先程序编译，并生成一条 PDV，对除 RETAIN 变量之外的其他所有变量置为缺失。

2）第一次执行 SET/BY 模块：按照 BY 变量的排序读入第一条观测。

3）第一次执行 IF FIRST 模块：由于需求条件较多，由此赋值语句也较多，故在此用 DO 组语句套住这些赋值语句，但是这里的 DO 组语句不是循环语句，后面章节会有详细介绍。在 DO 组语句里面，根据需求条件的不同，对 min_dte 需要赋交易时间（txn_dte）作为其初始值，而其余 RETAIN 变量赋初始值零。

4）第一次执行主体模块：min_dte=min(min_dte,txn_dte)，该赋值语句比较已经被 RETAIN 的变量 min_dte（对应 FIRTT.ID 中的 txn_dte 值）和第一条观测 txn_dte 值，并取两者之间最小者，重新赋值给变量 min_dte。sum_cns+cns，该语句是累加语句，表示把变量 CNS 值累加到变量 sum_cns 上去，相当于：sum_cns=sum_cns+cns。cnt+1 含义和 sum_cns 类似，只是其作用是做计数器累加，计数器累加在程序中经常用到。cnt_condition+(txn_cde in("101" "201"))，括号里面的 txn_cde in("101" "201")是个表达式判断语句，即如果条件成立，则返回值 1，否则返回 0，并累加到 cnt_condition 上去。

5）未执行 IF LAST 模块：没有执行的原因是此时 PDV 刚刚读入第一条观测，而对 ID 变量组成的 BY 组而言，第一个 BY 组对应的 ID=10 应该有三条观测。所以 ID=10 对应的 LAST 应该是第三条观测。

6）未执行 RUN 语句：这是由 IF 语句特征决定的（后面章节将会提到），如果程序判断 IF 语句为假（注意：不是 IF/ELSE 语句），将会忽略 IF 语句下面所有的语句，包括执行语句和声明语句等，程序会立刻跳到 DATA 步开头，继续读入下面的观测。可以看出，在有 IF 语句存在的情况下，RUN 语句执行的次数将非常少，大家知道，只有 RUN 语句被执行，PDV 缓存区数据才能输出。因此只有 IF 语句为真，程序才能执行 RUN，才能输出观测。

7）由于上述原因，程序将直接跳到 DATA 步，这时，所有非 RETAIN 变量将会被重置为缺失值，而 RETAIN 变量值如下：min_dte=20070101；sum_cns=10；cnt=1；cnt_condition=1。

8）第二次执行 SET/BY 模块；不执行 IF FIRST 模块，第二次执行主体模块，不执行 IF LAST 模块，最后程序直接跳到 DATA 步开头，所有非 RETAIN 变量又被重置为缺失值，而 RETAIN 变量值如下：min_dte=20070101（即 20070101=min(20070101, 20080402)；sum_cns=30；cnt=2；cnt_condition=2。

9）第三次执行 SET/BY 模块；不执行 IF FIRST 模块，第三次执行主体模块，执行 IF LAST 模块，第一次执行 RUN 语句，输出所有变量值如下：ID=10；txn_cde=101；cns=10；txn_dte=20070101；min_dte=20050203；sum_cns=60；cnt=3；cnt_condition=3。

从第四条观测开始，程序将执行第二和第三个 BY 组。读者可以参照上面的程序预先猜想一下最后的结果，并检测自己对 RETAIN 语句和 FIRST/LAST 语句的理解程度。

最后输出结果如下：

ID	TXN_CDE	CNS	TXN_DTE	Min_Dte	Sum_Cns	Cnt	Cnt_Condition
10	101	10	20070101	20050203	60	3	3
20	301	60	20070806	20040105	220	4	3
30	301	80	20070501	20070306	170	2	0

程序总结：该程序是一个比较典型也比较简单的 RETAIN 语句的商业应用，读者完全可以根据自己的实际需求再增加新的变量进去，比如求最大值，改变 BY 变量为 BY 变量组等，体会一下 RETAIN 语句的强大。

例 4.7 处理复杂的缺失变量。

```
libname chapt4 "f:\data_model\book_data\chapt4";
data chapt4.retain2;
input id flag cde$ @@;
cards;
10 1 a 10 0 b 10 0 c
20 1 a 20 0 . 20 0 .
30 1 . 30 0 .
;
proc sort data= chapt4.retain2;by id descending flag;run;
data test2;
    set chapt4.retain2;
    by id descending flag;
    retain new;
    if   first.id then do;
          if cde eq "" then new="null";
          else new=cde;
```

```
        end;
        if cde ne "" then new=cde;
    run;
```

需求如下：

根据每一个 id 编号对应的标识变量 flag（只取 1 和 0 两个值），如果：

- flag=1 对应的 cde 变量值非空，且 flag=0 对应的 cde 也非空，则对应的 cde 取值不变；如 id=10 有三条记录，cde 值不变。
- flag=1 对应的 cde 变量值非空，且 flag=0 对应的 cde 取值为空，则对应的 cde 取值都为 flag=1 的值。如 id=20 有三条记录，由于 flag=1 对应的值为非空，但 flag=0 对应的值为空，故要把 flag=0 对应的 cde 值都变成 a。
- flag=1 对应的 cde 变量值为空,则该 id 下所有的 cde 都置空。

程序解读：

基本流程类似上面的例子，这里只说明不同部分。

1）对 id=10，由于 cde 变量都有值，所以程序执行 IF FIRST 语句里面的 ELSE 部分，new 变量对应的值分别是 a;b;c。而 If cde ne "" then new=cde;将被执行三次，该语句非常重要，如果去掉，new 的值将会一直保留下去。

2）对 id=20，第一个观测 cde 变量有值，所以 new=a。接下来程序执行 id=20 第二条观测，此时 IF FIRST 语句不再执行（因为 FIRST.ID=0），但也不执行 If cde ne ""语句，因为此时 cde 是空值。但是由于变量 new 是 RETAIN 变量，所以在该观测上 new 变量将保留上一条观测值，也就是 a。接下来对 id=30 观测同样如此。

3）对 id=30，第一条观测执行 IF FIRST 语句，并执行该语句下 If cde eq "" then new="null"语句（因为 id=30 第一条观测的 cde 值为空），此时 new 得到一个字符值 null。接下来执行类似 id=20。

例 4.8 迭代累加字符变量值。

```
    data code;
      input x$ @@;
      cards;
      a b c
      ;
    run;

    data   code_out;
      length temp1 $500;
      retain temp1;
      set code end=last;
      temp1=compress(temp1||"'"||x||"',");
      if last then temp2=substr(temp1,1,length(temp1)-1);
    run;
```

需求如下：

对数据集 CODE 中的 X 变量，要求整合得到下面的形式：'a','b','c'。

程序解读：

1）该需求要读完所有的 X 变量值才能得到最后的结果，因此用了 SET 语句。

2）程序从第一条观测开始对 RETAIN 变量 TEMP1 进行累加，由于连接符号||可能会带来空格，因此使用了 COMPRESS 函数来消除空格。

3）IF LAST 显然是程序读到数据集 CODE 的最后一条观测才被执行，也使用了两个函数 LENGTH()和 SUBSTR()。

需求总结：从上面列举的三个商业应用可以看出，RETAIN 语句的应用是非常广泛的，那么到底在什么情况下才需要应用 RETAIN 语句呢？总体上看，有两种情况可以使用 RETAIN 语句：一种是需要对某一个变量值进行累加、比较等操作。另外一种是需要保留之前的某一满足条件的变量值到指定的观测对应的变量，当然该变量必须是被 RETAIN。

4.4 ARRAY 语句

ARRAY 语句用来定义一个数组。通过数组可以用同一种方法处理很多不同的变量。ARRAY 语句是一个声明语句。

4.4.1 语法说明

ARRAY array-name { subscript } <$><length> <array-elements> <(initial-value-list)>;

选项说明见表 4-4。

表 4-4 ARRAY 语句选项说明

array-name	规定一个数组的名字，其命名规则同 SAS 数据集
{ subscript }	规定下表范围或元素个数，它或者是一个*号、或者是一个数字、或者是一个范围，括号可以用大括号、中括号和圆括号
$	规定数组中的所有元素对应变量都是字符型
length	规定数组中的所有元素对应变量长度
array-elements	规定组成数组的元素，一个数组元素就是一个变量
initial-value-list	规定数组元素的初始值

ARRAY 语句的下标格式见表 4-5。

表 4-5 ARRAY 语句下标格式

格　式	含　义	举　例
{dimension-size(s)}	规定数组中每一维度元素个数	Array ar(3)；array a(2,4)
{<lower:>upper<, ...<lower:> upper>}	规定数组中每一维度上下界	Array ar(1:3)；array a(1:2,0:4)
{*}	由数组中变量的个数来确定下标	array ab(*) x y z

ARRAY 在 SAS 中其实是一个变量指针，它占用内存的空间约 4B，其作用是指向需要操作的变量对象。ARRAY 可以把无序的无规则的变量名字统一。所以，一般情况下，ARRAY 语句和 DO 循环语句连用。

下面都是有效的 ARRAY 语句：

- array rain{5} x1-x5;/*数组名为 rain，数组有 5 个元素，分别对应 x1-x5*/。

- Array ar(3);/*输出变量默认是 ar1-ar3*/。
- Array ar(1:3);/* 等价于 Array ar(3)*/。
- Array x{1:5,1:3} scorel-score15;/*规定一个 5×3 的二维数组，变量 scorel-score15 依次从左上角开始逐行放入这个二维数组*/。
- array ab(*) x y z;/*等价于 array ab(3) x y z*/。
- array x[*] _numeric_;/*在数据集数据结构变化的情况下，该语句非常有用*/。
- array x _character_;/*同上，只是定义字符型变量*/。
- array test(3) _temporary_ (90 80 70);。
- array days{7} d1-d7 （1,2,3,4,5,6,7）;/*设定数组 days 对应的 7 个变量的初始值，分别对应 1，2，3，4，5，6，7*/。
- array test (3:4,3:7) test1-test10;/*规定 2×4 的数组，但是下界都是从 3 开始计算*/。

使用数组语句的几点说明：

（1）理解临时数组_temporary_的含义。使用临时数组可以少占用内存，且可以节约程序运行时间，当用户定义一个数组只是为了进行中间变量的计算而不是为了最后输出变量时，可以使用临时数组列表。完全可以把它们当作 DATA 步中的变量操作，但是要注意以下几点不同：

- 它们没有名字，应用时必须用数组名和下表，如 test(1)。
- 临时数组元素的值总是被自动保存，而不是像 DATA 步中的变量，在下一次执行时被置为缺失值，其功能完全相当于 RETAIN 语句。

（2）数组函数。

- 维度函数 DIM()：例如，array mult{5,10,2} mult1-mult100。DIM(MULT)等价于 DIM(MULT,1)，返回值 5。DIM2(MULT)等价于 DIM(MULT,2)，返回值 10。DIM3(MULT)等价于 DIM(MULT,3)，返回值 100。返回的这些值往往需要参与 DO 循环语句的运算。
- 数组下确界函数 LBOUND()和上确界函数 HBOUND()：

例如，array mult{2:6,4:13,2} mult1-mult100。

LBOUND(MULT)等价于 LBOUND(MULT,1)，返回值 2。

LBOUND2(MULT)等价于 LBOUND(MULT,2)，返回值 4。

LBOUND3(MULT)等价于 LBOUND(MULT,3)，返回值 1。

同理可以得到 HBOUND()对应的值。

（3）对数组初始化时重复值处理。以下语句都是表示 x1-x10 初始化时的值全部为 5：

- ARRAY x{10} x1-x10 (10*5);
- ARRAY x{10} x1-x10 (5*(5 5));
- ARRAY x{10} x1-x10 (5 5 3*(5 5) 5 5);
- ARRAY x{10} x1-x10 (2*(5 5) 5 5 2*(5 5));
- ARRAY x{10} x1-x10 (2*(5 2*(5 5)));

上面的语法格式其实只是 ARRAY 语句的显式下标数组语句，ARRAY 语句还有另外一种语法格式叫隐式下标数组语句，但是由于在实际应用中很少出现，并且几乎所有的隐式下标语句都可以用显式下标语句替代，因此这里不打算另行介绍。

4.4.2 实例详解

例 4.9 产生循环变量值。

```
options pageno=1 nodate ps=64 ls=80;
data temp;
input x @@;
cards;
10 20 30
;
run;
data test (drop=i);
    set temp;
    array a(5) A1-A5;
    do i=1 to 5;
        a(i)=i;
    end;
run;
proc print noobs data=test;
run;
```

程序解读：

首先创建一个测试数据集 temp。对主体程序 DATA 步，PDV 流程如下：

1）系统首先编译，产生一条 PDV，PDV 包含的变量有 X；A1-A5 共 6 个变量，并置所有变量初始值为 0。

2）接下来系统执行 SET 语句，读数据集 temp 第一条观测，由于 ARRAY 语句是声明语句，程序不会执行，直接跳过，执行下面的 DO 循环语句（后面章节会有详细介绍），从这个简单的 DO 循环语句可以看出，程序在该循环上一共执行了 5 次循环（i=1 to 5），每执行一次循环，都会把对应的 i 值赋给对应的数组变量（如 A(1)=1 表示把值 1 赋给数组变量 A(1)，前面说过，数组语句其实是一个变量指针，所以 A(1)其实对应的真正变量应该是 A1。故 A1=1。依此类推到 A2-A5。

3）接下来系统执行 RUN 语句，输出 PDV 对应的变量值，并重置所有的 PDV 变量值为缺失。

4）程序再次跳回 DATA 步开头，读数据集 temp 第二条观测，依次下去，直到执行完所有三条观测。

程序总结：从上面的分析可以看出，ARRAY 语句其实是一个横向操作语句。也就是说，当数据指针停留在某一条观测的时候，可以通过 ARRAY 语句，把所有的 ARRAY 声明的变量都操作一遍。因此，本质上 ARRAY 语句是一个多变量操作的简化语句，但是一旦和 DO 循环语句结合，会产生更强大的实现功能。

4.4.3 商业实践

商业实践中，ARRAY 语句往往和 DO 循环语句连用，主要实现以下需求：

- 缺失值填充。
- 创建累加器。
- 横向比较变量。
- 纵向横向综合应用。

例 4.10 缺失值填充。

```
data missing;
   input x y$ z$ m;
   cards;
   . . . 1
   2 . 3 .
   ;
run;

data result;
   set missing;
   array char _character_;
   array numr _numeric_;
   do over char;
   if char eq "" then char="null";
   end;
   do over numr;
   if numr eq . then numr=0;
   end;
run;
```

需求如下：

如果给定一个数据集，发现其中有很多变量缺失，但是事先又不知道到底是哪些变量缺失，而且该数据集数据结构非常不稳定，这次的变量数和下次的变量数可能不一样，所以，尽管 SAS 有一个过程步 PROC STDIZE 可以完成类似的需求，但是对于这种需求是无法完成的，除非每次调用程序的时候更改 PROC STDIZE 的 VAR 变量列表，这在实际项目中是不可能的，主要原因是维护代码的成本太高。

程序解读：

与实例详解部分相同的不再做解释，这里只解读不同部分。

1）程序声明了两个数组语句，一个是所有字符变量，一个是所有数值变量。

2）DO OVER CHAR 语句是循环语句，意思是循环所有的数组 CHAR 对应的变量（这里当然是所有的字符变量），每循环一次，程序将执行一次 IF CHAR 语句，如果 CHAR EQ ""条件为真，则执行 CHAR="null"，否则不执行。

3）循环完毕所有的字符变量后，程序继续执行下面的 DO OVER NUMR 语句，原理和上面类似。

4）执行完两个循环语句后，系统执行 RUN 语句，输出第一条观测。程序跳回至 DATA 步开头，再次执行第二条观测，依此类推。

例 4.11 统计及格人数。

```
data score;
   input id$ x y z;
   cards;
   a 75 84 65
   b 54 74 71
   c 51 56 52
   d 50 50 60
   ;
run;

data qualify;
   set score;
   k=0;
   array chengji(3) x y z;
   array base(3)_temporary_(60,60,60);
   do i=1 to 3;
   if chengji(i) ge base(i) then k+1;
   end;
   if k=3 then output qualify;
run;
```

需求如下：

现有四个学生选修了三门课程 x；y 和 z。其成绩单分布如数据集 score，要求统计所有课程都及格的学生，并输出该学生成绩单。

程序解读：

1）程序编译后，数据指针指向 score 第一条观测，接下来设置变量 K 的初始值为 0，而下面的两个 ARRAY 语句在程序编译的时候已经声明，程序不会执行一个声明语句，根据前面对临时数组的解释，这里 BASE 显然是一个临时数组名，且初始值都设置为 60。接下来程序执行 DO 循环语句，并对 DO 循环语句里面的 IF 语句作出判断是否执行。例如，当 I=1 时，CHENGJI(1)对应 X 变量，BASE(1)=60，在第一条观测上，X=75，显然，条件成立，于是执行累加语句 K+1，得到 K=1（因为此时 K 的初始值为 0）。然后 DO 语句执行 END，并进入第二次循环，对 CHENGJI(2)即 Y 变量执行同样的操作，由于 84>60，故 K 值再次被累加，得到 K=2。最后，由于 CHENGJI(3)即 Z 变量的值 65>60，K 值又一次被累加，此时程序跳出 DO 循环，最终在第一条观测上，K=3，接下来的 IF 语句显然成立，程序执行 OUTPUT 语句，输出第一条观测。

2）接下来，程序跳到 DATA 步开头，继续执行第二条观测，再次初始化 K 值为 0，这一点非常重要！否则，由于累加语句的变量本质上是一个 RETAIN 变量，PDV 将会保留第一条观测时计算的 K=3 到第二条观测，这显然是不符合需求的，因为需求是要统计每一个学生是否都及格，而不是统计累计有多少课程及格。

3）对第二条到最后一条观测，系统经过类似的执行，最后满足条件的显然只有第一条观测。

例 4.12 统计选择题回答正确题数。

```
data single;
   input id$ q1$ q2$ q3$ @@;
   cards;
   01 a b c 02 a b a
   03 b a c 04 a b c
   ;
run;

data correct(drop=i);
   k=0;
   set single;
   array q(3);
   array crt(3) $_temporary_('a','b','c');
   do i=1 to 3;
   if q(i)=crt(i) then k+1;
   end;
run;
```

需求如下：

对数据集 single，一共有三道选择题，四个学生都给出了自己的答案，而每一题的正确答案只有一个，分别是 a；b；c。试统计全部正确回答三个问题的学生。

程序解读：

该题完全类似例 4.11，请读者自行解读。另外，该题的功能只是完成单选题的判断，请思考如何对多选题多判断（提示：增加数组）。

例 4.13 横向排序变量。

```
data a;
   input x1-x7;
   cards;
   23 44 81 13 42 34 26
   14 18 10 20 33 11 50
   ;
run;

data final;
   set a;
   array arr(1:7) x:;
   array copy(1:7) cx1-cx7;
   do m=1 to dim(arr);
   copy(m)=arr(m);
   end;
      do i=1 to dim(copy);
        do j=i+1 to dim(copy);
           if copy(j)>copy(i) then do;
           temp=copy(j);copy(j)=copy(i);copy(i)=temp;
```

```
            end;
          end;
        end;
    run;
```

需求如下：

数据集 A 有 7 个变量，原始数据是无序的，现在要求重新生成 7 个新的变量，其值是对应的原 7 个变量的降序排列。

程序解读：

该程序的难点是如何排序，注意这里不是 SORT 过程的纵向排序，学过编程语言的读者应该对冒泡算法比较熟悉，该题就是利用冒泡算法来实现需求。

1）程序中的第四到第七行生成 7 个新的变量。

2）从第八行到倒数第二行程序执行冒泡算法，通过两个 DO 循环语句，在嵌套 DO 语句里面，通过比较相邻两个新变量的值，如果后一个变量值大于前面的变量值，借用一个中间临时变量 TEMP 对调两者，如此循环直到最后一个变量。

例 4.14 删除缺失值比例超过一定阈值的变量列表。

```
options symbolgen;
data missing;
  input n1 n2 n3 n4 n5 n6 n7 n8 c1$ c2$ c3$ c4$;
  datalines;
  1 . 1 . 1 . 1 4 a . c .
  1 1 . . 2 . . 5 e . g h
  1 . 1 . 3 . . 6 . . k l
  1 . . . . . . . a b c d
  ;
data _null_;
  if 0 then
    set missing nobs=obs;
    array num_vars[*] _NUMERIC_;
    array char_vars[*] _CHARACTER_;
    call symputx('num_qty', dim(num_vars));
    call symputx('char_qty', dim(char_vars));
    call symputx('m_obs',obs);
    stop;
run;
%put &num_qty &char_qty &m_obs;
data _null_;
  set missing end=finished;
  array num_vars[*] _NUMERIC_;
  array char_vars[*] _CHARACTER_;
  array num_miss [&num_qty] (&num_qty * 0);
  array char_miss [&char_qty] (&char_qty * 0);
  length list $ 50;
```

```
        do i=1 to dim(num_vars);
          if num_vars(i) eq . then num_miss(i)+1;
        end;
        do i=1 to dim(char_vars);
          if char_vars(i) eq '' then char_miss(i)+1;
        end;
        if finished then do;
        do i= 1 to dim(num_vars);
          if num_miss(i)/&m_obs. ge 0.7 then list=trim(list)||' '||trim(vname(num_vars(i)));
        end;
        do i= 1 to dim(char_vars);
          if char_miss(i)/&m_obs. ge 0.7 then list=trim(list)||' '||trim(vname(char_vars(i)));
        end;
        call symputx('mlist',list);
        end;
      run;
      %put &mlist;
      data notmiss;
        set missing(drop=&mlist);
      run;
```

需求如下：

要求删除数据集 missing 里面的缺失值比例超过 70％的所有变量。

程序解读：

该程序对初学者而言，比较复杂，这是一个典型的 ARRAY 语句和 RETAIN 语句（这里是累加语句）综合应用的例子。主体程序主要分成三部分：

- 第 1 个 DATA _NULL_程序。区分并计算所有数值型和字符型变量个数，并把结果赋值给两个不同的宏变量 num_qty 和 char_qty，同时获取数据集 missing 的观测数，也赋值给另外一个宏变量 m_obs，整个程序都是在编译阶段完成的，没有执行任何语句（部分说明请参加 SET 语句），这是为了提高程序运行的效率。另外，这里的宏变量和 CALL 子程序会在后面的章节介绍，读者只要先理解它们的初步含义即可。
- 第 2 个 DATA_NULL_程序。对数值型和字符型分别计算每一个变量的缺失值个数并累加，最后根据预设的阈值（这里是 70%）找到满足条件的所有变量，并赋值给宏变量 MLIST。
- 第 3 个 DATA 步。比较简单，就是 DROP 这些满足条件的变量，并生成新的数据集 NOMISS。

下面着重对第二个 DATA _NULL_程序进行解读：

（1）程序在编译过程中声明了四个数组，它们分别是：

1）数组 num_vars：指向所有的数值型变量（N1-N8）；由于使用_NUMERIC_，故不在输出数据集中显示。

2）数组 char_vars：指向所有的字符型变量（C1-C4）；由于使用_CHARACTER_，故也不在输出数据集中显示。

3）数组 num_miss：以所有的数值型变量个数为数组元素个数（8 个），由于没有后续变量，因此系统默认变量名是 num_miss1-num_miss8，并设初始值为 0。

4）数组 char_miss：以所有的字符型变量个数为数组元素个数（4 个），由于没有后续变量，因此系统默认变量名是 char_miss1-char_miss8，并设初始值为 0。

（2）接下来程序读数据集 missing 第一条观测，执行两个 DO 循环语句：

1）第一个 DO 循环执行 dim(num_vars)=8（次），每次都对 num_vars(i) 是否为缺失进行判断。比如第一次是对 num_vars(1)对应的变量 N1 进行判断，由于 N1=1,因此未执行 IF 语句。进入第二次循环，对 num_vars(2)对应的变量 N2 进行判断，由于 N2=.，因此执行 IF 语句，num_miss(2)对应的变量 num_miss2 累加 1，得到 num_miss2=1。依次循环下去，最后在第一条观测上，对所有数值型变量的缺失与否得到如下结果：num_miss1=0；num_miss2=1；num_miss3=0；num_miss4=1；num_miss5=0；num_miss6=1；num_miss7=0；num_miss8=1。

2）第二个 DO 循环执行 dim(char_vars)=4（次），同样可以得到如下结果：char_miss1=0；char_miss2=1；char_miss3=0；char_miss4=1。

3）接下来判断 IF finished 语句，由于还没有读到 missing 文件结尾，所以程序不执行该语句，直接执行 RUN 语句，输出第一条观测，程序跳回 DATA 步开头，继续执行下一条观测。

（3）依次下去，当读到最后一条观测时，程序执行 IF finished 语句，完成两个 DO 循环操作：

1）第三个 DO 循环执行 dim(num_vars)=8（次），每次都对 num_miss(i)/&m_obs.的值进行判断，如果缺失值比例超过 70%，则执行 list=trim(list)||' '||trim(vname(num_vars(i)))赋值语句。注意该赋值语句中的 list 不是一个 RETAIN 变量，因为 RETAIN 变量是专门针对一个变量的不同观测操作的，是纵向操作，而这里由于数据指针一直停留在最后一条观测，对 list 进行的是横向的 ARRAY 操作。变量 vname 返回数组元素对应的变量值。比如第一次执行 DO 循环时，由于 num_miss(i)/&m_obs.=num_miss1/3=0/3=0 不大于 70%，因此未执行 IF 语句。进入第二次循环，由于 num_miss(i)/&m_obs.=num_miss2/3=3/3=1 大于 70%，因此执行 IF 语句，得到 list=N2。同样程序一直执行到第四次循环时才又得到 list=N4，但是由于数据指针仍然停留在最后一条观测上，因此前面的 list=N2 还保留在内存缓存区，并通过 list=trim(list)||' '||trim(vname(num_vars(i)))赋值语句把 list=N4 的值加上去，如此下去，知道读完第八个数值变量 num_miss8，最后得到 list=N2 N4 N6 N7。

2）第四个 DO 循环执行 dim(char_vars)，4（次），同样可以得到如下结果：List=C2，但是同样由于数据指针的原因，第三个 DO 循环得到的 list 值回加到 list=C2 上面去，最终得到 list=N2 N4 N6 N7 C2。

（4）最后，程序通过 CALL 语句把 list 值赋值给一个宏变量，以便下面的操作。

需求总结：从以上几个典型的商业应用可以看出，ARRAY 语句在处理横向操作方面功能非常强大，但是只要有 ARRAY 出现的地方，几乎都有 DO 循环语句出现。因此，请读者务必仔细体会纵向操作的 RETAIN 语句和横向操作的 ARRAY 语句。

4.5 其他语句

在 SAS 变量操作中，还有一些比较常用但是非常简单的语句，包括 RENAME 语句；LENGTH 语句；FORMAT 语句；ATTRIB 语句等，下面做一个简单介绍。

4.5.1 RENAME 语句

在 DATA 步中可以使用 RENAME 语句改变输出数据集中变量的名字，与 RENAME 语句对应的是 RENAME=数据集选项，它既可以改变输入数据集变量的名字，也可以改变输出变量数据集变量的名字。RENAME 语句不是一个可执行语句。

语法说明：

```
RENAME old-name-1=new-name-1 . . . <old-name-n=new-name-n>;
```

选项说明：

- old-name 规定输入数据集中出现的变量名字。
- new-name 规定变量的新名字。

注意几点：

- RENAME 语句中有一个等于号，但是不能把它理解成是新变量赋值给旧变量，它不是赋值语句，而是声明语句。
- 如果 RENAME 语句和 KEEP 语句同时出现的时候，系统先编译 KEEP 语句，后编译 RENAME 语句，RENAME 语句和 DROP 语句之间的关系类似 KEEP 语句。三者对应的数据集选项也有类似的关系。

例 4.15 应用举例。

```
data a;
  input x y;
  cards;
  1 2
  ;
data b;
  set a;
  rename y=yy;
  keep x y;
run;
```

程序解读：

如上所述，这里 RENAME 语句和 KEEP 语句同时出现时，KEEP 语句一定先于 RENAME 编译，而原数据集中旧变量是 y，所以 KEEP 语句当然保留 y，而不是 yy，故这里如果写成 keep x yy，系统日志将会报错。

例 4.16 RENAME=选项在输入数据集中应用。

```
data c;
```

```
    set a(keep=x rename=(x=xx));
    if xx=1 then m=10;
run;
```

程序解读：

1）使用 RENAME=选项的时候，对所有重命名的变量必须用小括号括起来。

2）系统在编译的过程中，PDV 的变量已经只有一个 xx，因为 KEEP=选项只保留了一个变量 x，然后对变量 x 又进行了重命名 xx，所以下面的条件语句 IF xx=1 不能写成 IF x=1。

例 4.17 RENAME=选项在输出数据集中应用。

```
data d(rename=(x=xx));
    set a(keep=x);
    if x=1 then m=10;
run;
```

程序解读：

输出数据集 d 包含了两个变量，一个是变量 m，一个是重命名后的变量 xx。

4.5.2 LENGTH 语句

LENGTH 语句用于规定创建变量的字节长度。LENGTH 语句是一个声明语句。

语法说明：

```
LENGTH variable-specification(s)<DEFAULT=n>;
```

选项说明：

1．variable -specification 选项

- variable：规定长度的变量名字。如果这个变量是字符变量，长度适用于 PDV 和输出数据集；如果这个变量是数值变量，长度只适用于输出数据集。
- $：如果加上该符号，说明定义的变量是字符变量。
- LENGTH：规定字节数。这个长度不是格式，不能含有小数点。对于数值变量，LENGTH 的范围在 3～8 之间；对于字符变量在 1～32767 之间，其中空格占一个字符。

2．DEFAULT=n 选项

规定新创建的数值型变量的默认长度从 8 改为 n 值。

下面都是有效的 LENGTH 语句：

- Length m 5
- Length m1 3 m2 $8
- Length m1 4 m2 6
- Length m1 m2 7;/*m1 和 m2 长度都是 7*/

几点说明：

- LENGTH 语句主要用来创建新变量长度。
- LENGTH 语句可以用来改变原有数据集变量的长度。对字符型变量，LENGTH 语句

必须放在 SET 语句之前，对数值型变量，LENGTH 语句可以放在程序的任何地方。但是实际应用中，LENGTH 很少用来改变原有数据集的字符型变量长度，而是通过 PROC SQL 的 ALTER 语句改变。遗憾的是，ALTER 不能改变数值型变量长度。

- LENGTH 语句位置决定了其在 PDV 中的位置。如果在 SET 等语句之前就声明 LENGTH 语句，则声明的变量会在 PDV 的前面位置出现，在输出数据集中这些声明的变量会显示在前，反之显示在原有数据集变量之后。

4.5.3 LABEL 语句

LABEL 语句可以对 DATA 步中出现的变量添加或改变标签，是一个声明语句。标签同变量名、变量长度、变量格式等一起被存储在 SAS 的头文件里面，可以通过 PROC CONTENTS 过程查看。LABEL 语句是一个声明语句。

语法说明：

```
LABEL variable-1='label-1' . . . <variable-n='label-n'>;
```

其中：

- Variable 规定添加标签的变量名；
- LABEL 规定最多 256 个字符的标签。

例 4.18　添加变量标签。

```
label x1="ab" x2="cd";
```

例 4.19　删除变量标签。

```
label x1=" " x2="";
```

第 5 章　SAS 观测值操作

本章介绍 DATA 步中对观测值进行操作的语句，观测值操作包括输出观测值、更新观测值、删除观测值、停止输出观测值等操作，对应语句见表 5-1。

表 5-1　SAS 观测值操作常用语句

语　句	功　能
OUTPUT	输出当前在 PDV 中的观测，继续无条件执行下面的语句
IF	如果满足条件，继续执行后面语句；否则，返回 DATA 步开头
WHERE	观测进入 PDV 之前进行条件判断
REPLACE	更新观测，但仅在 MODIFY 语句中适用
REMOVE	删除观测，但仅在 MODIFY 语句中适用
DELETE	如果满足条件，返回 DATA 步开头；否则继续执行后面语句
STOP	停止输出当前 PDV 中的观测，并退出 DATA 步

5.1　OUTPUT 语句

OUTPUT 语句输出当前的观测到正在被创建的数据集中。OUTPUT 语句是一个可执行语句。

5.1.1　语法说明

```
OUTPUT<data-set-name(s)>;
```

选项说明：

- 没有选项：将当前 PDV 中的观测输出到 DATA 语句后面所有的数据集中。
- data-set-name：指定将当前的 PDV 观测输出到该数据集中。

语句功能：

- 由一个输入数据行，创建两个或更多输出观测。
- 由多个输入数据行，创建一个输出观测。
- 由一个输入数据文件，创建多个 SAS 数据集。

几点说明：

- 简单的 DATA 步不需要 OUTPUT 语句，因为系统执行到 RUN 语句时会自动输出 PDV 数据到数据集，并返回 DATA 步开头继续执行下一条观测。
- 在有 OUTPUT 语句和 RUN 语句同时存在的 DATA 步里面，PDV 只会执行 OUTPUT 的结果到正在被创建的数据集，而执行 RUN 语句的结果是 PDV 会清空所有的变量值为缺失。
- 如果一个 OUTPUT 语句出现在程序语句中间，无论有没有被执行，后面的语句都将继续被执行，但是不会输出结果到正在被创建的输出数据集，而是会持续清空 PDV 中所有变量值（除非程序使用了 RETAIN 语句），对含有 IF 条件的 OUTPUT 语句，直到满足条件，PDV 才会把得到的结果输出到正在被创建的数据集。

5.1.2 实例详解

例 5.1 由一个输入数据行创建多个输出观测。

```
data a;
   input id x1-x3;
   cards;
   101 10 20 30
   102 40 50 60
   ;
data b;
   set a;
   x=x1;output;
   x=x2;output;
   x=x3;output;
   output;
run;
```

程序解读：

由于 DATA 步包含 4 个 OUTPUT 语句，因此每读入一条观测，程序将执行 4 次 OUTPUT 语句，同时输出 4 条观测。一共应该输出 2×4=8（条）观测。

例 5.2 根据条件输出多个数据集。

```
data out1 out2;
   set sashelp.class;
   if _n_ le 7 then output out1;
   else output out2;
run;
```

程序解读：

该程序非常简单，如果输入观测是数据集 class 开始的 7 条数据，则输出数据集 out1，否则对剩下的所有观测输出到数据集 out2。

例 5.3 输出 BY 变量的 LAST 观测，并保留 LAST 最近前一条观测变量值。

```
data a;
   input x y @@;
   cards;
   1 10 1 20 1 200 2 30 2 40
   3 50 3 60 4 70 3 80 4 400
   ;

   proc sort data=a;by x;run;
```

```
data b;
   set a;
   by x;
   retain rt;
   if first.x then rt=0;
   if last.x then output;
   rt=y;
run;
```

程序解读：

1）程序编译后，声明了一个 RETAIN 变量 RT。

2）系统读入第一条观测，此时显然 FIRST.X 为真，执行 RT=0 语句，接下来判断 LAST.X，由于第一个 BY 组对应的 X 变量有三条观测，显然在第一条观测上 LAST.X 条件为假，不执行 OUTPUT 语句，执行 RT=Y 语句，则执行后 RT=10。执行 RUN 语句，系统跳转到 DATA 步开头，PDV 清空所有非 RETAIN 变量，但是由于 RT 是 RETAIN 变量，故 RT 仍然等于 10。但是因为在有 OUTPUT 语句和 RUN 语句同时存在的程序中，系统只会输出 OUTPUT 语句的观测，所以虽然 RT=10，但是由于该值来自 RUN 语句的结果，故只能在 PDV 中存在，而不能输出到数据集 b。

3）系统读入第二条观测，此时 FIRST.X 为假，不执行 RT=0 语句，但是也不执行 OUTPUT 语句，执行 RT=Y 语句，此时 RT 原来保留的值 10 被新的 Y 值 20 覆盖。

4）系统读入第三条观测，不执行 RT=0 语句，由于此观测是 BY 组 X 对应的最后一条观测，故 LAST.X 为真，执行 OUTPUT 语句。执行完毕后，数据集 b 将产生一条新的观测，该观测是由 x 的值 1 和系统执行第二条观测保留在 PDV 中的 y 值 20 一起输出到数据集 b 得到的结果。程序继续执行 RT=Y 语句，得到 RT=30，执行 RUN 语句，然后跳转到 DATA 步开头，此时 PDV 中 RT=30，但不输出，继续执行第四条观测。

5）依次下去，由于 BY 组有四组，最后输出四条观测。

5.2 子集 IF 语句

子集 IF 语句对满足条件的观测输出到正在被创建的数据集中。子集 IF 语句是一个可执行语句。

5.2.1 语法说明

```
IF expression;
```

其中：

Expression 是任意有效的表达式。

子集 IF 语句的功能：

- 如果表达式是真的（非 0 且非缺失），在执行完 IF 语句后，系统将继续执行 IF 语句后的其他 SAS 可执行语句，最后输出满足 IF 条件的观测。
- 如果表达式是假的（0 或者缺失），系统将立刻返回到 DATA 步开头继续执行下一条观测，而且没有将当前观测输出到正在被创建的数据集。

子集 IF 语句应尽可能放在程序的前面，这样可以大大提高程序运行的效率。

5.2.2 实例详解

例 5.4 应用举例。

```
data a;
  set sashelp.class;
  if _n_ le 4;
  y=10;
run;
```

程序解读：

1）系统编译后，程序读取 class 第 1 条观测，满足 If _n_ le 4;程序继续执行下面的语句 y=10;并执行 RUN 语句，输出第 1 条观测，程序跳转到 DATA 步开头，继续读取 class 第 2 条观测。

2）依次下去，直到最后输出满足条件的 4 条观测。

以下代码是效率相对较低的代码：

```
data a;
  set sashelp.class;
  y=10;
  if _n_ le 4;
run;
```

效率低的原因是系统每读入一条 class 观测，都要执行赋值语句 y=10，然后判断子集 IF 语句。比如，当系统读入第 5 条观测时，执行 y=10，然后执行 If _n_ le 4，发现条件为假，返回 DATA 步。但是如果将 If _n_ le 4 放在 y=10 的前面，程序将首先执行 If _n_ le 4，发现为假，返回 DATA 步，而不会再去执行赋值语句 y=4，这样可以节约程序运行时间，特别在开发大型程序，面对不止一个执行程序时效率就显得尤为重要。

5.2.3 子集 IF 与 OUTPUT 语句比较

用一个例子来说明两者之间的区别。

例 5.5 子集 IF 与 OUTPUT 语句比较举例。

```
data a;
  input x @@;
  cards;
  1 20 3 4
  ;
data b1;
  set a;
  if x=3;
  y=x;
```

```
data b2;
   set a;
   if x=3 then output;
   y=x;
run;
```

程序解读：

1）对数据集 b1：系统在读取 x=1 和 x=20 两条观测时，由于都不满足条件 if x=3，故直接跳转到 DATA 步开头，而未执行 y=x 语句。直到读取第三条观测 x=3 满足 if 条件，执行 if x=3 语句，然后执行 y=x 语句，最后执行 RUN 语句，输出该观测到 b1，数据集 b1 有一条观测，其中 x=3；y=3。

2）对数据集 b2：多了一个 OUTPUT 语句。系统在读取 x=1 观测时，由于不满足 if x=3 条件，故未执行 OUTPUT 语句，但是却执行 y=x 语句，得到 y=1。然后执行 RUN 语句，程序跳转到 DATA 步开头，PDV 清空所有非 RETAIN 变量的值，此时 y 值变成缺失。系统继续读取下一条观测 x=20，同样未执行 OUTPUT 语句，执行 y=x 语句，得到 y=20。执行 RUN 语句，程序再次跳转到 DATA 步开头，PDV 再次清空所有非 RETAIN 变量的值，y 值再次变成缺失。因为在 OUTPUT 语句和 RUN 语句同时存在的情况下，系统输出数据集只会考虑 OUTPUT 语句，只有执行 OUTPUT 语句后，才会通过 I/O 输出到外存并形成最终的物理数据集。因此尽管 y 值有两次输出的机会，但是由于上述原因而变成缺失。直到读取第 3 条观测 x=3 满足 if 条件，系统执行 OUTPUT 语句，执行完毕后，数据集 b 将产生一条新的观测，该观测是由 x 的值 3 和系统执行第 2 条观测保留在 PDV 中的 y 值（缺失值）一起输出到数据集 b 得到的结果。程序继续执行 y=x 语句，得到 y=3。执行 RUN 语句，跳转到 DATA 步开头，PDV 又一次清空所有非 RETAIN 变量值。

如何保留 y 的值不缺失？比如，想保留满足条件的前一条观测的 x 值到 y，此时可以模仿上一节 OUTPUT 语句中的一个例子，代码如下：

```
data b3;
   set a;
   retain y;
   if x=3 then output;
   y=x;
run;
```

程序运行后最终得到数据集 b3 的观测值：x=3；y=20。

如果想保留满足条件的当前观测到 x 值到 y，代码如下：

```
data b4;
   set a;
   if x=3 then do;y=x;output;
   end;
run;
```

程序运行后最终得到数据集 b3 的观测值：x=3；y=3。

5.3 WHERE 语句

WHERE 语句（包括数据集 WHERE=选项）是在系统准备把观测读入 PDV 之前指定数据必须满足的一个条件。WHERE 语句不是一个可执行语句。

5.3.1 语法说明

```
WHERE where-expression-1 < logical-operator where-expression-n>;
```

WHERE 表达式的算符见表 5-2。

表 5-2 WHERE 表达式的算符

算　符	功　能
Between and	选择一定数据范围内的观测
Is missing(或 is null)	选择变量值为缺失值的观测
Contain(或?)	选择包含在规定字符串中的观测
Like	匹配选择观测
Same and	增加多个从句

几点说明：

- WHERE 语句可以跟在 SET、MREGE、MODIFY、UPDAE 语句后面，但是 WHERE 表达式中的所有变量必须在这些语句中出现。
- 用户不能使用自动变量_N_或其他选项如 OBS、POINT 等与 WHERE 连用，因为 WHERE 语句在 PDV 之前执行。
- 使用 WHERE 语句时，必须保证读入数据集的完整性，不能使用如 FIRSTOBS=2 等不能完整读入数据集的选项。
- 如果对一个数据集同时使用 WHERE 语句和 WHERE=选项，系统只适用 WHERE=选项而不考虑 WHERE 语句。
- 如果 DATA 步包含 WHERE 语句（或 WHERE 选项）和 BY 语句，那么 WHERE 语句（或 WHERE 选项）在 BY 组被创建之前被执行，BY 组对执行完毕后的数据集重新定义 FIRST/LAST 变量。

5.3.2 实例详解

例 5.6　Between-and 算符应用。

```
Where x between 10 and 20;/*选择包含 10 和 20 的所有 x 值*/
Where x not between 10 and 20;/*与上例构成补集*/
Where x between y*0.1 and y*0.5;
where x between 'a' and 'c'; /*选择介于字符 a 和 c 之前的所有 x 值，即 a;b;c*/
```

例 5.7　缺失值应用。

```
Where x is missing;  或  where x is null;
/*不能写成 where x is . 或 where x is '', 但是可以写成 where x eq . 或 where x eq ''*/
Where x;/*选择数值变量 x 非 0 和非缺失的观测值*/
Where x and y; /*选择数值变量 x 和 y 都是非 0 和非缺失的观测值*/
Where x ne '';
/*如果 x 是字符变量，要选择非缺失值，不能用 where x，而只能用 where x ne ''或者 where x is not missing*/
```

例 5.8 IN 应用。

```
Where x in(1,2);/*选择数值 1，2 当中的任意一个，等价于 where x=1 or x=2*/
```

例 5.9 CONTAINS 应用。

```
data a;
  input x $ @@;
  cards;
  ab abc bcd acd
  ;
data b;
  set a;
  where x contains 'ab';
run;
```

程序解读：

由于数据集 a 中只有 ab 和 abc 包含子字符串 ab，故程序最终输出两个观测。由于能用 CONTAINS 的地方都可以用 LIKE，故商业实践中几乎只选用 LIKE。

例 5.10 LIKE 应用。

假设有 7 个名字 Diana，Diane，Dianna，Dianthus，Dyan，Dabx，Daxbz。使用不同的 LIKE 算符得到结果见表 5-3。

表 5-3 LIKE 应用举例

LIKE 模式	返回结果	说明
where x like 'D_an';	Dyan	含 4 个字符，且在 D 和 an 之间只包含 1 个字符的所有字符串
where x like 'D_an_';	Diana, Diane	含 5 个字符，且 2 个下画线各自只包含 1 个字符的所有字符串
where x like 'D_an__';	Dianna	含 6 个字符，且 3 个下画线各自只包含 1 个字符的所有字符串
where x like 'D_an%';	前 5 个名字被选中	至少含 4 个字符，其中在 D 和 an 之间只能含有一个字符，但是在 an 之后含有任意多个字符
where x like '%a%';	所有名字都被选中	包含字符 a 的所有字符串
where x like '%ab%';	Dabx	包含字符串 ab 的所有字符串
where x like '%a%b';	无	包含字符 a 且最后的字符是 b 的所有字符串
where x like '%a%b%';	Dabx，Daxbz	包含字符 a 和字符 b 的所有字符串
where x like '%ab%' or x like '%z%'	Dabx，Daxbz	包含字符串 ab 或者字符 z 的所有字符串

几点说明：

- 下画线（_）表示正好有一个字符与之匹配。
- 百分号（%）表示可以替代任意多个字符。

例 5.11 含有函数。

```
where substr(x,1,3)='Dab';/*截取变量 x 前三位，如果等于 Dab，则条件成立*/
```

5.3.3 子集 IF 与 WHERE 语句比较

在 DATA 步中 WHERE 语句和子集 IF 语句的最大差别是 WHERE 语句（或 WHERE=数据集选项）在观测读入 PDV 之前起作用，而子集 IF 语句对在 PDV 中的观测起作用，此外，还有如下几个区别：

- WHERE 语句不是执行语句，而子集 IF 语句是可执行语句。
- WHERE 语句有自己特有的表达式，而 IF 语句使用通用的 SAS 表达式。
- WHERE 只能从现有的 SAS 数据集中选择观测，而子集 IF 语句还可以从 INPUT 语句产生的观测中选择。
- 在 WHERE 表达式与子集 IF 表达式产生相同结果时，在几乎所有情况下，WHERE 语句（或 WHERE=数据集选项）要比 IF 效率更高。
- 一般情况下，如果要从现有数据集选择观测，使用 WHERE 语句或 WHERE=数据集选项。如果需要对 PDV 观测进行处理才能决定选择哪条观测，则只能用子集 IF 语句。

5.4 REPLACE 语句和 REMOVE 语句

5.4.1 REPLACE 语句

REPLACE 语句替换主数据集相同物理位置上的观测，该语句只能和 MODIFY 语句连用，在 MODIFY 语句章节也有过介绍。

REPLACE 语句和 OUTPUT 语句可以互相独立地进行操作，REPLACE 语句替换主数据集相同位置上的观测，而 OUTPUT 语句输出观测到数据集的结尾。

语法说明：

```
REPLACE <data-set-name-1><. . .data-set-name-n>;
```

选项说明：

- 没有选项：输出当前 PDV 观测到 DATA 步正在被 MODIFY 的数据集中相同的物理位置上。
- data-set-name-：规定要输出当前观测的数据集，并用它的观测替换主数据集相同物理位置上的观测。

5.4.2 REMOVE 语句

REMOVE 语句用于删除 SAS 数据集的观测，它可以执行物理删除（彻底删除该观测）

也可以执行逻辑删除，该语句只能和 MODIFY 语句连用。

语法说明：

```
REMOVE <data-set-name(s)>;
```

选项说明：

- 没有选项：删除由 DATA 步命名的所有数据集中的所有观测。
- data-set-name-：规定要删除当前观测的数据集。

例 5.12 REMOVE 应用。

```
data a;
  input x@@;
  cards;
  2 3
  ;
data b;
  input var@@;
  cards;
  10 20 30 40 50
  ;
run;
data b;
  set a;
  modify b point=x;
  remove;
run;
```

程序解读：

关于 SET/MODIFY 语句如何运行，请读者参考前面 MODIFY 章节，该程序通过指针控制，比如当指针 POINT=2 时，指向数据集 b 的第二条观测，执行 REMOVE 语句，结果数据集 b 第二条观测被删除（注意该删除执行的是物理删除）。

5.4.3 REPLACE、REMOVE 与 OUTPUT 应用

创建测试数据集见表 5-4。

表 5-4 REPLACE、REMOVE 与 OUTPUT 应用测试数据集

libname chapt5 "f:\data_model\book_data\chapt5";	libname chapt5 "f:\data_model\book_data\chapt5";
data chapt5.a;	**data** chapt5.b;
input x y @@;	input x y @@;
cards;	cards;
1 10 2 20 3 30 4 40	3 300 4 400 5 500
;	;
run;	**run**;

需求如下：

（1）如果数据集 a 有 x 值在数据集 b 中，则更新数据集 a 的变量 y。

（2）如果数据集 a 有 x 值在数据集 b 中，则更新数据集 a 中的变量 y。同时，对数据集 b 中没有匹配上的 x 值也输出到数据集 a 中去。

（3）如果数据集 a 有 x 值不在数据集 b 中，则输出该 x 值。如果在数据集 b 中，则删除该值。

需求实现代码见表 5-5。

表 5-5　需求实现代码

需求 1 代码	需求 2 代码	需求 3 代码

data chapt5.a;
modify chapt5.a chapt5.b;
by x;
if _iorc_=0 then replace;
else _error_=0;
run;
	data chapt5.a;
	modify chapt5.a chapt5.b;
	by x;
	if _iorc_=0 then replace;
	else do; _error_=0;output;end;
	run;
		data chapt5.a;
		modify chapt5.a chapt5.b;
		by x;
		if _iorc_=0 then remove;
		else _error_=0;
		run;

- 需求 1 代码解读：实现对匹配的数据，更新数据集将覆盖主数据集，对未匹配数据，由于 SAS 日志会报错，因此置错误代码_error_=0。注意其中的未匹配是指更新数据集数据不在主数据集中（b 中的最后一条观测），而对主数据集数据不在更新数据集中则不予考虑（a 中的前两条观测）。
- 需求 2 代码解读：实现对匹配的数据，更新数据集数据覆盖主数据集，对未匹配数据，输出至主数据集末尾。
- 需求 3 代码解读：实现对匹配的数据，从主数据集中删除。

5.5 DELETE 语句与 STOP 语句

5.5.1 DELETE 语句

DELETE 语句停止处理当前 PDV 中的观测，该观测值不会被输出到正在被创建的数据集中。一般和 IF 语句连用。语法说明：

```
DELETE;
```

DELETE 语句的功能（与 IF 语句连用时）：

- 如果 IF 条件为真（非 0 且非缺失），系统将立刻执行 DELETE 语句，执行完毕后返回到 DATA 步开头，继续执行下一条观测。
- 如果 IF 条件为假（非 0 且非缺失），系统将不执行 DELETE 语句，但是将继续执行 DELETE 语句后面的其他 SAS 可执行语句，最后输出不满足 IF 条件的观测。

一般情况下，DELETE 语句是子集 IF 语句的反向操作语句。当程序容易通过规定条件来删除数据集观测时，用 DELETE 语句；当容易通过规定条件来包含数据集观测时，用子集 IF 语句。但是无论用哪个语句，最好都放在程序的前面以提高编程效率。

例 5.13　删除部分观测。

```
data a;
   set sashelp.class;
   if sex eq "M" then delete;
run;
```

该程序实现对数据集 class 中所有 SEX=M 的观测进行删除，等价的代码如下：

```
data a;
   set sashelp.class;
   if sex ne "M";
run;
```

5.5.2　STOP 语句

STOP 语句用来停止处理 DATA 步。当遇到 STOP 时，正在 PDV 被处理的当前观测没有被添加到正在被创建的 SAS 数据集中。语法说明：

```
STOP;
```

STOP 语句只是停止当前的 DATA 步，不影响后面的 DATA 步或 PROC 步的执行。

例 5.14　STOP 应用。

```
data a;
   set sashelp.class;
   if _n_ ge 3 then stop;
run;
```

程序解读：

在_n_=3 对应的观测上，程序就停止输出 PDV 结果到数据集 a，最终数据集 a 只有 2 条观测。

第 6 章　SAS 数据集管理

本章介绍与 SAS 数据集管理有关的语句。数据集管理主要包括数据集纵向拼接、转置、排序、比较、复制、重命名、删除等操作。数据集管理主要是通过 SAS 过程步完成的，对应的过程步见表 6-1。

表 6-1　SAS 数据集管理常用过程步

过　程	功　能
APPEND	把来自 SAS 数据集的所有数据添加到另外一个 SAS 数据集的后面
SORT	对原有 SAS 数据集按照一个或多个变量进行排序
TRANSPOSE	对原有 SAS 数据集进行行列转置
CONTENTS	输出 SAS 逻辑库成员的描述信息
DATASETS	管理 SAS 逻辑库成员

6.1　APPEND 过程

使用 APPEND 过程可以将一个 SAS 数据集的观测添加到另一个 SAS 数据集的后面。它与 SET 语句添加观测的不同之处在于：使用 SET 连接数据集时，SAS 将处理两个数据集的所有观测并产生一个新的数据集。而 APPEND 过程避免处理原数据集中的数据，直接把新的观测添加到原数据集后面。

6.1.1　语法说明

```
APPEND BASE=<libref.>SAS-data-set <DATA=<libref.>SAS-data-set> <FORCE>;
```

选项说明：

- BASE=：规定基本数据集的名称。
- DATA=：规定要添加到基本数据集后的数据集名，默认使用最近创建的数据集。
- FORCE：强迫 APPEND 连接两个数据集。在 DATA=数据集和 BASE=数据集中变量不完全匹配时需要使用 FORCE 选项。

几点说明：

- 一般情况下，APPEND 中的 BASE 和 DATA 两个数据集的数据结构要一样，否则失去 APPEND 的意义。
- 如果重复运行 PROC APPEND，系统会重复把 DATA 中的数据集添加到 BASE 的数据集中。
- 谨慎使用 FORCE 选项。

例 6.1　向一个空数据集添加数据。

```
proc append base=null data=sashelp.class;
run;
```

程序解读：

上例中，数据集 null 在之前未被创建，是一个空的数据集，这里作为 BASE 数据集，而 sashelp.class 作为 APPEND 数据集 APPEND 到 null 中去，最后数据集 null 得到和 sashelp.class 一样的数据结构和观测值（共 19 条观测）。

例 6.2 向一个现有数据集添加部分数据。

```
proc append base=null data=sashelp.class(where=(sex='M'));run;
```

程序解读：

对刚才例子中已经产生的数据集 null，再向其中添加数据集 class 中所有性别为 M 的观测，最终数据集 null 有 19+10＝29（条）观测。

例 6.3 一个避免使用 FORCE 的例子。

```
data a;
  length x 3;
  x=10;
  ;
data b;
  length x 6;
  x=20;
run;
proc append base=a data=b;run;
```

程序解读：

如果直接运行上面的所有代码，SAS 日志会报如下错误：

WARNING: Variable x has different lengths on BASE and DATA files (BASE 3 DATA 6)，从而数据集 b 并没有 APPEND 到数据集 a 中，加上 FORCE 选项，代码如下：

```
proc append base=a data=b force;run;
```

虽然程序运行通过，但是系统日志仍然告警，为避免这种因为长度带来的被迫使用 force 的问题，可以先对两个数据集的数据结构进行统一。比如调整数据集 b 的变量长度和数据集 a 相同，关于如何改变变量长度在 4.1 节已有介绍，上面的代码可以重新修改如下：

```
data b;
  length x 3;
  x=20;
run;
```

其余代码不变，再次运行 APPEND 过程步即可。

6.1.2 实例详解

APPEND 过程有一个最大的弊端就是如果重复运行该过程，系统会重复把 DATA 中的数据集添加到 BASE 的数据集中，而重复运行在程序开发阶段是不可避免的，为解决这个问题，可以考虑如何在重复运行 APPEND 过程中让 BASE 中的数据集永远保留其在 APPEND 程序运行前的状态，下面通过两个例子来说明。

例 6.4　在 APPEND 程序运行之前删除整个 BASE 数据集。

```
proc datasets lib=work nolist;
   delete null;
quit;
proc append base=null data=sashelp.class;run;
```

程序解读：

第一段程序是通过 DATASETS 过程步（将在 6.5 节介绍）删除数据集 null，然后通过 APPEND 过程步把数据集 class 添加到数据集 null 中。但是这并非一个最简化的开发程序，在项目实践中，往往先判断 null 是否存在，如果存在则删除，否则就可以直接执行 APPEND 过程步，代码如下：

```
%macro dl;
   %if %sysfunc(exist(null)) ne 0 %then %do;
   proc datasets lib=work nolist;
   delete null;
   quit;
   %end;
   proc append base=null data=sashelp.class;run;
   %mend dl;
%dl;
```

程序解读：

该段代码是通过一个数据集判断函数 EXIST()判断数据集 null 是否存在，如果存在则执行 DATSETS 过程步，否则直接执行 APPEND 过程步。如果读者暂时不能理解这段程序，可以在学完后面的第 10 章再回头看这段代码。

例 6.5　在 APPEND 程序运行之前部分删除 BASE 数据集。

```
data _null_;
   x=today();
   format x yymmdd10.;
   call symput('data_month',put(intnx("month",x,0),yymmn6.));
run;
%put &data_month;
data a;
   input month$ var;
   cards;
```

```
    200908 10
    200909 20
    200910 30
    200911 40
    ;
data b;
    input    month$ var;
    cards;
    200911 400
    ;
data a;
    modify a;
    if month="&data_month" then remove;
run;
proc append base=a data=b;run;
```

需求如下：如果数据集 a 中包含当前月数据，则删除当前月数据，并把数据集 b 中当前月数据 APPEND 到数据集 a 中。

程序解读：

该程序主体共有三部分，第一部分通过 CALL 子程序取出当前月；第二部分从数据集 a 中删除当前月数据；第三部分把数据集 b 中数据 APPEND 到数据集 a 中。

需求背景解读：实际上，这是 SAS 在开发数据仓库时 ETL 加载的一个重要环节，因为在 ETL 过程中，很难避免出现程序的重复运行以及其他不可控制因素，从程序逻辑的严谨性出发，必须删除历史数据中有可能包含当前月份的数据，无论实际历史数据集中有没有当前月数据，然后把当前月数据加载到历史数据集中。

可以替代第二部分代码的程序如下：

```
data a;
    set a;
    if month="&data_month" then delete;
run;
```

但是效率显然没有 REMOVE 语句效率高。效率最低的代码如下：

```
proc sql;
    delete from a
    where month="&data_month";
quit;
```

这段 SQL 代码在三段代码中实际运行效率是最低的，尤其在大数据量情况下。

6.2　SORT 过程

SORT 对数据集中的观测排序。SAS 中许多和 BY 配合使用的语句，如对数据集进行合并和更新等在使用前必须对 BY 变量进行排序。

6.2.1 语法说明

```
PROC SORT <collating-sequence-option> <other option(s)>;
BY <DESCENDING> variables;
```

常用选项说明：

- DATA=：规定被排序的数据集，默认为最新创建的数据集。
- OUT=：创建输出数据集，省略该选项时用排序后的数据集替换原数据。
- EQUALS：保持 BY 组内的顺序。
- NOEQUALS：允许 BY 组内顺序变化。
- NODUPKEY：删除重复 BY 值对应的观测。
- NODUPRECS：删除重复观测值。
- FORCE：强制实施多余排序。排序并替换原来加索引或取子集的数据集；在没有规定 OUT=选项时，在下列情况下应该使用 FORCE 选项：数据集有索引、使用了 OBS=和 FIRSTOBS=选项、使用 DATA=规定被排序数据集时使用了 WHERE 选项、PROC SORT 中使用了 WHERE 选项。
- BY：PROC SORT 中必须使用 BY 语句，BY 语句中可以指定一个或多个变量。默认时升序排序。可以使用 DESCENDING 对变量进行降序排序，但是要注意 DESCENDING 一定要放在降序变量之前。

6.2.2 实例详解

例 6.6 删除重复 BY 值。

```
data a;
   input x y @@;
   cards;
   1 20 1 10 1 30 2 40 2 50
   ;
run;
proc sort data=a nodupkey; by x;run;
```

程序解读：

NODUPKEY 只取排序变量的每一个 BY 组的第一条观测值。因此该程序最终返回结果是 x=1;y=20 和 x=2;y=40。上述代码可以用 DATA 步代码完成：

```
proc sort data=a ; by x;run;
data b;
   set a;
   by x;
   if first.x;
run;
```

如果要返回原数据集 a 每一个 BY 组最后一条观测，代码如下：

```
proc sort data=a ; by x ;run;
data b;
  set a;
  by x;
  if last.x;
run;
```

如果要返回每一个 BY 组里面 y 的最小值，代码如下：

```
proc sort data=a; by x y;run;
proc sort data=a nodupkey; by x;run;
```

也可以用 DATA 步完成：

```
proc sort data=a; by x y;run;
data b;
  set a;
  by x y;
  if first.x;
run;
```

6.2.3 商业实践

在商业实践中，最常用的就是两个选项：OUT 和 NODUPKEY。要注意几点：

- 如果使用了 NODUPKEY 选项，最好使用 OUT＝选项。否则原有数据集会被 SORT 后 NODUPKEY 删除掉一部分观测，万一程序开发有误，又要重新生成原来的数据集。而使用 OUT＝选项可以保证原来的数据集不变，把 NODUPKEY 后的产生的观测输出到新的数据集中。
- 如果有多个字符型变量需要 SORT，则在 SORT 之前使用诸如 CATT 之类的字符拼接函数拼接所有需要 SORT 的字符变量，并且最好使用 OUT＝选项，以提高程序运行效率。

例 6.7　带 OUT=选项的删除重复 BY 值。

```
data a;
  input x y @@;
  cards;
  1 20 1 10 1 30 2 40 2 50
  ;
run;
proc sort data=a nodupkey out=b; by x;run;
```

例 6.8　有效率的 SORT 过程。

```
data a;
   length cat $100;
   input x1$ x2$ x3$ y;
   cat=catt(of x1-x3);
   cards;
   a1 b1 c1 1
   a2 b2 c2 2
   ;
run;
proc sort data=a out=b;
   by cat;
run;
```

可行的代码：

```
proc sort data=a out=b;
   by x1-x3;
run;
```

最没有效率的代码：

```
proc sort data=a ;
   by x1-x3;
run;
```

6.3 TRANSPOSE 过程

TRANSPOSE 过程可以首先将数据集的观测变成变量，变量变成观测。TRANSPOSE 过程可以用于拉直数据。

6.3.1 语法说明

TRANSPOSE 语法说明如下。

```
PROC TRANSPOSE
 <DATA=input-data-set> <LABEL=label> <LET>
<NAME=name> <OUT=output-data-set> <PREFIX=prefix>;
BY <DESCENDING> variable-1
<...<DESCENDING> variable-n> <NOTSORTED>;
COPY variable(s);
ID variable;
IDLABEL variable;
VAR variable(s);
```

常用选项说明见表 6-2。

表 6-2 TRANSPOSE 语法常用选项说明

语　句	功　能
TRANSPOSE	DATA=：规定被转置的数据集，默认为最新创建的数据集 OUT=：转置后的 SAS 数据集，省略时系统产生一个名为 DATAn 的数据集 NAME=：对转置后 VAR 变量中的列名定义一个变量名，默认是_NAME_ PREFEX=：规定转置后数据集变量名的前缀 LET：允许 ID 变量出现相同的值，BY 组内最后一个 ID 值的观测将被转置
BY	规定对每个 BY 组求转置，BY 变量包含在输出数据集中但没有被转置
COPY	将没有转置的变量直接复制到输出数据集中
VAR	VAR 语句列出要转置的变量。如没有 VAR 语句，则没有列在其他语句中的所有数值变量将被转置。字符变量若要转置必须在 VAR 语句中列出。没有被转置的变量将从新数据集中删除，如要保留就必须将它们在 COPY 或 BY 语句中列出
ID	ID 变量的值为转置后数据集的变量名。在没有选择 LET 时，ID 变量的值在数据集中只能出现一次，使用 BY 语句，BY 组内只包含最后的 ID 值。ID 变量的缺失值将从输出数据集中删去
IDLABEL	对转置后的变量创建标签

6.3.2 实例详解

例 6.9 一个简单的转置程序。

```
libname chapt6 "f:\data_model\book_data\chapt6";
proc transpose data= chapt6.score out= chapt6.score_transposed;run;
```

程序解读：

1）由于没有使用 VAR 语句，因此程序对数据集 score 中的所有数值型变量（test1；test2 和 final）进行转置。

2）转置后，原来的 7 行变成 7 列，7 列默认的变量名是 col1-col7。3 列变成 3 行，默认的变量名是_NAME_。

例 6.10 使用 ID、NAME 和 PREFIX 选项。

```
proc transpose data= chapt6.score out= chapt6.idnumber name=test prefix=sn;
  id studentid;
  idlabel student;
run;
```

程序解读：

1）该例比上例多了一些选项，但是转置的变量仍然只有 test1、test2 和 final。

2）对上例中默认的变量名 col1-col7 用 studentid 的值替代，并添加前缀 prefix=sn。

3）对上例中默认的变量名_NAME_用 name=test 替代。

4）对转置后的 7 个变量添加标签 student 值，用 idlabel student 语句。

例 6.11 使用 BY 选项。

```
proc transpose data= chapt6.fishdata
    out= chapt6.fishlength(rename=(col1=measurement));
    var length1-length4;
    by location date;
run;
```

程序解读：

程序通过 by location date 语句对每一个 BY 组中的 4 个变量 length1-length4 进行转置，系统每读取一条 BY 组观测，转置后将产生 4 条观测。

可以用 DATA 步完成该需求，代码如下：

```
data chapt6.fishlength2;
   set chapt6.fishdata(keep=location date length1-length4);
   array tr[1:4] length1-length4;
   do i=1 to 4;
   measurement=tr(i);
   output;
   end;
   keep location date measurement;
run;
```

该例通过 BY 语句将列转成行，也可以将行转成列，代码如下：

```
proc transpose data= chapt6.fishlength
     out= chapt6.fishdata2;
     var measurement;
     by location date;
     id _name_;
run;
```

可以使用 DATA 步完成该需求，代码如下：

```
data chapt6.fishdata3;
   do i=1 to 4;
   set chapt6.fishlength(keep=location date measurement);
   array tr[1:4] length1-length4;
   tr(i)=measurement;
   end;
   keep location date length1-length4;
run;
```

比较两个 DATA 步可以发现：

1）如果需要把列转成行，则 DO 循环独立于 SET 语句，同时使用 OUTPUT 语句，保证程序每读入一条观测，通过 DO 循环和 OUTPUT 语句输出多条观测；

2）如果需要把行转成列，则 DO 循环包含 SET 语句，同时不使用 OUTPUT 语句，程序在 DO 循环中把循环次数对应读入的观测条数赋值给不同的列变量，最后通过 RUN 语句输出。

在商业实践中，应避免使用 TRANSPOSE 过程，特别是在大数据集的情况下，TRANSPOSE 过程会非常消耗时间。而 TRANSPOSE 本质上是在程序后台运行 DATA 步，所以完全可以用自己开发的 DATA 步代码取而代之，相对于 TRANSPOSE，DATA 步的运行速度会非常快。

6.4 CONTENTS 过程

CONTENTS 过程输出 SAS 逻辑库成员的描述信息，有时候也被称为“头文件”信息。

6.4.1 语法说明

```
PROC CONTENTS <option(s)>;
```

选项说明见表 6-3。

表 6-3 CONTENTS 语法常用选项说明

选　项	功　能
DATA=	输入的逻辑库成员，默认为 SAS 数据集
DETAILS|NODETAILS	规定是否包含观测数、变量数和数据集标签
DIRECTORY	输出逻辑库中所有成员列表
FMTLEN	输出变量的输入格式和输出格式的长度
MEMTYPE=	规定输出的逻辑库的一个或多个成员的类型
NODS	限制输出单个成员信息，仅输出逻辑库的目录
NOPRINT	规定不输出 CONTENTS 内容结果，当选用此项时，必须规定 OUT=
ORDER=IGNORECASE	规定变量列表按照字母顺序输出
OUT=	规定输出的 SAS 数据集名字
SHORT	只输出 SAS 数据集变量列表
VARNUM	规定变量列表按照它们在 SAS 数据集中的逻辑位置输出

对上表中的 MEMTYPE=选项，可以规定的成员类型包括：

- ACCESS：使用 SASA/ACCESS 软件创建的存取文件。
- ALL：所有成员类型。
- CATALOG：目录。
- DATA：SAS 数据集。
- PROGRAM：编译存储的 SAS 程序。
- VIEW：使用 SQL 过程创建的视图。

注意：

- 如果没有规定成员类型，在 DATA=选项中规定的是单个成员名时，系统默认是 SAS 数据集或视图。
- 如果规定 DATA=逻辑库名._ALL_或 DATA=_ALL_时，默认是该逻辑库下所有成员信息。
- 如果有名字相同但类型不同的文件，CONTENTS 过程会输出所有这些文件信息。

6.4.2 实例详解

例 6.12 输出 Sashelp 逻辑库所有成员信息。

```
proc contents data= sashelp._all_;run;
```

例 6.13 输出 Sashelp 逻辑库下成员为 SAS 数据集和 CATALOG 成员信息。

```
proc contents data=sashelp._all_ memtype=(data catalog);run;
```

例 6.14 输出 Sashelp 逻辑库下成员为 CLASS 数据集信息到输出数据集。

```
proc contents data= sashelp.class out=class_inf;run;
```

本例将输出数据集 class_inf 包含了 2.2 节提到的所有 sashelp.class 源数据信息。

6.5 DATASETS 过程

DATASETS 过程可以完成对 SAS 逻辑库中的所有成员进行输出列表、复制、换名、添加和删除等操作。其中前面提到的 APPEND 过程和 CONTENTS 过程都可以在 DATASETS 过程中实现。

6.5.1 语法说明

DATASETS 语法如下：

```
PROC DATASETS <option(s)>;
APPEND base= data=<option(s)>;
CHANGE ...old-name-n=new-name-n <option(s)>;
CONTENTS <option(s)>;
COPY <option(s)>;
  SELECT member-list<option(s)>;
  EXCLUDE member-list <option(s)>;
DELETE member-list <option(s)>;
SAVE member-list <option(s)>;
EXCHANGE name=other-name<option(s)>;
MODIFY member<option(s)>;
  RENAME ...old-name-n=new-name-n;
  FORMAT ...variable-list-n <format-n>;
  INFORMAT ...variable-list-n <informat-n>;
  LABEL ...variable-n=<'label-n'|' ' >;
  INDEX CREATE ...index-n=(variable-list-n);
  INDEX DELETE ...index-n;
QUIT;
```

对于其中的 APPEND 过程和 CONTENTS 过程请读者参见 6.1 和 6.4 节有关内容，其余语句选项说明见表 6-4。

几点说明：

（1）DATASETS 语句后面的 MEMTYPE=与在其他语句中使用此选项稍有不同，DATASETS 语句后面可以跟成员列表，而其他语句后面只能跟单个成员类型。

（2）在除 DATASETS 语句外其他语句中使用 MEMTYPE 时，有两种方法：

表 6-4[⊖] DATASETS 语句常用选项说明

语　句	选　项	功　能
DATASETS	LIBRARY=	规定要处理的逻辑库名，默认是 Work 逻辑库
	MEMTYPE==(mtype(s))	规定成员类型，有效的类型值为 ALL、CATALOG、DATA、ACCESS、VIEW 和 PROGRAM，可以是其中的任意组合
	KILL	删除逻辑库中所有成员
	NOLIST	不输出正在处理的逻辑库成员信息
	NOWARN	当在 SAVE、CHANGE、EXCHANGE 或 COPY 语句中规定的成员不在当前正在处理的逻辑库中时，不输出错误信息
	DETAILS|NODETAILS	规定是否包含观测数、变量数和数据集标签
	PW=	规定对该逻辑库给出读、写和变更访问的权限
	READ=	对该逻辑库给出读访问权限
	ALTER=	对该逻辑库给出变更访问权限
CHANGE	...old-name-n=new-name-n	CHANGE 语句用来更改逻辑库成员的名称
	MEMTYPE==(mtype)	mtype 必须是单个成员名称
	ALTER=	含义同上
COPY	IN=	规定被复制的逻辑库，是必选项
	OUT=	规定要复制到哪个逻辑库，是必选项
	MEMTYPE==(mtype(s))	含义同上
	MOVE	规定剪切 IN=逻辑库成员到 OUT=逻辑库
	ALTER=	含义同上
	INDEX=YES|NO	规定在复制数据集同时，是否复制索引文件，默认是 YES
	DATECOPY	规定复制成员最近一次修改日期和时间
SELECT	member-list	SELECT 语句用来选择被复制逻辑库成员，SELECT 语句规定成员类型优先级高于 COPY 语句规定成员类型，必须有 COPY 语句
	</MEMTYPE==(mtype)>	mtype 必须是单个成员名称
	ALTER=	含义同上
EXCLUDE	member-list	EXCLUDE 用来排除不需要被复制逻辑库成员，是 SELECT 语句反向操作语句，必须有 COPY 语句
	</MEMTYPE==(mtype)>	mtype 必须是单个成员名称
DELETE	member-list	DELECT 语句用来删除逻辑库成员
	</MEMTYPE==(mtype)>	mtype 必须是单个成员名称
	ALTER=	含义同上
SAVE	member-list	SAVE 语句用来删除除 SAVE 语句后面列出的成员之外的其他所有逻辑库成员，是 DELETE 语句的反向操作语句
	</MEMTYPE==(mtype)>	mtype 必须是单个成员名称
	ALTER=	含义同上
EXCHANGE	name=other-name	EXCHAGE 语句用来交换两个逻辑库成员名称
	</MEMTYPE==(mtype)>	mtype 必须是单个成员名称
	ALTER=	含义同上

⊖ 表 6-4 只列出了最常用的语句及语句选项，更多的内容请参考 SAS HELP。

（续）

语　　句	选　　项	功　　能
MODIFY	member	MODIFY 语句用来改变指定的 SAS 数据集某些属性，包括数据集自身属性、变量名字、变量标签、变量输入和输出格式。MOFIFY 语句后面的选项必须用圆括号括起来
	LABEL='data-set-label' | ' '	改变数据集标签或取消标签，新标签不能超过 40 个字符
	TYPE=special-type	指定或改变数据集的特殊类型。有效的类型有 CORR、COV、SSVP、EST 和 FACTOR
	PW=	规定对该逻辑库给出读、写和变更访问的权限
	READ=	对该逻辑库给出读访问权限
	ALTER=	对该逻辑库给出变更访问权限
RENAME	...old-name-n=new-name-n	改变变量名称，必须有 MODIFY 语句
FORMAT	variable-list-n <format-n>	改变变量输出格式，必须有 MODIFY 语句
INFORMAT	variable-list-n <informat-n>	改变变量输入格式，必须有 MODIFY 语句
LABEL	variable-n=<'label-n'|' '>	改变或取消变量标签，必须有 MODIFY 语句
INDEX CREATE	...index-n=(variable-list-n)	创建简单或复合索引，必须有 MODIFY 语句
INDEX DELETE	...index-n	删除简单或复合索引，必须有 MODIFY 语句

1）（MT=TYPE）

使用圆括号，选项 MT=表示紧邻它前面的那个文件的类型。如语句：

```
Delete a b(mt=catalog) c;
```

执行结果：删除 A.DATA，B.CATALOG，C.DATA，因为 DELETE 语句规定的默认文件类型为 DATA。

2）/MT=TYPE

使用斜杠，选项 MT=表示它前面所有文件的类型。不过，如果它前面的某个文件名后面紧邻（MT=TYPE）选项，那么那个文件取圆括号内规定的类型。如语句：

```
Delete a b(mt=data) c/mt=catalog;
```

执行结果：删除 A.CATALOG，B.DATA，C.CATALOG。

（3）输出结果：如果没有规定选项 NOLIST，DATASETS 过程在 SAS 逻辑库更新前后均输出该逻辑库的成员名单到 SAS 日志窗口。如果使用 MT=，则指定类型的成员被输出。

6.5.2　实例详解

例 6.15　管理 SAS 逻辑库示例。

```
libname chapt6 "f:\data_model\book_data\chapt6";
proc datasets library=sashelp details;
   copy in=sashelp out=work;
   select air class vslib ac ets;
proc datasets library=work nolist;
   delete class ets(mt=catalog);
```

```
    copy in=work out=chapt6 move memtype=data;
    select air ac(mt=catalog);
quit;
```

例 6.16　从所有删除对象中保留指定对象不被删除。

```
proc datasets library=work detail;
    save a/mt=data;
quit;
```

例中，除数据集 a 没有被删除外，其余所有 Work 逻辑库中成员均被删除。

例 6.17　修改 SAS 数据集。

```
proc datasets library=sashelp details;
    copy in=sashelp out=chapt6;
    select class air;
proc datasets library=chapt6 nolist;
    modify class(label='test subjects' read=green);
    index create idx=(name sex) / nomiss unique;
    format height 6.2;
    label height='test height';
    modify air;
    rename date=new_date;
quit;
```

例 6.18　描述 SAS 数据集。

```
proc datasets library=chapt6 ;
    contents data=class(read=green) out=outclass;
    contents out=outair;
quit;
```

第 7 章　DATA 步循环与控制

前面介绍的 DATA 步都是对每一个观测按语句出现的顺序往下执行。但是有时希望数据指针停留在某一观测上，对其他变量执行重复操作，或者改变语句执行的顺序，或者指定执行某一语句，就需要用到本章介绍的语句。本章介绍的各种循环与控制与见表 7-1。

表 7-1　DATA 步循环与控制常用语句

语　句	功　能
DO 组	创建一个执行语句块
DO 循环	根据下标变量重复执行 DO 和 END 之间的语句
DO WHILE	重复执行直到条件为假则退出循环
DO UNTIL	重复执行直到条件为真则退出循环
DO OVER	对隐含下标数组元素执行 DO/END 之间的语句
END	退出 DO 或 SELECT 语句的标志
SELECT	选择执行 SAS 语句
IF-THEN/ELSE	有条件执行一个 SAS 语句
GO TO	使 SAS 语句跳转到 GO TO 语句后面，继续执行其他语句
RETURN	不和 LINK 语句联用时，跳转到 DATA 步开头；和 LINK 语句联用时，跳转到 LINK 后面的语句
CONTINUE	停止 DO 循环中当前循环，跳转到 DO 语句继续执行下一次循环
LEAVE	跳出当前 DO 循环或 SELECT 组，继续执行后面的 DATA 步

7.1　IF-THEN/ELSE 语句与 SELECT 语句

IF-THEN/ELSE 语句和 SELECT 语句可以根据条件执行 SAS 数据集中的一些观测。

7.1.1　IF-THEN/ELSE 语句

IF ELSE 语句是 DATA 步中使用频率非常高的语句，语法格式如下：

```
IF expression THEN statement1;<ELSE statement2>;
```

表达式为真则执行 THEN 后面的语句，表达式为假则执行 ELSE 后面的语句。

几点说明：

- 表达式是所有合理的 SAS 表达式。
- 如果不使用 ELSE 语句，则每读入一条观测程序都要执行 IF 语句；如果加上 ELSE 语句，程序只有在判断 IF 条件为真的情况下才执行 IF 语句。
- 在 IF 对应事件是一个不等概率事件的情况下，将最高概率事件放在第一个 IF 语句，依此类推，最低概率放在最后一个 ELSE 语句，会提高程序运行效率。

下面都是有效的 SAS 表达式：

- if x then delete;

- if status='ok' and type=3 then count+1；
- if x ne y then delete；
- if answer=9 then do;answer=.;put 'no ' id=;end; else do;answer=answer10;valid+1;end；

例 7.1　执行嵌套的 IF 语句。

```
data a;
   set sashelp.class;
   if sex="M" then do;
       if age>=12 then do;
       x=1;y=2;
       end;
       else do;
       x=3;y=4;
       end;
   end;
   else if sex="F" then do;
       if age>=12 then do;
       x=5;y=6;
       end;
       else do;
       x=7;y=8;
       end;
   end;
   else do;x=999;y=999;
   end;
run;
```

程序解读：

该程序执行一个嵌套的 IF 语句。

1）主体部分共有三个程序块对性别进行判断：第一块是 IF 语句；第二块是 ELSE IF 语句；第三块是 ELSE 语句，这是比较标准的 IF/ELSE 语句。

2）在第一块的 IF 语句下面，又有一个嵌套的 IF 语句对年龄进行判断：如果年龄>=12，则执行后面的 DO 组语句，注意，这里的 DO 组经常在 IF 语句中使用，它不是后面介绍的 DO 循环语句，因为在该语句后面没有任何赋值语句。DO 组的作用是把所有的赋值语句、累加语句等放在一起，作为一个程序执行模块。同样，如果年龄>=12 不满足，则执行后面的 DO 组模块。

3）如果第一块的 IF 语句不满足条件，程序会转向判断第二块的 ELSE IF 语句，接下来的执行类似于第一块的 IF 语句。

4）如果前两个判断条件都不满足，程序会转向第三块执行 ELSE 后面的 DO 组语句。

尽管该例中已经知道 SEX 只有两个值，但是从程序严谨性角度，不能去掉最后一个 ELSE 语句，这其实也是程序员的基本功，就是程序的逻辑性和完整性永远都是开发一个没有 BUG 的程序的前提。

例 7.2　执行有效率的 IF 语句应用 1。

```
if x=1 then y=1;else
if x=2 then y=2;else
y=3;
```

有效率的原因：对每一个数据集的观测，IF-THEN/ELSE 语句只会判断一次，为真则执行，否则不执行。

无效率的 IF 语句：

```
If x=1 then y=1;
If x=2 then y=2;
If x not in(1,2) then y=3;
```

无效率的原因：对每一个数据集的观测，上面三个 IF-THEN 语句都要判断一次，一共判断三次。

例 7.3 执行有效率的 IF 语句应用 2。

```
year=year(date);
if division in(1,2,3) then flag='y';
if flag='y' and year< 1950 then adjinc=rpincome/1.25;
else if flag='y' and year< 1960 then adjinc=rpincome/1.5;
else if flag='y' and year< 1970 then adjinc=rpincome/1.75;
```

有效率的原因：由于调用 SAS 函数占用 CPU 时间，该程序整合所有可能出现函数 year()的位置，并通过赋值语句 year=year(date)计算结果，下面所有用到 year()函数的地方直接调用 year 数值即可，节约了程序运行时间。

无效率的 IF 语句：

```
if division in(1,2,3) and year(date)< 1950 then
adjinc=rpincome/1.25;
else if division in(1,2,3) and year(date)< 1960 then
adjinc=rpincome/1.5;
else if division in(1,2,3) and year(date)< 1970 then
adjinc=rpincome/1.75;
```

无效率的原因：SAS 调用函数的代价非常大，主要是占用 CPU 运行时间，而上面的程序会频繁使用 SAS 函数 year()，故运行效率相对较低。

例 7.4 执行有效率的 IF 语句应用 3。

```
if status1=1 then
if status2=5 then
if status4=9 then output;
```

有效率的原因：如果 DATA 步包含一个序列的 IF-THEN 语句，只要其中有一个 IF 条件为假，则程序将不再执行下面的 IF 语句。

无效率的代码：

```
if status1=1 and status2=5 and status4=9 then output;
```

无效的原因：由于没有使用序列 IF-THEN 语句，程序需要判断所有 3 个条件是否为真，这显然是低效的。

例 7.5 执行有效率的 IF 语句应用 4。

```
if status in (1,5,8,9) then newstat="single";
else newstat="not single";
```

有效率的原因：对包含在 IN 算符里面的表达式，只要有一个为真，则 SAS 就执行后面的语句。

无效率的代码：

```
if status=1 or status=5 or status=8 or status=9 then
newstat="single";
else newstat="not single";
```

无效率的原因：即便 IF 语句中有一个为真，SAS 仍然还判断后面的其他条件是否为真，这显然没有效率。

7.1.2 SELECT 语句

SELECT 语句也是个判断语句，功能类似于 IF/ELSE 语句，语法格式如下：

```
SELECT <(select-expression)>;
WHEN-1 (when-expression-1 <..., when-expression-n>) statement;
 <... WHEN-n (when-expression-1 <..., when-expression-n>) statement;>
<OTHERWISE statement;>
END;
```

选项说明见表 7-2。

表 7-2 SELECT 语句选项说明

选　项	说　明
select-expression	选择表达式
when-expression	有效的 SAS 表达式
statement	可执行的 SAS 语句

如果 select-expression 出现，系统首先计算 select-expression 和表达式 when-expression 的值，然后对这两个值进行比较：如果比较结果为真，则执行 WHEN 后面的语句，否则执行下一个 WHEN 语句，继续比较。如果不止一个 WHEN 语句为真，则只执行第一个为真的 WHEN 语句。如果比较结果都不为真，则执行 OTHERWISE 语句，如果没有 OTHERWISE 语句，则系统在日志窗口发布一个错误信息。

如果没有 select-expression，则系统直接计算 when-expression：如果计算结果为真，执行 WHEN 后面的语句，否则继续执行下一个 WHEN 语句，如果不止一个 WHEN 语句为真，则只执行第一个为真的 WHEN 语句。如果 WHEN 语句都不为真，则执行 OTHERWISE 语句，如果没有 OTHERWISE 语句，则系统在日志窗口发布一个错误信息。

几点说明：

- 在没有 select-expression 的情况下，SELECT 语句功能类似于 IF-THEN/ELSE 语句。
- 如果 select-expression 只含变量，则 WHEN 语句中最好只放该变量的值，而不放表达式。
- 如果 select-expression 不出现，则 WHEN 语句中最好只放表达式，不放变量值。
- 不像 IF-THEN/ELSE 语句，SELECT 语句一般对等概率事件做判断。

例 7.6 一个简单的 SELECT 语句。

```
select ;
    when (a=1) x=a*10;
    when (a=2);
    when (a in(3,4,5)) x=a*100;
    otherwise;
end;
```

程序解读：

该程序对变量 a 的取值分四种情况执行 SELECT。

1）如果 a＝1 则执行 x=a*10；

2）如果 a＝2 则不执行任何语句；

3）如果 a＝3,4,5 则执行 x=a*100；

4）如果 a 值不等于 1,2,3,4,5 中的任何一个，则不执行任何语句。

该程序的等价 IF 语句代码如下：

```
If a=1 then x=a*10;else
If a=2 then x=.;else
If a in(3,4,5) then x=a*100;
Else x=.;
```

但是如果在原数据集中发现变量 a 是一个近似等概率分布，则最好使用 SELECT 语句。

例 7.7 使用 DO 组。

```
select (payclass);
    when ('monthly') amt=salary;
    when ('hourly')
        do;
            amt=hrlywage*min(hrs,40);
            if hrs>40 then put 'check timecard';
        end;
    otherwise put 'problem observation';
end;
```

程序解读：

类似上例，只是有两点不同。

1）SELECT 语句后跟变量，故在 WHEN 语句中只用变量值。

2）WHEN 条件成立时用 DO 组处理多个需求，而不是一个需求。

例 7.8 拉直数据集。

```
libname chapt6 'f:\data_model\book_data\chapt6';
data fishdata4;
    set chapt6.fishlength(keep=location date _name_ measurement);
    by location date;
    array tr[1:4] length1-length4;
    retain length1-length4;
    if first.date then do i=1 to 4;
        tr(i)=0;
    end;
    select(_name_);
      when ('length1') length1=measurement;
      when ('length2') length2=measurement;
      when ('length3') length3=measurement;
      when ('length4') length4=measurement;
      otherwise;
    end;
    if last.date;
    keep location date length1-length4;
run;
```

程序解读：

该例用到了 6.3 节的数据集 fishlength。在 6.3 节使用了 DO 循环语句拉直数据集 fishlength，上例代码无论是结果还是程序运行效率都和 6.3 节的 DO 循环一样，但相比而言，DO 循环代码更简练。

例 7.9 一些“错误”的 SELECT 语句见表 7-3。

表 7-3 一些“错误”的 SELECT 语句

创建测试数据集	程序 1	程序 2

data a;
input x @@;
cards;
0 2 3
;
run;
	data b1;
	set a;
	select(x);
	when (x=0) y=1;
	when (x=2) y=2;
	otherwise;
	end;
	run;
		data b2;
		set a;
		select ;
		when (1) y=1;
		when (2) y=2;
		otherwise;
		end;
		run;

与其说上面两个程序是“错误”的，不如说程序运行的结果不是想要的。

程序 1 解读：

1）程序读取数据集 a 第一条观测 x=0，接下来执行 SELECT 语句，SELECT(x)语句返回的结果是 0，接下来执行第一个 WHEN(x=0)语句，由于 0=0，所以返回布尔值 1，然后比较 SELECT 语句返回的结果 0 和第一个 WHEN 语句返回的结果 1，显然 0<>1，故不执行 y=1 语句。继续执行第二个 WHEN(x=2)语句，由于 0<>2，所以返回布尔值 0，同样比较

SELECT 语句返回的结果 0 和第二个 WHEN 语句返回的结果 0，显然 0=0，于是执行 y=2，接下来不执行 OTHERWISE，执行 END，执行 RUN，输出第一条观测，并且 y=2。返回 DATA 步开头，继续下一次操作。

2）接下来读入数据集 a 的第二条和第三条观测，操作原理同上面一样，系统最后返回 y 值除第一条观测 y=2 外，其余都是缺失值。

程序 2 解读：

1）程序读取数据集 a 第一条观测 x=0，接下来执行 SELECT 语句，SELECT 语句后面没有任何表达式，系统直接执行第一个 WHEN 语句，when (1)就相当于 IF 1，显然为真，系统返回 y=1，接下来执行 when (2)，当然也为真，根据 SELECT 语句的原则，只能使用第一个 WHEN 语句结果，于是 y=1，系统结束第一次读观测，并输出结果，返回 DATA 步开头，继续下一次操作。

2）显然，第二次读入结果还是和第一个结果一样，因为无论怎样，when (1)始终都是真的。最终读完整个数据集 a，y 值都等于 1。

“错误”程序总结：开发出上面这两种程序应该不是开发者的初衷，显然是没有理解 SELECT 语句的内涵所致。因此请读者仔细理解上面几点说明中的第二和第三点。

7.2 DO 语句

在前面的多个章节特别是 ARRAY 语句章节，已经多次用到了 DO 循环语句，本节将详细介绍 DO 语句及应用。

DO 语句包含 5 类：

- DO 组语句。
- DO 循环语句。
- DO WHILE 语句。
- DO UNTIL 语句。
- DO OVER 语句。

7.2.1 DO 组语句

语法格式：

```
DO;
  执行程序块;
END;
```

DO 组经常和 IF-THEN/ELSE 语句连用。注意 DO 组语句不是循环语句，程序执行完 END 语句后会继续往下执行其他语句。

例 7-10　在 IF-THEN/ELSE 语句中使用 DO 组语句。

```
if x ge 5 then do;
y=x*5;
put x=;y=;
```

```
end;
z=x+1;
```

程序解读：

请参见 IF-THEN/ELSE 语句。

7.2.2 DO 循环语句

语法格式：

```
DO index-variable=specification-1 <, . . . specification-n>;
  执行语句块;
END;
```

语法说明：

1．index-variable（下标变量）

定义下标变量名，它的值用以控制 DO 组的执行次数。

在 DO 循环语句内应避免改变下标变量的值。

2．specification 选项

```
start <TO stop> <BY increment> <WHILE(expression) |UNTIL(expression)>
```

当使用多个 specification 选项时，每一项对应的下标变量在执行前被计算。

（1）start（开始值）

规定下标变量的开始值。当同 TO stop 一起使用时，start 必须是一个数值或产生数值的表达式。当没有使用 TO stop 时，start 可以是下面的形式：

```
item-1 <, . . . item-n >;
```

这些项或者全部是数值，或者全部是字符常数，也可以是变量。字符常数需要用括号括起来。在上面的列表中的每一个值，DO 组被执行一次。例如：

- do month='JAN','FEB','MAR';
- do count=2,3,5,7,11,13,17；
- do i=5；
- do i='01JAN2001'd,'25FEB2001'd,'18APR2001'd；
- do i=var1, var2, var3；

（2）TO stop（终止值）

规定下标变量的终止值。Stop 可以是数值或产生数据的表达式。

- 当 start 和 stop 都规定时，系统连续执行（根据增量 increment 的值）直到下标变量 index-variable>stop 为止。
- 当只规定 start 和 increment 时，连续执行（根据增量 increment 的值）直到 DO 循环内的某个语句指示执行循环外的语句；或者直到 DO 语句规定的 WHILE 或 UNTIL 语句后面的表达式满足。

- 如果 stop 和 increment 都没有规定，那么 DO 组根据 start 的值执行。

下面是一些例子：

- do i=1 to 10；
- do i=1 to exit；
- do i=1 to x-5；
- do i=1 to k-1, k+1 to n；
- do i=k+1 to n-1；

（3）BY increment（增量）

规定 DO 循环的步长。Increment 的值在循环执行之前被计算。例如：

- do i=n to 1 by –1；
- do i=.1 to .9 by .1, 1 to 10 by 1；
- do i=20 to 100 by 10；
- do count=2 to 8 by 2；

以最后一个语句为例，下标变量 count 依次执行 2，4，6，8，但是由于 increment 在执行前被计算，因此尽管程序执行 4 次，但是最后 count 却以值 10 退出循环。可以通过以下语句查看：

```
Do count=2 to 8 by 2;put count=;end;
```

如果增量没有规定，下标变量默认以 1 作为增量。

（4）WHILE(expression) |UNTIL(expression)（表达式）

WHILE 语句在每次执行循环之前被计算。DO 循环语句仅当表达式为真才被执行。UNTIL 在每次执行循环后被计算。DO 循环语句一直被执行直到 UNTIL 为真。例如：

- do i=1 to 10 while(x<y)；
- do i=2 to 20 by 2 until((x/3)>y)；
- do i=10 to 0 by -1 while(month='JAN')；

例 7.11 用 DO 循环产生数据集。

```
data a;
  do i=1 to 100;
  x=normal(0);
  output;
  end;
run;
```

例 7.12 一个简单的迭代例子。

```
data a;
  total=0;
  do n=1 to 100;
  total=total+n;
  end;
run;
```

7.2.3 DO WHILE 语句

DO WHILE 语句使得当条件成立时重复执行 DO 组中的这些语句。其语法格式为：

```
DO WHILE (expression);
  执行程序块;
END;
```

其中 expression 是任意有效的 SAS 表达式。它在执行 DO 组内的执行语句块之前被计算。如果表达式是真的，则下面的语句块被执行。例如：

```
n=0;
do while(n<5);
put n=;
n+1;
end;
```

7.2.4 DO UNTIL 语句

DO UNTIL 语句连续执行 DO 组中的语句块直到 UNTIL 条件为真时退出循环。DO UNTIL 语句计算表达式是在循环之后而不是在循环之前。因此，DO 循环中的执行语句块至少被执行一次。其语法格式为：

```
DO UNTIL (expression);
  执行程序块;
END;
```

其中 expression 是任意有效的 SAS 表达式。它在执行 DO 组内的执行语句块之后被计算。如果表达式是真的，则下面的语句块停止执行。例如：

```
n=0;
do while(n<5);
put n=;
n+1;
end;
```

例 7.13 产生 T 分布分位数。

```
data quantile;
  do p=0.01,0.05;
  df=1;
  do until (df>10);
  left=tinv(p/2,df);
  right=tinv((1-p/2),df);
  output;
  df=df+1;
```

```
    put df=;
    end;
    end;
run;
```

程序解读：

该例根据常用的两个 P-VALUE 产生自由度从 1 到 10 的 T 分布对应的所有分位数。

7.2.5 DO OVER 语句

用户可以用 DO OVER 语句对隐含下标数组元素执行 DO 循环里面的语句块。

其语法格式为：

```
DO OVER array-name;
  执行程序块;
END;
```

其中 array-name 是前面已经用隐含下标 ARRAY 语句定义的数组。

DO OVER 语句对每一个数组元素自动无条件的执行 DO 循环里面的执行语句块，除非另外有规定，否则它等价于下面这个语句：

```
do i=1 to k;
```

其中 i 是这个数组的下标变量，k 是数组元素的个数，其实也就是数组对应的变量个数。

例 7.14 求最大值对应的变量。

```
data a;
  input v1 v2 v3 @@;
  cards;
  1 2 3 1 4 3 5 2 4
data b;
  set a;
  _tem=max(of v1-v3);
  array arr v1-v3;
  do over arr;
  if arr=_tem then v4=vname(arr);
  end;
  drop _tem;
run;
```

程序解读：

1）数组 arr 是隐含下标数组，隐含变量 i，数组对应元素个数有 3 个，故 do over 语句循环三次。

2）Vname 函数对返回最大值的变量_tem 找到对应的变量名。

7.2.6 商业实践

循环控制语句在商业实践中的应用可以说无处不在，特别是面对非常复杂多变的需求时，循环控制语句就会体现其强大。下面列举几例说明。

例 7.15 DO 循环语句求移动平均。

```
libname ch7 'f:\data_model\book_data\chapt7';
proc sort data=ch7.smooth;by cid month;run;
data smooth;
     set ch7.smooth;
     by cid;
     array lags(12);
     lags(1)=lag(balance);
     do i=2 to 12;
     lags(i)=lag(lags(i-1));
     end;
     do j=12 to 2 by -1;
     if j gt cns then lags(j)=.;
         put j=;
     end;
     if first.cid then do
         cns=0;
         do i=1 to 12;lags(i)=.;
         end;
     end;
     cns+1;
mean6=mean(of lags1-lags6);
mean12=mean(of lags1 - lags12);
/*drop i j;*/
run;
```

需求如下：

（1）cid 表示客户号，要求计算每个客户在每个月前 6 个月和前 12 个月移动平均余额。

（2）月份是从开户月至销户月，是连续的，但是可能会有余额值的缺失。

（3）如果不足 6 个月，则按照实际的月数求移动平均。如客户 1 在 200001 之前没有开户，所以没有余额，那么 200001 的 6 个月的移动平均就是空；在 200002 要求 200001 的平均余额；在 200003 要求 200001 到 200002 的平均余额；200007 要求 200001 到 200006 的平均余额；200109 要求 200103 到 200108 的平均余额。12 个月的平均余额依此类推。

（4）客户 2 的计算逻辑相同。如第 1 个月的移动平均是空；第 2 个月是第 1 个月的平均；以此类推。

（5）平均数的逻辑采用与 SAS 的 mean 函数逻辑完全一致的方式，即需要去除缺失值。

程序解读：

1）DATA 步主体程序包括三块：前 2 个是 DO 循环模块；第 3 个是 FIRST 变量模块。

2）第 1 个 DO 循环模块：首先利用 lags(1)=lag(balance)初始化第一个数组元素值，接下来的 DO 循环利用迭代法产生每一个数组元素相对于前一个数组元素的一阶滞后值。

3）第 2 个 DO 循环模块：主要目的是消除由于在迭代过程中前面的客户号产生的滞后值，消除的方法是用一个步长为-1 的 DO 循环下标 J 变量和一个累加器 CNS 作比较。如果 J>CNS 则对应的 LAGS(J)为空，这就可以消除前面客户号带来的滞后值。读者去掉该 DO 循环模块比较一下就会明白。

4）第三个 FIRST 变量模块：该模块是初始化每一个客户号的第一条观测。注意该模块语句必须放在最后，而不能放在 BY 语句后面。原因也是因为 LAG()函数的关系。

例 7.16 DO WHILE 语句和 SET/SET 语句结合使用。

```
libname ch7 'f:\data_model\book_data\chapt7';
proc sort data= ch7.madrid;by fltdate;run;
proc sort data= ch7.rates;by bdate edate;run;
data euros;
    set ch7.madrid;
    do while (not (bdate le fltdate le edate));
        set ch7.rates;
    end;
    reveuros = revtotal*rate;
run;
```

需求如下：

某公司若干航班每天都有对应的利润，但是由于季节不同，公司可能需要在不同的季节实施不同的打折策略，因此实际的利润应该是打折以后的利润。现在根据不同季节提供的打折率（表 RATES），计算实际利润（表 Madrid）是多少？

该需求完全可以用 SQL 过程完成，对应代码如下：

```
libname ch7 'f:\data_model\book_data\chapt7';
proc sql;
  create table euros2 as
  select
  flightid, fltdate
  , revtotal, bdate
  , edate, rate
  , revtotal*rate as reveuros
  from ch7.madrid as a
  join ch7.rates as b
  on bdate le fltdate le edate
  ;
quit;
```

但是 SQL 语句对应这种近乎笛卡儿乘积的数据效率是非常低的，尤其对于大数据量的时候更是如此。因此必须选用一种效率较高的程序取而代之，DATA 步的 SET/SET 语句是一个非常好的选择。

程序解读：

由于打折和日期密切相关，和航班号无关，因此首先对两个表里面的日期变量进行排序，然后进入 DATA 步程序。由于该需求的 DATA 步稍微有点复杂，在此先给出程序运行的一个流程图，如图 7-1 所示。

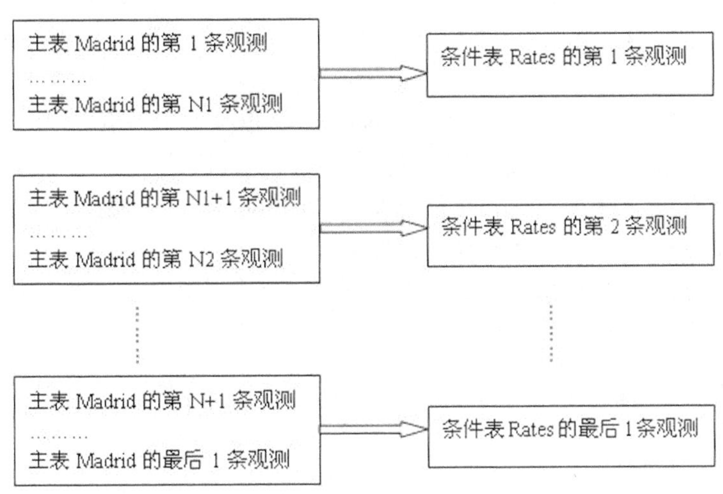

图 7-1　SET/SET 语句和 DO/WHILE 语句的综合应用

1）程序编译后，PDV 含有 7 个显性变量，它们是：flightid，fltdate，revtotal，bdate，edate，rate，reveuros，同时这 7 个变量初始化值都为缺失值。

2）接下来，系统读取表 madrid 第 1 条观测，然后进入 DO 循环语句。由于 fltdate= 01MAR2005，而此时程序还未执行到表 rates，故 bdate 和 edate 都是缺失值。在 SAS 系统中，缺失值比较大小时会比非缺失值小，所以 bdate le fltdate le edate 条件为假，注意：bdate le fltdate le edate 等价于（bdate le fltdate）and （fltdate le edate）。于是 not（bdate le fltdate le edate）条件为真。故系统执行 DO 循环里面的语句块。

3）在该语句块里面，第二个 SET 语句会产生另外一个数据指针，该指针指向表 rates 第 1 条观测 bdate= 01MAR2005，edate= 07MAR2005，rate= 0.76。程序继续执行 END 语句，并返回 DO 语句。

4）接下来，再次判断 WHILE 条件 not (bdate le fltdate le edate) and (pnt+1<=obs)，由于 01MAR2005<=01MAR2005<=07MAR2005 条件为真，故 not(01MAR2005<=01MAR2005 <=07MAR2005)为假。程序跳出 DO WHILE 循环，继续执行后面的语句 reveuros = revtotal*rate，得到表 madrid 第 1 条观测对应航班号的打折后利润值。系统执行 RUN 语句，返回 DATA 步开头。

5）返回 DATA 步开头后，PDV 清空表 madrid 所有的变量值，并充值为 0。但是不会清空表 rates 所有变量的值，因为表 rates 数据指针仍然停留在第 1 条观测上，且程序还未执行第 2 个 SET 语句。

6）接下来，系统读取表 madrid 第 2 条观测，然后进入 DO 循环语句。由于 fltdate= 01MAR2005，而 bdate= 01MAR2005，edate= 07MAR2005，故 DO 循环 WHILE 条件不成

立，系统再次计算 reveuros =revtotal*rate。然后执行 RUN 语句，返回 DATA 步开头。

7）依次下去，直到系统读完表 madrid 前 42 条观测，表 rates 的数据指针一直停留在第 1 条观测。

8）当系统读到 madrid 第 43 条观测时，情况类似于第 2 步，系统会根据 DO WHILE 条件判断，并在判断后使得表 Rates 的数据指针指向第 2 条观测。如此下去，直到表 madrid 和 rates 数据全部读完为止。

读者结合上面的数据指针流程图来学习上面的八个步骤效果会更好。

可以大概估算一下 SQL 和 SET/SET 语句所需要的执行次数：

- SQL：基于笛卡儿乘积，一共执行 186×10=1860(次)；不过，系统可能会做些优化查询，但是这个数据不会有根本性的变化。
- SET/SET：基于 DO WHILE 判断和指针优化，一共执行 186+10=196(次)。

例 7.17 DO UNTIL 语句求解方程。

```
data _null_;
   start=1;
   end=2;
   do until(range(start,end) le 0.0001);
   y1=log(start)+start-1.5;
   temp=(start+end)/2;
   y2=log(temp)+temp-1.5;
   y3=log(end)+end-1.5;

   if y1*y2<0 then do; end=temp;end;
   else if y1*y3<0 then do;start=temp;end;

   put y1=;
   put y2=;
   put y3=;
   put start=;
   put temp=;
   put end=;
   end;
   final_value=(start+end)/2;
   put start=;
   put end=;
   put final_value;
run;
```

程序解读：

这里利用二分法求解方程 LN(X)+X-1.5=0 在(1,2)内的值。有关二分法的算法请读者参考数值算法教程。本例中收敛条件为 0.0001，该值可以设为参数。

例 7.18 DO OVER 做缺失值填充。

```
data a;
input x y$ z$ m;
```

```
cards;
. . . 1
1 a b 4
;
data b;
  set a;
  array char _character_;
  array numr _numeric_;
  do over char;
  if char eq "" then char="null";
  end;
  do over numr;
  if numr eq . then numr=0;
  end;
run;
```

程序解读：

该程序实现把所有含缺失值的数值型变量填充为 0，字符型变量填充为非空。通过两个隐含下标数组实现。

7.3 各种控制语句

控制语句会使得程序跳过某些其他语句而去执行或者是前面指定的语句，或者是后面指定的语句。主要包括 GO TO 语句、LINK 语句、CONTINUE 语句、LEAVE 语句和 RETURN 语句。

7.3.1 GO TO 语句

GO TO 语句使得 SAS 程序立即跳转到 GO TO 语句所指示的那个语句，并从该语句开始执行后面的语句。GO TO 语句和指定的目标语句必须在同一个 DATA 步。GO TO 语句和目标语句之间用冒号隔开。

语法格式：

```
GO TO:;
```

例 7-19 GO TO 应用举例。

```
data info;
   input x @@;
   if 1<=x<=5 then go to add;
   put x=;
   add: sumx+x;
   datalines;
4 2 323
;
run;
```

程序解读：

在条件<=x<=5 满足时跳过中间的 PUT 语句，执行后面的标号语句 add，该标号语句执行一个累加语句。标号语句的含义并非条件不满足就不执行，而是继续执行，不执行的是介于 IF 语句和标号语句之间的所有语句，故上面的代码等价的形式如下：

```
data info;
    input x @@;
    if x<1 or x>5 then do;
    put x=;
    end;
    sumx+x;
    datalines;
4 2 323
;
run;
```

在商业实践中，应尽量避免使用 GO TO 语句，而用其他等价语句替代。

7.3.2 CONTINUE 语句与 LEAVE 语句

1．CONTINUE 语句

CONTINUE 语句停止 DO 循环中的当前循环，跳转到 DO 语句继续执行下一次循环。

语法格式：

```
CONTINUE;
```

例 7.20　CONTINUE 应用举例。

```
data a;
  do i=1 to 20;
  sumx+i;
  if sumx le 15 then continue;
  output;
end;run;
```

程序解读：

系统对输入观测如果满足条件 sumx le 15 则执行 CONTINUE 语句，显然在执行 CONTINUE 语句时并没有任何输出，只有当 sumx le 15 条件不满足时，系统才执行 output 语句，故最后输出结果是最后 15 条观测。

2．LEAVE 语句

LEAVE 语句跳出当前 DO 循环或 SELECT 组，继续执行后面的 DATA 步。

语法格式：

```
LEAVE;
```

例 7.21　LEAVE 应用举例。

```
data a;
  do i=1 to 10;
  sumx+i;
  if sumx gt 15 then leave;
  output;
  end;
run;
```

程序解读：

类似 CONTINUE，系统每次 DO 循环都判断条件 sumx gt 15，一旦条件满足就退出 DO 循环，故最后结果只输出前 5 条观测。

例 7.22　LEAVE 语句同 SELECT 语句共同使用。

```
data a;
  set sashelp.class;
  select ;
  when (sex='M') do;
  if weight ge 100 then leave;
  y=1;
  end;
  when (sex='F') y=2;
  otherwise;
  end;
run;
```

程序解读：

例中在条件 weight ge 100 满足时，将退出 DO 语句，执行下一个 WHEN 语句，结果可以看出 y 变量值为空，原因是其对应的变量在 sex='M'的大前提条件下 weight>=100。

CONTINUE 语句与 LEAVE 语句的区别是：

- CONTINUE 停止当前循环继续下一次循环。
- LEAVE 跳出当前循环执行下一个 SAS 语句。
- CONTINUE 语句只能用在 DO 循环中。
- LEAVE 语句可以同 DO 循环或 SELECT 语句共使用。

7.3.3　RETURN 语句

RETURN 语句使得 SAS 系统停止当前位置上的执行语句，返回到一个特定的位置上继续执行。特定位置包括：

- 在 LINK 语句后面，RETURN 语句使得 SAS 系统返回到 LINKE 语句后面的语句，并继续往下执行。
- 在 FILE 语句的选项 HEADER=中，RETURN 语句使得 SAS 系统返回到开始新页之前执行的最后一个语句后面的语句，并继续执行。
- 在 DATA 步的其他地方，RETURN 语句使得 SAS 系统返回到 DATA 步开头。

在商业实践中，最后一种情况最为常见，本节也只介绍最后一种情况。

语法格式：

```
RETURN;
```

例 7.23　RETURN 语句与 IF-THEN 语句共同使用。

```
data a;
  input x y z;
  if x=y then return;
  s=y+z;
  cards;
  1 2 3
  2 2 3
  ;
run;
```

程序解读：

当 x=y 时，RETRUN 语句被执行，默认情况下，系统添加该观测到数据集 a，程序返回到 DATA 步开头，而 IF 后面的赋值语句 s=y+z 没有被执行。当 x<>y 时，RETURN 语句没有被执行。程序执行 s=y+z 语句，并添加一条观测到数据集 a，程序返回到 DATA 步开头。

如果该例在 RETURN 后面加上 OUTPUT 语句，则系统不会输出第 2 条观测。因为对于第 2 条观测，x=y 条件满足，系统直接执行 RETURN 语句，由于 RETURN 语句会使程序跳转到 DATA 步开头，因此没有执行 OUTPUT 语句。由 5.1 节可知，在 OUTPUT 语句和 RUN 语句同时存在的程序中，系统只会执行 OUTPUT 语句输出观测，RUN 语句的隐含输出功能被取消。现在既然未执行 OUTPUT 语句，当然也就没有观测输出到数据集。

例 7.24　RETURN 语句与 DO 循环语句共同使用。

```
data a;
input a b c @@;
do x=1 to 5;
ax=a*x;
if ax>b then return;
output;
end;
cards;
1 2 3 2 6 8
;
run;
```

程序解读：

由于该程序 DO 循环语句包含了 OUTPUT，一个输入数据行最多可以生成 5 条观测。在 DO 循环里面，如果 ax>b，系统执行 RETURN 语句，如果没有 OUTPUT 语句，系统将返回 1 条观测，但是由于存在 OUTPUT 语句，系统不再隐含地执行 RUN 语句，故没有输出观测，因为在 ax>b 条件满足时，系统并未执行 OUTPUT 语句。当 ax<=b 时，SAS 输出观测到数据集，并继续执行 DO 循环语句。

第 8 章　常用全程语句

全程语句是可以用在一个 SAS 程序脚本中的任何地方的语句。可以用于数据步，也可以用于过程步，甚至可以单独使用。全程语句非常多，本章只介绍在商业实践中最常用的几个，见表 8-1。对没有提到的全程语句，有兴趣的读者可以参考 SAS 帮助文档。

表 8-1　常用全程语句

语　句	功　能
COMMENT	作为其他 SAS 程序的一种解释或者屏蔽功能
X	发布主机操作系统命令，如 DOS 命令
LIBNAME	定义 SAS 逻辑库
FILENAME	标记一个外部文件
%INCLUDE	从外部文件等调出 SAS 语句和数据行
TITLE	输出打印的标题行
FOOTNOTE	输出打印的脚注行
OPTIONS	改变 SAS 默认的系统选项

8.1　COMMENT 语句

COMMENT 语句放在 SAS 程序的任何地方用以作为程序的说明，它并非 SAS 执行语句。有两种格式可以使用：

- *COMMENT。
- /*COMMENT*/。

例如：

- Proc sort;/*这里是对数据集进行排序*/。
- Test run;/*测试 RUN 语句*/。

可以把原来运行的程序段通过 COMMENT 屏蔽，使得在下次程序运行时不再执行该程序段，快捷方式是<CTRL+?>；如果要恢复该程序段让它继续执行，则可以用<CTRL+SHIFT+?>。

8.2　X 语句

X 语句可以执行主机操作系统的命令。

语法格式：

```
X <'host-command'>;
```

其中：

Command 规定主机操作的命令，命令必须用单引号或双引号括起来。

例 8.1 X 语句应用。

```
options noxwait;
%let t_date=%sysfunc(putn(%sysfunc(date())-2,yymmddn8.));
%let l_date=%sysfunc(putn(%sysfunc(date())-4,yymmddn8.));
x "rd \\ IP \d$\Tmart&l_date./s/q";
x "md \\ IP \d$\Tmart&t_date.";
x "copy E:\DataWarehouse\Tmart\*.*\\IP\d$\Tmart&t_date.\*.*";
x "move E:\DataWarehouse\Tmart\*.* \\ IP \d$\Tmart&t_date.\*.*";*/
```

上面列举的都是 DOS 命令操作，如删除目录命令（RD）、创建目录命令（MD）、复制目录文件命令（COPY）以及剪切目录文件命令（MOVE）等，请参考相关文档。

8.3 FILENAME 语句

FILENAME 语句用途非常广泛。该语句用一个 SAS 文件标记来联系外部文件的全名或输出设备。

用 INFILE、FILE 或%INCLUDE 语句调用 SAS 文件前，首先要使用 FILENAME 语句来定义文件。用户可以把一个文件标记同单个外部文件建立联系；也可以与包含多个外部文件的目录（如 Windows 系统下面的目录）建立联系。

文件标记和标记的外部文件之间的联系只在当前进程中有效，如果要改变这种联系，需要重新再定义一个新的 FILENAME 语句。

如果需要文件标记和外部文件之间脱离联系，执行 FILENAME CLEAR 语句即可。

语句格式：

```
建立文件标记与外部文件的联系：
FILENAME fileref <device-type> 'external-file'<options><host-options>;

清除与文件标记与外部文件的联系：
FILENAME fileref CLEAR | _ALL_ CLEAR;

建立文件标记与某个输出设备的联系：
FILENAME fileref <device-type><options> <host-options>;

列出外部文件的属性：
FILENAME fileref LIST | _ALL_ LIST;

其他常用格式：
访问电子邮件：
FILENAME fileref EMAIL <'address' ><email-options>;
访问 FTP：
FILENAME fileref FTP 'external-file' <ftp-options>;
```

```
访问 URL：
FILENAME fileref URL 'external-file' <url-options>;
```

例 8.2 输出 SAS 数据集创建单个外部文件。

```
filename out "f:\data_model\book_data\chapt8\test1.txt";
data _null_;
     set sashelp.class(keep=name sex);
     file   out dropover lrecl=32767 ;
   put name sex;
run;
```

有关 FILE 语句和 PUT 语句的说明请参考前面有关章节，在此不再赘述。

例 8.3 输入单个外部文件创建 SAS 数据集。

```
filename in "f:\data_model\book_data\chapt8\test1.txt";
data a;
     infile in missover ;
     input x $ y $;
run;
```

或者：

```
filename in "f:\data_model\book_data\chapt8\ ";
data a;
     infile in(test1.txt) missover ;
     input x $ y $;
run;
```

该 FILENAME 建立与外部文件目录的联系，在 INFILE 语句引用时，用括号把要引用的具体的外部文件括起来。

例 8.4 发送程序运行结果到 EMAIL。

```
filename outbox email
    to='sendname@company.com'
    type='text/html'
    subject='Test Subject';
ods html body=outbox /* Mail it! */;
title 'Here is title';
proc print data=sashelp.class;
run;
ods html close;
```

例中，filename 定义了一个 email 邮件，包括发送对象、发送文件类型和发送主题。然后通过 ods html 方式输出数据集 class 到指定对象的邮箱中去。

在公司内网运行该程序一般没有问题，但是如果从公司内部发送到外部邮箱，则需要经过包括公司邮件服务器在内的所有授权才能发送成功。

例 8.5 发送带附件的 EMAIL。

```
ods listing close;
ods html
file='test.html';
proc univariate data=sashelp.class;
class sex;
var weight;
histogram;
run;
ods html close;
ods listing;
filename outbox email ("name1@company.com" "name2@company.com");
data _null_;
    file outbox
        to=("name1@company.com" )
        cc=("name2@company.com" )
        subject="My SAS Output"
        attach=("test.html")
    ;
    put 'Attached is my output from the SAS';
run;
```

例中，首先生成了 HTML 文件 test，然后定义一个外部文件标记 outbox，最后在 DATA 步中通过 attach 选项发送附件，附件名为 test.html。

例 8.6 抓取某个网页的源代码。

```
filename ws url "http://www.sas.com";
data sas;
  infile ws length=len lrecl=4000;;
  input record $varying4000. len;
run;
```

例中，通过定义一个外部链接地址，将 SAS 门户网站的源代码捕获，并导入到 SAS 数据集 SAS 中去。在 Web 文本挖掘中，该类型的 FILENAME 定义经常被用到。

8.4 %INCLUDE 语句

%INCLUDE 语句用以调用 SAS 程序脚本、SAS 代码、外部文件、数据行。语法格式：

```
%INCLUDE source(s)</<SOURCE2> <S2=length> <host-options>>;
```

选项说明见表 8-2。

表 8-2 %INCLUDE 语句选项说明

source(s)	规定要访问的原始资料
source2	规定 LOG 窗口显示调用的原始资料
S2=length	规定调入记录行的长度
host-options	规定主机特有选项

SOURCES 可以访问的原始资料包括：

- 外部文件。
- 外部 SAS 程序。
- 键盘输入的数据行。

%INCLUDE 语句本质上是一个程序块，SAS 系统只是为了简化编程过程而开发了此语句。

例 8.7 直接调用一个 SAS 程序。

```
%include "f:\data_model\book_data\chapt8\inc.sas";
```

执行该语句，等价于批处理方式执行程序 inc.sas。

例 8.8 用文件标记调用 SAS 程序。

```
filename sasf "f:\data_model\book_data\chapt8\inc.sas";
%include sasf;
```

效果和上例完全一样。

例 8.9 一次调入多个 SAS 程序。

```
filename sasf "f:\data_model\book_data\chapt8\";
%include sasf(inc.sas,inc2.sas);
```

调入多个文件时，文件之间必须用逗号隔开。

例 8.10 导入一个建模打分文件。

```
libname ch3 " f:\data_model\book_data\chapt3";
filename fb " f:\data_model\book_data\chapt3\score";
data score;
  set ch3.fitness;%include fb;
run;
```

程序解读：

这里把 3.7 节打分文件作为导入打分文件，给一个新数据集做打分预测（这里为简便起见，仍然用了原来的 fitness 数据集）。

8.5 TITLE 语句

TITLE 语句用于打印 SAS 输出文件和其他 SAS 输出的标题。每一个 TITLE 语句规定一条标题行，最多可以规定 10 个标题行。语法格式：

```
TITLE <n> <'text' | "text">;
```

其中：

- n 紧跟在 TITLE 后面（不能有空格！），用来规定标题的级别。
- text 定义标题内容。

例 8.11 同时列出三级标题。

```
title1 "here is title1";title2 "here is title2";title3 "here is title3";
data a;
x=1;
proc print;run;
```

例 8.12 取消所有标题内容。

```
title;
```

8.6 FOOTNOTE 语句

FOOTNOTE 语句规定在每页底部输出一些脚注行。最多生成 10 个脚注行。语法格式：

```
FOOTNOTE<n > <'text' | "text">;
```

选项含义类似 TITLE 语句。

例 8.13 取消 3 级以后所有的脚注行。

```
footnote3;
```

第9章 输出控制

本章介绍 SAS 系统控制输出方法。SAS 系统的输出是执行 SAS 程序的结果。主要包括如下内容：

- LOG（日志窗口）：主要输出程序运行过程中产生的日志。
- OUTPUT（输出窗口结果）：主要是 SAS 过程步运行产生图表结果。
- GRAPH（图形窗口）：主要是 SAS 过程步运行产生的图形结果。

SAS 这三个结果只能在 SAS 系统内看到，但实际上往往需要 SAS 系统与外部其他系统进行数据交换，例如想把运行结果输出到 Excel，或者想把运行表结果变成 SAS 数据集等，都需要 SAS 另外一个重要输出控制方法 ODS（输出文件系统）来控制。本书将重点介绍日志输出控制、输出窗口结果控制和常用 ODS 输出控制。结果（包括输出窗口结果、日志窗口结果和 SAS 数据集）、控制方法及输出文件格式三者之间关系如图 9-1 所示。

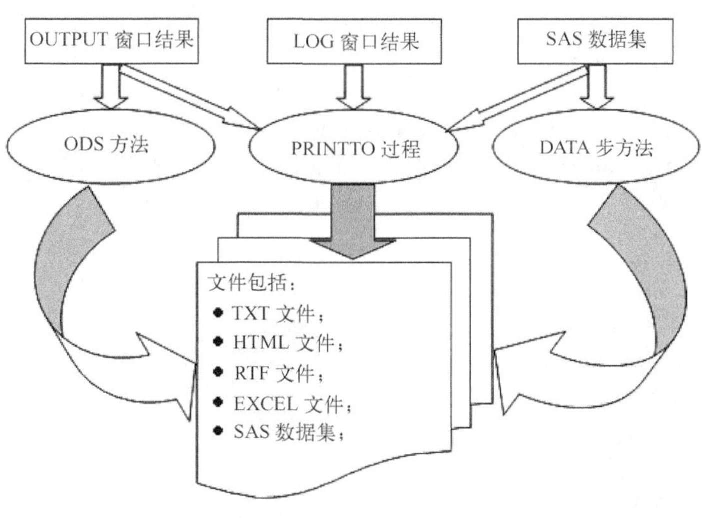

图 9-1 输出控制流程图

其中：在输出文件格式中，除了 DATA 步和 PRINTTO 过程步主要输出 TXT 文件外，其余文件格式均由 ODS 方法产生。

9.1 LOG 窗口输出控制

一般情况下，日志输出在 LOG 窗口。SAS 日志可以输出的地点包括：

- 终端。
- 外部文件。

- 打印机。

使用 PRINTTO 过程可以改变日志输出地点。

例 9.1　将日志输出到外部文件。

```
proc printto log= "f:\data_model\book_data\chapt9\newlog.txt"; new;
proc print data=sashelp.class;
proc printto;run;
```

例 9.1 中，选项 NEW 表示替换文件 newlog.txt 原有的内容。不要忘记最后一个语句，它使得系统重新回到默认的输出到 SAS 日志窗口状态。

如果需要将日志内容 APPEND 到一个外部文件，则需要去掉 NEW 选项。

9.2　OUTPUT 窗口输出控制

一般情况下，运行结果输出在 OUTPUT 窗口，SAS 运行结果可以输出的地点包括：

- 终端。
- 外部文件。
- 打印机。

使用 PRINTTO 过程可以改变运行结果输出地点。

例 9.2　输出 SAS 数据集到外部文件。

```
filename routed ' f:\data_model\book_data\chapt9\sasdata.txt';
proc printto print=routed new;run;
proc printto;run;
```

例 9.3　输出 OUTPUT 运行结果到外部文件。

```
filename outp ' f:\data_model\book_data\chapt9\output.txt';
proc printto print= outp new;run;
proc freq data=sashelp.class;
tables sex;
run;
proc printto;run;
```

9.3　常用 ODS 输出控制

ODS 最主要的功能是控制 SAS 的输出结果。其功能主要包括：

- 操控 OUTPUT 窗口。
- 操控 RESULT 窗口。
- 操控 GRAPH1 窗口。
- 记录每一个输出对象的名称。
- 选择 OUTPUT 窗口结果输出。

- 将输出 OUTPUT 窗口结果转换成 SAS 数据集、其他格式文件。
- 查询、组织和管理输出对象。

ODS 输出目标、输出对象的说明见表 9-1。

表 9-1 ODS 输出目标（管道）、输出对象说明

输出目标（管道）	含　义
LISTING	字符文本在 OUTPUT 窗口显示、图形在 GRAPH1 窗口显示
RESULTS	输出结果在结果窗口显示
OUTPUT	把 OUTPUT 窗口的显示内容（输出对象）转换成 SAS 数据集
HTML	把 OUTPUT 窗口的显示内容（输出对象）转换成 HTML 文件
CSVALL	把 OUTPUT 窗口的显示内容（输出对象）转换成含有逗号的标记语言文件
RTF	把 OUTPUT 窗口的显示内容（输出对象）转换成 RTF 文件
PDF	把 OUTPUT 窗口的显示内容（输出对象）转换成 PDF 语言文件
其他第三方格式	对应的第三方格式文件
输 出 对 象	**含　义**
由 SAS 过程步创建	一个输出对象的属性主要包含对象名称、对象属性、对象标签和对象路径

先来看一个简单的例子：

```
ods listing close;
ods html file= "f:\data_model\book_data\chapt9\test.html";
proc univariate data=sashelp.class;
  var weight;
run;
ods html close;
ods listing;
```

程序解读：

该程序实现把数据集 class 在过程步 univariate 产生的所有结果输出到文件 test.html 中。

1）第 1 句 Ods listing close：关闭默认的输出管道 listing，否则输出结果也会同时在 OUTPUT 窗口显示。

2）第 2 句 Ods html file…：指定输出的目标路径文件。

3）第 3 部分是程序主体，这里是一个 univariate 过程步。

4）第 4 句 Ods html close：关闭 HTML 输出管道。

5）第 5 句 Ods listing：打开默认输出管道 OUTPUT 窗口。

最终会在指定的目录下找到 test.html 文件。

9.3.1 ODS LISTING

LISTING 是系统默认的过程步输出管道。有两种 LISTING 输出窗口：

- 字符文本在 OUTPUT 窗口显示。
- 图形在 GRAPH1 窗口显示。

语法格式：

```
ODS LISTING <action>;
ODS LISTING <DATAPANEL=number | DATA | PAGE > <FILE=file-specification>;
```

选项说明见表 9-2。

表 9-2　LISTING 目标选项说明

选　项	子　项	说　明
ACTION	CLOSE	关闭输出目标
	EXCLUDE exclusion(s)| ALL | NONE	从 LISTING 目标中排除输出对象
	SELECT selection(s) | ALL | NONE	从 LISTING 目标中选择输出对象
	SHOW	显示当前 LISTING 中排除或选择的目标
DATAPANEL	NUMBER	指出每一面板中的观测数
	DATA	根据面板大小在内存中调整
	PAGE	默认设置
FILE	file-specification	文件标识

例 9.4　测试 LISTING 管道关闭和打开状态。

```
ods listing close;
proc print data=sashelp.class;
run;
ods listing;
```

程序解读：

运行 CLOSE 后，下面的 PRINT 过程步不会有任何输出结果到 OUTPUT 窗口。最后一个语句又重新打开 OUTPUT 窗口，如果再次运行 PRING 过程，这时输出结果会在 OUTPUT 窗口显示。

虽然 OUTPUT 窗口在 CLOSE 状态下没有显示，但是结果窗口仍然有显示。

例 9.5　输出过程步结果到指定外部文件。

```
filename out 'f:\data_model\book_data\chapt9\listing_1.txt';
ods listing file=out;
proc univariate data=sashelp.class;
var age;
run;
ods listing;
```

程序解读：

该例程序运行的结果是 UNIVARIATE 过程所有统计量都输出到 listing_1.txt 文件，注意不要忘记最后要再次打开 LISTING，否则在该进程中如果再次运行过程步，OUTPUT 窗口不会有任何显示。

例 9.6　只输出例 9.5 中的基本统计量到外部文件。

```
ods listing select basicmeasures;
filename out 'f:\data_model\book_data\chapt9\listing_2.txt';
```

```
ods listing file=out;
proc univariate data=sashelp.class;
var age;
run;
ods listing;
```

程序解读：

该例使用了 SELECT 选项，而 SELECT 后面的 basicmeasures 是 UNIVARIATE 输出统计量的一个名称，不能随意更改。至于如何获取该统计量名称，将在 ODS TRACE 章节讲解。程序运行后，只会输出基本统计量结果到 listing_2.txt，而像位置检验、分位数等不会输出。

例 9.7 输出一个过程的多个结果到外部文件。

```
ods listing select basicmeasures quantiles;
filename out 'f:\data_model\book_data\chapt9\listing_3.txt';
ods listing file=out;
proc univariate data=sashelp.class;
var age;
run;
ods listing;
```

程序解读：

该例输出基本统计量和分位数统计量到 listing_3.txt，注意 basicmeasures 与 quantiles 中间用空格隔开。

例 9.8 输出多个过程的多个结果到外部文件。

```
ods listing close;
filename out 'f:\data_model\book_data\chapt9\listing_4.txt';
ods listing file=out;
proc univariate data=sashelp.class;
var age;
run;
proc freq data=sashelp.class;
table sex;
run;
ods listing;
```

9.3.2 ODS RESULTS

RESULTS 对过程步输出结果的结果窗口进行控制。一般情况下，输出窗口 OUTPUT 的内容和结果窗口 RESULTS 的内容是完全一样的，但是如果加入一些其他限制，如关闭 LISTING 管道，但是仍然开放 RESULTS 管道，则操作的结果是 OUTPUT 窗口没有任何显示，而 RESULTS 窗口则会显示相关过程步的输出内容。

语法格式：

```
ODS RESULTS ON | OFF;
```

选项说明：

- ON：打开 RESULTS 管道，这是默认状态。
- OFF：关闭 RESULTS 管道，这时结果窗口不会有任何输出显示。

由于 LISTING 和 RESULTS 两个输出管道会在程序运行过程中占用很多 I/O 资源，所以在大型开发程序过程中，尽可能关闭这两个管道，而对其中需要的输出结果，可以通过 SELECT 或 EXCLUDE 等选择输出对象进行输出。

例 9.9 关闭 RESULTS 管道并同时开放 LISTING 管道。

```
ods results off;
ods listing;
proc print data=sashelp.class;
run;
ods results;
```

例 9.10 同时关闭 RESULTS 和 LISTING 管道，并输出部分过程步结果到外部文件。

```
ods listing select basicmeasures quantiles;
ods results off;
filename out 'f:\data_model\book_data\chapt9\listing_3.txt';
ods listing file=out;
proc univariate data=sashelp.class;
var age;
run;
ods results on;
ods listing;
```

请读者不要忘记在程序最后最好再次打开 RESULTS 和 LISTING 管道。另外，如果在运行程序之前打开了结果查看器，则运行该程序时不会对结果查看器产生影响。

9.3.3 ODS TRACE

TRACE 的功能是查询输出管道的对象。比如，在例 9.6 中提到的一个基本统计量的名称 basicmeasures 就可以通过 TRACE 查询获取。商业实践中，编程人员绝对不会刻意记住每一个过程步的所有输出对象名称，通过 TRACE 就可以很容易获得所有的输出对象。例如，运行下面的 UNIVARIATE 过程步代码：

```
ods trace on;
proc univariate data=sashelp.class;
var age;
run;
ods trace off;
```

输出 5 个对象见表 9-3。

表 9-3 UNIVARIATE 过程步输出对象

对象名称	对象标签	对象模板	对象路径
Moments	矩	base.univariate.Moments	Univariate.Age.Moments
BasicMeasures	基本测度	base.univariate.Measures	Univariate.Age.BasicMeasures
TestsForLocation	位置检验	base.univariate.Location	Univariate.Age.TestsForLocation
Quantiles	分位数	base.univariate.Quantiles	Univariate.Age.Quantiles
ExtremeObs	极值观测	base.univariate.ExtObs	Univariate.Age.ExtremeObs

通过查看日志窗口，会发现如表 9-3 所示内容。

对象标签是在中文版 SAS 环境下运行的结果。

语法格式：

```
ODS TRACE ON</option(s)>;
ODS TRACE OFF;
```

选项说明：

- Label：包括输出对象的标签路径。
- Listing：输出对象记录（即名称、标签、模板和路径）到 OUTPUT 窗口。

例 9.11 查看 UNIVARIATE 过程步输出对象。

```
ods trace on;
proc univariate data=sashelp.class;
class sex;
var age;
run;
ods trace off;
```

程序解读：

该例比上面演示的例子多了一个 class 变量 sex，通过查看日志的输出对象，结果汇总见表 9-4。

表 9-4 含分类变量的 UNIVARIATE 过程步输出对象

对象名称	对象标签	对象模板	对象路径
Moments	矩	base.univariate.Moments	Univariate.Age.F.Moments Univariate.Age.M.Moments
BasicMeasures	基本测度	base.univariate.Measures	Univariate.Age.F.BasicMeasures Univariate.Age.M.BasicMeasures
TestsForLocation	位置检验	base.univariate.Location	Univariate.Age.F.TestsForLocation Univariate.Age.M.TestsForLocation
Quantiles	分位数	base.univariate.Quantiles	Univariate.Age.F.Quantiles Univariate.Age.M.Quantiles
ExtremeObs	极值观测	base.univariate.ExtObs	Univariate.Age.F.ExtremeObs Univariate.Age.M.ExtremeObs

比较表 9-3 和表 9-4 发现，在同一个过程步 UNIVARIATE 里面，对象名称、对象标签

和对象模板没有改变，而路径则由于表 9-4 加了一个分类变量 sex 发生了改变。该路径的含义非常清晰，如 Univariate.Age.F.Moments 即表示该对象是过程步 UNIVARIATE 输出结果中性别为 F 的所有年龄观测的矩的统计，而该对象统计结果在 OUTPUT 窗口、结果窗口或者结果查看器窗口都能看到。

由此可见，在同一个过程步里面，输出对象的四个主要属性中，只有对象路径能够唯一表示输出对象，而对象名称、标签和模板则是一个类的集合。

例 9.12 LABEL/LISTING 选项应用。

```
ods trace on/label;
proc univariate data=sashelp.class;
class sex;
var age ;
run;
ods trace off;
```

程序解读：

添加 LABEL 选项时，日志窗口只是多了一个对象标签路径，其余和例 9.11 完全一样。对 LISTING 选项类似。

9.3.4 ODS OUTPUT

OUTPUT 的主要功能是把输出窗口 OUTPUT 的输出对象转换成 SAS 数据集。比如，UNIVARIATE 过程步可以产生很多输出对象，如果想要把其中的基本测度对象输出成 SAS 数据集，就需要用到 OUTPUT 输出管道。

语法格式如下：

```
ODS OUTPUT
输出对象 1=SAS 数据集 1
输出对象 2=SAS 数据集 2
…
```

OUTPUT 中的输出对象一般通过 TRACE 查询对象语句获得。输出对象可以是名称、标签、模板或路径中的任何一种，和需求密切相关。

例 9.13 输出基本测度对象和分位数对象为 SAS 数据集。

```
ods listing close;
ods results off;
ods output
basicmeasures=bm
quantiles=quantiles
;
proc univariate data=sashelp.class;
class sex;
var weight height;
run;
```

```
ods results on;
ods listing;
```

例 9.13 中，将基本测度对象 basicmeasures 输出成 bm 数据集，而分位数对象 quantiles 输出成 quantiles 数据集。

例 9.14 输出基本测度对象和 sex="F"分位数对象为 SAS 数据集。

```
ods listing close;
ods results off;
ods output
basicmeasures=bm
univariate.age.f.quantiles=age_f_quantiles
univariate.weight.f.quantiles=weight_f_quantiles
;
proc univariate data=sashelp.class;
class sex;
var age weight;
run;
ods results on;
ods listing;
```

例中，指定了具体的分位数对象，所以不能用对象名称或标签等，而只能用对象路径来确定分位数对象的唯一性。

例 9.15 拆分所有输出基本测度对象为不同的 SAS 数据集。

```
ods output basicmeasures(match_all = measure_dsn)=measure;
proc univariate data=sashelp.class;
class sex;
var weight height;
run;
ods output close;
%put &measure_dsn.;
```

例中，输出对象 basicmeasures 后面加了一个选项 match_all = measure_dsn，其中 match_all 表示创建一个数据集的名字，该名字就是等于号后面的 measure，而 measure_dsn 代表一个宏变量，其值是数据集 measure 对应的列表。由于该例中的 UNIVARIATE 过程步最终会产生四个 basicmeasures 对象，它们分别是（按对象路径区别）：univariate.weight.f.basicmeasures；univariate.weight.m.basicmeasures；univariate.height.f.basicmeasures；univariate.height.m.basicmeasures。所以 measure_dsn 对应的列表数据集也有四个，它们分别是：measure；measure1；measure2；measure3。可以通过宏函数%put 查看。

例 9.16 对 match_all 选项产生的结果的应用。

```
data all_univ;
    set &measure_dsn;
run;
```

例中，纵向合并上例产生的四个数据集列表。结果和例 9.13 产生的数据集 bm 完全一样。

9.3.5 ODS HTML

HTML 的主要功能是把输出窗口 OUTPUT 的输出对象转换成 HTML 文件。ODS HTML 方式输出的文件通常很大，主要是因为文件中包含大量的 HTML 源代码，所以该方式一般用于 BS 架构的浏览器模式。如果是输出到本地(如 Excel 格式)，最好保证输出的数据集不是很大或者是汇总的数据(如使用 TABULATE 过程)。

HTML 有多种输出格式，下面通过例子来说明。

例 9.17 输出绝对物理路径的一个 HTML 文件。

```
ods listing close;
ods results off;
ods html body="f:\data_model\book_data\chapt9\html1_unvariate.html";
proc univariate data=sashelp.class;
class sex;
var weight;
run;
ods html close;
ods results on;
ods listing;
```

该例把 UNVARIATE 过程步所有输出结果输出到 html1_unvariate.html。

例 9.18 输出相对物理路径的导航式 HTML 文件。

```
ods listing close;
ods results off;
ods html path='f:\data_model\book_data\chapt9' (url=none)
         body="ods_loc.html" (title='ods browser title')
         contents='ods_toc.html' (title='ods contents')
         frame='ods_frm.html'(title='ods frame')
         newfile=proc ;
proc univariate data=sashelp.class;
class sex;
var weight;
histogram;
run;
proc means data=sashelp.class n min mean max;
class sex;
var weight height;
run;
ods html close;
ods results off;
ods listing;
```

程序解读：

导航式 HTML 文件在过程步输出结果非常多的情况下非常有用，它只能用相对物理路径输出。

1）PATH=选项指定了输出 HTML 文件的路径。URL=NONE 是一个非常有用的选项，它指定了所有 ODS 输出结果之间采用相对链接的方式，从而避免了使用多个绝对路径去指定输出结果之间的关联。

2）BODY=选项指出了所有输出的内容，其含义等价于 FILE=选项。

3）CONTENTS=选项创建了一个 HTML 导航器，其表现形式是用每一个输出对象的对象标签指向 BODY=选项的输出对象。

4）FRAME=选项整合了 BODY=选项和 CONTENTS=选项的结果，只要点击 FRAME=选项所对应的 HTML 文件就可以看到所有的输出内容。

5）NEWFILE=选项常用的表现形式有三种：

- NONE：不会在输出路径下重新创建新的 HTML 文件（除了 BODY、CONTENTS 和 FRAME 三个 HTML 文件外），这是默认的方式。
- PROC：规定有多少个过程步，就输出多少个 BODY=对应的 HTML 文件。
- OUTPUT：规定有多少个输出对象，就输出多少个 BODY=对应的 HTML 文件。显然，一个过程步可能会包含多个输出对象，因此 OUTPUT 输出的 HTML 文件一般比较多。

例 9.19 输出图形的 HTML 文件。

```
ods listing close;
ods results off;
ods html
path ='f:\data_model\book_data\chapt9' (url=none)
body ='graph_body.html'
;
goptions device=gif hsize=5in vsize=2.5in;      ………………..1)
proc gchart data=sashelp.class;
vbar sex / sumvar=weight type=mean
subgroup=sex;
run;
quit;

ods html
path ='f:\data_model\book_data\chapt9' (url=none)
body ='active.html' ;
proc print data=sashelp.class;
var weight;
footnote '<a href="graph_body.html">go to graph</a>';   ……2)
run;
footnote;
ods html close;
ods results on;
```

```
ods listing;
```

程序解读：

类似于例 9.18，这里只解析不同部分。

1）语句指出了过程步 gchart 输出的图形格式及横轴和纵轴的尺度。

2）在 active.html 的文件脚注中使用了一个超链接，该超链接指向 HTML 文件 graph_body。

例 9.20 输出 Excel 格式的 HTML 文件。

```
ods listing close;
ods results off;
ods html
path='f:\data_model\book_data\chapt9'
body ='tabulate.xls'
;
proc tabulate data=sashelp.class;
class sex;
var weight height;
table sex="",(weight height)*sum=""/
box=[label='gender'    style=[font_weight=bold]];;
run;
ods html close;
ods results on;
ods listing;
```

例中，使用 XLS 格式作为 HTML 文件的输出方式，但是这里的 XLS 格式其实包含了大量的 HTML 源代码，在商业实践中，常常被用来输出一些汇总数据，而 TABULATE 过程步是经常被用做汇总数据的过程步之一。

9.3.6 ODS CSVALL

CSVALL 的主要功能是把输出窗口 OUTPUT 的输出对象转换成 CSV 格式文件，CSV 文件实际上是一个以逗号作为分隔符纯文本文件，如果在 Windows 操作系统下安装了 MS Office，则 CSV 默认会以 Excel 方式打开，但是请注意，CSV 文件绝对不是 Excel 文件！

例 9.21 输出 CSV 文件。

```
ods listing close;
ods results off;
ods csvall
path='f:\data_model\book_data\chapt9'
body ='csv.csv'
;
proc print data=sashelp.class;
run;
ods csvall close;
ods results on;
ods listing;
```

从例 9.21 可以看出，CSV 文件的语法结构完全类似于 HTML。事实上它们都输出标记语言家族的成员，详细说明请参考 SAS 帮助文档。

9.3.7 ODS SELECT

SELECT 实现将所有过程步输出对象有选择地输出到输出目标中。比如，一个 UNIVARIATE 过程步可能会产生很多输出对象，但是有时候只需要其中的某几个输出对象，这时候就需要用到 SELECT。

语法格式：

```
ODS <ODS-destination> SELECT selection(s) | ALL | NONE;
```

其中：

- ODS-destination：输出目标，常用的输出目标见表 9-1。
- selection(s)：输出对象，由过程步产生，不同的过程步有不同的输出对象。
- ALL：选择所有的输出对象。
- NONE：不选择任何输出对象。

例 9.22 选择一个过程步的输出对象至输出目标 HTML 文件。

```
ods listing close;
ods results off;
ods html path='f:\data_model\book_data\chapt9' (url=none)
         body="selection.html" (title='ods browser title')
         contents='selection_toc.html' (title='ods contents')
         frame='selection_frm.html'(title='ods frame')
         newfile=none ;
ods   select
univariate.age.f.quantiles
univariate.weight.f.quantiles
;
ods show;
proc univariate data=sashelp.class;
class sex;
var age weight;
run;
ods select all;
ods html close;
ods results off;
ods listing;
```

例中，ODS SHOW 语句会将所有被 SELECT 的输出对象显示在日志窗口，这样可以帮助编程人员验证被选择的输出对象是否正确。

例 9.23 选择多个过程步的输出对象至输出目标 HTML 文件。

```
ods listing close;
```

```
ods results off;
ods html path='f:\data_model\book_data\chapt9' (url=none)
            body="selection.html" (title='ods browser title')
            contents='selection_toc.html' (title='ods contents')
            frame='selection_frm.html'(title='ods frame')
            newfile=none ;
ods   select
univariate.age.f.quantiles
univariate.weight.f.quantiles
;
ods show;
proc univariate data=sashelp.class;
class sex;
var age weight;
run;
ods   select
univariate.weight.f.quantiles(persist)
univariate.actual.美国.moments
quantiles
;
ods show;
proc univariate data=sashelp.prdsale ;
class country;
var actual;
run;
ods select all;
ods html close;
ods results off;
ods listing;
```

如果需要把多个过程步的 SELECT 输出对象输出至同一个 HTML 文件，就需要使用多个 SELECT 语句。

例 9.24 选择一个过程步的输出对象至不同的输出目标。

```
ods listing close;
ods results off;
filename out 'f:\data_model\book_data\chapt9\listing_select.txt';
ods listing file=out;
ods   select
basicmeasures;
proc univariate data=sashelp.class;
class sex;
var age weight;
run;
ods html path='f:\data_model\book_data\chapt9' (url=none)
            body="selection.html" (title='ods browser title')
```

```
                contents='selection_toc.html' (title='ods contents')
                frame='selection_frm.html'(title='ods frame')
                newfile=none ;
ods    select
univariate.age.f.quantiles
univariate.weight.f.quantiles
;
ods show;
proc univariate data=sashelp.class;
class sex;
var age weight;
run;
ods select all;
ods html close;
ods results on;
ods listing;
```

9.3.8 ODS EXCLUDE

EXCLUDE 是 SELECT 的逆向操作，即在输出目标中排除要输出的对象。

语法格式：

```
ODS <ODS-destination> EXCLUDE exclusion(s)| ALL | NONE;
```

例 9.25　排除一个过程步的输出对象至输出目标 HTML 文件。

```
ods listing close;
ods results off;
ods html path='f:\data_model\book_data\chapt9' (url=none)
                body="exclude.html" (title='ods browser title')
                contents='exclude_toc.html' (title='ods contents')
                frame='exclude_frm.html'(title='ods frame')
                newfile=none ;
ods    exclude
univariate.age.f.quantiles
univariate.weight.f.quantiles
;
ods show;
proc univariate data=sashelp.class;
class sex;
var age weight;
run;
ods html close;
ods results off;
ods listing;
```

第 10 章　SAS 宏语言

宏可以说是 BASE SAS 最具魅力的内容，SAS 之所以有强大的数据处理能力，宏在其中扮演非常重要的角色。具体地说，宏可以完成以下任务：

- 实现重复文本的替代。
- 产生程序语句。
- 产生程序执行过程中的参数。
- 使用宏控制语句调用不同程序。
- 融合 DATA 步和 PROC 步进行复杂的数据处理。
- 执行 ETL 作业调度等高级应用。

由于 SAS 宏博大精深，本章不可能面面俱到。因此作者将把重点放在实际应用，更多的内容请参考 SAS 帮助文档。

10.1　宏运行的内在机制

本书在讲解 DATA 步时，多次提到 PDV 是 DATA 步的内在运行机制，掌握了 PDV 也就掌握了 DATA 步的核心。同样，宏也有它独特的内在运行机制，在介绍这种机制之前，先来了解一下 SAS 程序可能包含的语言成分。

一个 SAS 程序可能包含一个或几个语言成分，它们是：

- DATA 步或 PROC 步。
- 全程语句。
- SAS 组件语言（SCL）。
- 结构化查询语言（SQL）。
- SAS 宏语言。

在 SAS 程序编译和执行语句之间，其实还有一个中间环节，为读者明白起见，暂且称之为“缓区”。它们之间的关系如图 10-1 所示。

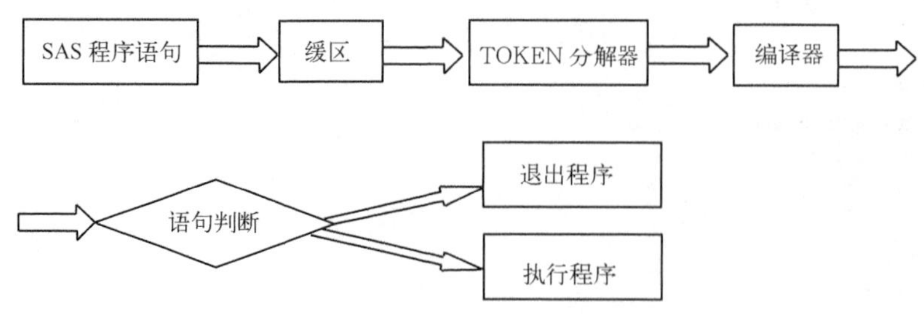

图 10-1　SAS 程序编译流程图

用一个简单的 SAS 程序来解释上面的流程：

```
Data new;
   Set sashelp.class;
   Y=weight*10;
   X="here is text";
Run;
```

程序执行流程如下：

1）系统把所有的 SAS 程序语句传送给缓区，缓区按照系统的设置一块一块地将程序语句传送给 TOKEN 分解器。

2）TOKEN 分解器的任务是把程序语句分解，分解的 TOKEN 对象有四种：

- Literal：是一个用单引号或双引号括起来的字符串，如"text"。
- Number：各种数值类型，如 3，-3.5，'01jan2009'd。
- Name：各种以字母开头的包含字符、数值和下划线的命名，如 infile1, _n_。
- Special：如* / + - ** ; $ ( ) . & % @ # = ||。

因此，上面的程序语句可以分解成如下 TOKEN:"data"、"new"、"；"、"set"、"sashelp"、"."、"class"、"Y"（注意不区分大小写）、"weight"、"*"、"10"、"X"、""here is text""（注意区分大小写）、"；"、"run"、"；"。

3）TOKEN 分解器再传送这些分解后的 TOKEN 到编译器，编译器执行编译功能，也就是检查程序的错误，包括语法错误、书写错误等。

4）如果编译过程中发现错误，则系统将退出程序。否则，执行程序。

以上是一个非常简单具体的 DATA 步程序执行流程。再来看下面的程序：

```
%let mvariable=30;
Data new;
Set sashelp.class;
Y= weight*10;
X=&mvariable.;
Run;
```

该程序几乎和上面的程序一样，除了多出一个赋值语句 X=&mvariable 外。而这个赋值语句中的符号"&"就是后面要讲到的宏引用。程序多了这么一个符号后，DATA 步流程会发生一些变化，如图 10-2 所示。

首先介绍两个概念：宏触发器和符号表。宏触发器是指在 TOKEN 分解期间，有两个符号可能会触发宏机制：

- %name-token：是一个宏语句或宏函数。
- &name-token：是一个宏变量引用。

符号表是存放宏变量及对应的值的一张"表"，根据宏变量的范围和作用的不同，宏变量值可能会随时发生变化。

一旦 TOKEN 遇到上面两类触发器，会启动宏机制，TOKEN 分解器会通过宏触发器传递%name-token 或&name-token 给宏处理器，宏处理器立刻搜索符号表。在符号表里面找到宏变量对应的值，并返回给 TOKEN 分解器或者缓区：如果是宏变量引用则返回缓区；如果是调用宏语句或者宏函数等则返回 TOKEN 分解器。

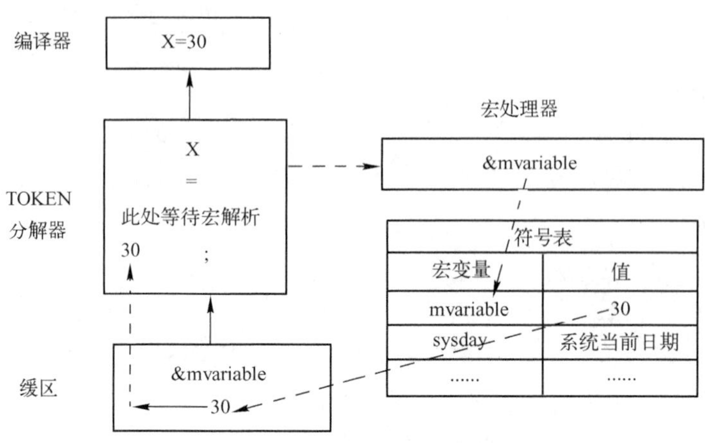

图 10-2　含有宏变量的 SAS 程序编译流程图

程序执行的基本流程总体上和上例一样，来重点研究其中的&mvariable。上面提到，由于 mvariable 是一个宏变量，所以缓区直接通过宏触发器把 mvariable 传递给宏处理器，然后宏处理器在符号表里面搜索 mvariable 的对应值 30，返回给缓区，缓区再把 30 传给 TOKEN 分解器，最终分解器得到 X=30。

10.2　宏变量

宏变量（就是上面说的符号表里面的变量）属于 SAS 宏语言，但是宏变量完全不同于 DATA 步的变量，一个 DATA 步的变量只在 DATA 步内起作用，和对应的 SAS 数据集发生联系，而宏变量不依赖于 SAS 数据集，可以在任何一个除数据行以外的地方定义和引用宏变量。

宏变量具有以下几个特点和用途：

- 本质上，宏变量是一个或一段字符数据，最大长度可以达到 65534 个。宏变量的长度依赖对应的值的长度。
- 宏变量可以替代一段 SAS 程序文本，文本可以是一个值、一段代码甚至一个表达式。如果这段程序文本在多处出现，就可以用一个宏变量来替代这些文本，从而提高效率。
- 宏变量根据来源可以分为用户自定义宏变量和自动宏变量。自动宏变量有 SAS 系统产生，两者都存在于符号表中。
- 宏变量根据适用范围分局部宏变量和全局宏变量。宏处理器在搜寻引用宏变量时，都是先搜寻局部宏变量，如果没有则再搜寻全局宏变量。一般情况下，在宏程序中定义的宏变量（包括宏参数）都是局部宏变量，除非使用了%global 语句。而通过 DATA 步接口子程序产生宏变量以及除 SYSPBUFF 外的所有自动宏变量都是全局宏变量。

10.2.1　定义宏变量

最简单的创建宏变量的方法是使用宏程序语句%let。例如：

```
%let m_value=newdata;
```

例中，m_value 是宏变量名，newdata 是宏变量值。再如：

```
%let m_value=3;
```

这时，3 的值会覆盖原来的 newdata，但是这里的 3 不是数值，而是字符，不过它可以参与数值计算，后面会提到。

10.2.2 显示宏变量

最简单的显示宏变量值的方法是用%put 语句，它将宏变量值或者文本输出到 SAS 日志窗口。

语法格式：

```
%PUT <TEXT | _ALL_ | _AUTOMATIC_ | _GLOBAL_ | _LOCAL_ | _USER_>;
```

%put 语句参数说明见表 10-1。

表 10-1 %put 语句参数说明

选　项	功　能
TEXT	宏变量值或者文本
ALL	所有宏变量值
AUTOMATIC	所有系统定义的宏变量值
GLOBAL	所有全局宏变量值
LOCAL	所有局部宏变量值
USER	所有用户自定义宏变量值

例 10.1 显示宏变量的值。

```
%let a=xxx;
%put &a;
%put here is &a;
```

日志窗口显示：

```
xxx
here is xxx
```

10.2.3 引用宏变量

引用宏变量是指在用户创建了宏变量后，如何获取宏变量的值。可以通过符号&来对宏变量引用。

1. 直接引用宏变量

例 10.2 直接引用宏变量。

```
%let x=30;
Data a;
```

```
X=&x.;
Run;
```

上面程序等价于：

```
Data a;
X=30;
Run;
```

在任何情况下，带后缀句点号的&宏变量.比&宏变量更安全。虽然&宏变量在一般情况下没有问题。

例 10.3 在带引号的文本中引用宏变量。

```
%let var=ddd;
Data a;
X="here is &var.";
run;
```

如果要正确引用宏变量 var 的值，就必须用双引号而不是单引号括住该文本字符串，因为宏处理器只能在双引号中进行替代。再如：

```
proc sql;
create table temp as
select *
from sashelp.class
where sex like '%M%'
;
quit;
```

与上例相反，这里必须用单引号而不能用双引号。因为这里的符号%不是用来解析的，而只是一个通配符，所以不能用双引号括住。

2．隔离引用宏变量和后面的文本

在 10.1 节提到，如果 TOKEN 分解器遇到符号&时，一般情况下，符号后面的 name-token 会被宏触发器触发，并传送至宏编译器，然后宏编译器搜索符号表找对应的宏变量。比如，现在有一个宏变量叫 mvar，其值是 here，现在想通过引用宏变量得到一个值 here100，能不能用&mvar100 来表达呢？不能。因为&mvar100 中的 var100 在 TOKEN 分解器看来是一个合法的宏变量，显然又没有定义宏变量 var100。那么 TOKEN 分解器到底读到符号&后面的什么地方才认为可以停止了呢？SAS 规定遇到分号、空格、英文句号等不允许出现在 SAS 名称中的字符时终止，但是一般情况下，在引用一个宏变量时都用英文句号隔开宏变量和后面的数值或字符，这也是前面提到的为什么&name-token.永远比&name-token 安全的原因。

例 10.4 隔开引用宏变量和文本。

```
%let mvar=here;
%put &mvar.100;
```

```
%put &mvar 100;
%put &mvar..txt;
```

日志窗口显示信息：

```
here100;
here 100;
here.txt;
```

3. 间接引用宏变量

上面提到的&mvar 是引用宏变量方式，引用宏变量还有另外一个非常有用的方式，就是间接引用宏变量方式。比如有两个宏变量，一个是 mvar，值是 here，另外一个是 x，值是 10，想得到 here10，这时就可以用间接引用方式。

例 10.5 间接引用宏变量。

```
%let mvar=here;
%let x=10;
%put &&mvar.&x ;/*不能使用&&mvar&x;*/
```

上例&&mvar.&x 中，当 TOKEN 分解器扫描到第一个符号&时，立刻启动宏触发器，由于存在句点号，故宏处理器会接收到两个宏变量&mvar 和&x，之后搜索符号表，找到对应值 here 和 10，并返回缓区，最终得到值 here10。

不能使用&&mvar&x。因为当符号表解析完宏变量 x 返回值 10 后，由于 mvar 和&x 之间没有隔离，所以此时系统会认为还会有一个引用宏变量&mvar10 没有解析，但是实际上根本就没有引用宏变量&mvar10，因为没有定义宏变量 mvar10。

总之，在间接引用宏变量时，一定要注意句点符号的应用。

10.3 宏程序

宏程序简称宏，是一个被存储的文本，最终都被 TOKEN 分解器传送至编译器并执行。但是宏不是一个简单的文本，它可以通过控制和循环语句来控制文本的输出。另外，宏还包含参数，通过调用不同的参数值可以多次重复使用宏，从而简化程序的开发工作。

一个宏程序最终被系统的编译器执行，中间需要经过三个步骤：

1）定义宏：创建一段程序文本。

2）编译宏：运行这段文本；运行的结果将存储到 SAS 宏目录。该阶段系统只编译不解析。

3）调用宏：从 SAS 宏目录调用一个宏的名字。该阶段系统将解析宏程序，并将解析的结果传送至 TOKEN 分解器，最终传送至 SAS 编译器，执行具体的程序语句。

编译宏只会产生一个宏文件，无论该宏有没有错误，系统都不会在日志窗口提示，如果有错，只有到了调用宏阶段才会显示错误。

10.3.1 定义宏

一个简单的宏有如下格式：

```
%macro dsn;
  文本;
%mend dsn;
```

格式中，%macro 是定义宏的关键字。dsn 是宏的名字。%mend 是宏定义结束的标志。夹在%macro 和%mend 中间的是宏的主体信息。例如：

```
%macro test;
  Data a;
  X=1;
  Run;
%mend test;
```

例中，定义了一个名为 test 的宏，其主体信息实际上就是一个 DATA 步。

10.3.2 调用宏

调用宏只要用一个百分号（%）加宏名字即可。但是在调用前该宏必须已经被编译。例如，调用上节定义的宏 test：

```
%test;
```

宏在编译过程中，即便宏内出现语法错误，在日志中也不会报错。只有在调用该宏的时候才能看出来。

10.3.3 宏内宏

一个宏可以嵌套另外一个宏。如：

```
%macro prt;
  Proc print data=sashelp.class;run;
%mend prt;
%macro nest;
  %test;
  %prt;
%mend nest;
%nest;
```

10.3.4 宏存储

如果用户想把一个已经编译好的宏存储起来，以便下次调用，可以通过以下代码实现：

首先创建一个指定存储目录路径的宏程序：

例 10.6 创建永久存储的宏。

```
libname test ' f:\data_model\book_data\chapt10';
options mstored sasmstore=test;
%macro test / store ;
  data a;
  x=1;
  run;
%mend test;
```

编译完上面的宏程序后，会发现在 D:盘根目录下有一个名 sasmacr 的文件。但是不能在 Windows 操作系统下打开该目录，而只能在 SAS 系统下打开。

如果不想让自己编写的宏让别人看见，可以加 OPTIONS，代码如下：

例 10.7 创建并屏蔽永久存储的宏。

```
%macro test / store ;
  options nomprint nosource;
  data a;
  x=1;
  run;
%mend test;
```

加了 nomprint 和 nosource 两个选项后，虽然在 SAS 系统下无法破译，但是仍然可以用 C 语言进行反编译来破译。

编译好宏程序后，如果以后需要调用该宏，代码如下：

例 10.8 调用永久存储的宏。

```
libname test ' f:\data_model\book_data\chapt10';
options mstored sasmstore=test;
%test;
```

10.4 宏参数

10.3 节只是让读者对宏程序的概念有个初步了解。事实上，如果一个宏只是一些文本的堆砌，那它就和普通的 DATA 步或 PROC 步程序没有什么两样。而宏参数才是宏发挥其作用的地方。

10.4.1 创建参数

宏参数是一种特殊的宏变量，是定义在宏 MACRO 语句内的宏变量。创建宏参数有两种形式：一种是按值创建，另一种是按址创建。

例 10.9 按值创建宏参数。

```
%macro value(x=,y=);
  data test;
  x=&x.;
```

```
    y=&y.;
    run;
%mend value;
```

例 10.10　按址创建宏参数。

```
%macro addr(x,y);
    data test;
    x=&x.;
    y=&y.;
    run;
%mend addr;
```

10.4.2　参数赋值

对上节创建的两个宏%value 和%addr 进行赋值运行。

例 10.11　按值赋值。

```
%value(x=10,y=20);
```

例 10.12　按址赋值。

```
%addr(10,20);
```

上面两例执行结果一样。

10.5　宏函数

10.5.1　通配函数

通配函数是指能够在 SAS 宏中引用 DATA 步的函数，最常用的通配函数是%SYSFUNC 函数。

语法格式：

```
%SYSFUNC (function(argument(s))<, format>)
```

其中：

Function 是所有可用的 SAS 函数，除了表 10-2 中的之外。

表 10-2　不能和%SYSFUNC 函数连用的 SAS 函数

DIF	DIM	HBOUND
IORCMSG	INPUT	LAG
LBOUND	MISSING	PUT
RESOLVE	SYMGET	所有变量信息函数

注意：

- 在 SCL 里面，可以用 INPUTN, INPUTC, PUTN 和 PUTC 替代 INPUT 和 PUT。
- 变量信息函数包括如 VNAME、VLABEL 等函数。

常用的 SAS 函数见表 10-3。

表 10-3　能和%SYSFUNC 函数连用的 SAS 函数

ATTRC	DREAD	FILEREF	NOTE	DCLOSE	FCLOSE
ATTRN	DROPNOTE	FINFO	OPEN	DINFO	FDELETE
CEXIST	DSNAME	FOPEN	PATHNAME	DNUM	FETCH
CLOSE	EXIST	FOPTNAME	VARFMT	DOPEN	FETCHOBS
CUROBS	FAPPEND	FOPTNUM	VARINFMT	DOPTNAME	FILEEXIST
GETVARC	GETVARN	LIBNAME	LIBREF	MOPEN	
VARLABEL	VARLEN	VARNAME	VARNUM	VARTYPE	

例 10.13　嵌套应用。

```
%let num=10;
%let x=%sysfunc(trim(%sysfunc(left(&num))));
%put &x;
```

例 10.14　FORMAT 应用。

```
%let parm=1.03;
proc format;
   value category
   low-<0    = 'less than zero'
   0         = 'equal to zero'
   0<-high   = 'greater than zero'
   other     = 'missing';
run;
%put &parm is %sysfunc(putn(&parm,category.));
```

例 10.15　translate 函数应用。

```
%let string1 = v01n01-v01n10;
%let string1 = %sysfunc(translate(&string1,p, n));
%put with n translated to p, v01n01-v01n10 is &string1;
```

例 10.16　判断数据集是否存在。

```
%let dsn=%sysfunc(exist(sashelp.class));
%put &dsn;
```

例 10.17　计算数据集观测数和变量数。

```
%macro obsnvars(ds);
```

```
    %global dset nvars nobs;
    %let dset=&ds;
    %let dsid = %sysfunc(open(&dset));
    %if &dsid %then
        %do;
            %let nobs =%sysfunc(attrn(&dsid,NOBS));
            %let nvars=%sysfunc(attrn(&dsid,NVARS));
            %let rc = %sysfunc(close(&dsid));
            %put &nobs.;
            %put &nvars.;
        %end;
    %else
        %put Open for data set &dset failed - %sysfunc(sysmsg());
%mend obsnvars;
%obsnvars(sashelp.class);
```

10.5.2 计算函数

宏计算函数有两个：

- %EVAL 函数：计算算术和逻辑表达式（整数格式）。
- %SYSEVALF 函数：计算算数和逻辑表达式（浮点格式）。

例 10.18 %EVAL 函数应用。

```
%let a=1+2;
%let b=10*3;
%let c=5/3;
%let eval_a=%eval(&a);
%let eval_b=%eval(&b);
%let eval_c=%eval(&c);

%put &a is &eval_a;
%put &b is &eval_b;
%put &c is &eval_c;
```

例 10.19 %EVAL 函数创建宏累加器。

```
%macro test(finish);
    %let i=1;
    %do %while (&i<&finish);
        %put the value of i is &i;
        %let i=%eval(&i+1);
    %end;
%mend test;
%test(5)
```

在商业实践中，%EVAL 函数被经常用来创建宏累加器，特别是在宏循环语句中。

例 10.20　%EVAL 函数判断逻辑表达式。

```
%macro compare(first,second);
    %if &first>&second %then %put &first > &second;
    %else %if &first=&second %then %put &first = &second;
    %else %put &first<&second;
%mend compare;
%compare(1,2)
%compare(-1,0)
```

例 10.21　%SYSEVALF 应用。

```
%sysevalf(1/3,boolean)                  /* returns 1 */
%sysevalf(10+.,boolean)                 /* returns 0 */

%sysevalf(1 + 1.1,ceil)                 /* returns  3 */
%sysevalf(-1 -2.4,ceil)                 /* returns -3 */
%sysevalf(-1 + 1.e-11,ceil)             /* returns -1 */
%sysevalf(10+.)                         /* returns  . */

%sysevalf(-2.4,floor)                   /* returns -3 */
%sysevalf(3,floor)                      /* returns  3 */
%sysevalf(1.-1.e-13,floor)              /* returns  1 */
%sysevalf(.,floor)                      /* returns  . */

%put %sysevalf(2.1,integer);            /* returns  2 */
%put %sysevalf(-2.4,integer);           /* returns -2 */
%put %sysevalf(3,integer);              /* returns  3 */
%put %sysevalf(-1.6,integer);           /* returns -1 */
%put %sysevalf(1.-1.e-13,integer);      /* returns  1 */
```

例 10.22　用%SYSEVALF 进行浮点计算。

```
%macro figureit(a,b);
    %let y=%sysevalf(&a+&b);
    %put The result with SYSEVALF is: &y;
    %put   The BOOLEAN value is: %sysevalf(&a +&b, boolean);
    %put   The CEIL value is: %sysevalf(&a +&b, ceil);
    %put   The FLOOR value is: %sysevalf(&a +&b, floor);
    %put   The INTEGER value is: %sysevalf(&a +&b, int);
%mend figureit;
%figureit(100,1.597)
```

10.5.3　字符函数

常用的字符函数见表 10-4。

表 10-4　常用的字符函数

字符函数名	功　能
%INDEX	返回一字符串第一次出现的位置
%LENGTH	返回自变量长度
%QSCAN	扫描单词，并引用包括%和&的结果
%QSUBSTR	提取包括%和&的子串，并引用包括%和&的结果
%QUPCASE	转换包括%和&的小写字符为大写
%SCAN	扫描单词,并返回一个结束引用的结果
%SUBSTR	提取子串，并返回一个结束引用的结果
%UPCASE	转换小写字符为大写字符，并返回一个结束引用的结果

例 10.23　%SCAN 与%QSCAN 应用。

```
%macro a;
  aaaaaa
%mend a;
%macro b;
  bbbbbb
%mend b;
%macro c;
  cccccc
%mend c;

%let x=%nrstr(%a*%b*%%c);
%put X: &x;
%put The third word in X, with SCAN: %scan(&x,3,*);
%put The third word in X, with QSCAN: %qscan(&x,3,*);
```

日志返回结果如下：

```
The third word in X, with SCAN: cccccc;
The third word in X, with QSCAN: %c。
```

程序解读：

1）首先，系统编译三个宏程序 a、b 和 c。

2）通过引用函数%nrstr（下面会介绍）引用一个固定文本%a*%b*%c，注意该固定文本内的符号%只是简单的百分号，不能误认为是调用宏。

3）执行第一个%PUT 函数后，系统解析%scan(&x,3,*)，由于分隔号是星号（*），系统返回结果%c，由于 c 是一个宏程序，故执行该宏，得到 cccccc。

4）对第二个%PUT 函数中的%qscan(&x,3,*)，系统虽然返回同样的结果%c，但是这里的%在%qscan 看来只是一个简单的符号，而不是调用宏的标识。

在 DATA 步里面也有对应的 SCAN 函数，比较下面的代码：

```
data _null_;
x='%a*%b*%c';
put x=;
```

```
scan=scan(x,3,'*');
put scan=;
run;
```

该 DATA 步中，有两点注意：

- 对变量 X 赋常数值时由于包含特殊符号%，所以这里不能用双引号，而只能用单引号，否则系统会要求调用宏 a，但这不是需求的本意。
- 对 SCAN 函数，分隔号要加单引号，这一点不像宏函数%SCAN。一般情况下，宏函数对分隔号都不用单引号或双引号括起来。

10.5.4 引用函数

宏引用函数执行的结果等价于用单引号或双引号围住 SAS 语句的一部分。见表 10-5。

表 10-5 常用的引用函数列表

引用函数名	功 能
%BQUOTE	引用一个可分辨的值，包括未处理的特殊符号和 SAS 操作符
%NRBQUOTE	引用一个可分辨的值，包括未处理的特殊符号、符号&、符号%和 SAS 操作符
%NRQUOTE	引用一个可分辨的值，包括未处理的特殊符号
%QUOTE	引用一个可分辨的值，不包括&和%
%NRSTR	引用固定文本，包括&和%
%STR	引用固定文本，不包括&和%
%SUPERQ	引用被命名为自变量的宏变量值
%UNQUOTE	没有被引用

例 10.24 比较 %STR 和%NRSTR。

```
%macro x;
  xxxxx;
%mend x;
%put : The result of str is :%str(%x);
%put: The result of nrstr is :%nrstr(%x);
```

日志返回结果如下：

```
The result of str is : xxxxx;
The result of nrstr is :%x。
```

程序解读：

由于%STR 不能引用%和&，故程序遇到%并且后面有合法的 name-token 时，程序会触发宏处理器并返回结果。而%nrstr 则可以引用%和&，引用的结果就是%nrstr 会把%和&当成普通的文本看待。

注意：

- %STR 后面必须跟合法的 name-token 时才能够解析%，如果是 literal-token、number-token 或 special-token，则程序又会把%当成普通的文本看待。
- %STR 与%NRSTR 之间的关系类似于%QUOTE 与%NRQUOTE 的关系。

- 在所有的宏引用函数中，只有%STR 与%NRSTR 在宏编译期间生效，其他所有引用函数都是在宏执行期间生效。

例 10.25 %quote 应用。

```
%macro dept2(state);
   %if %quote(&state)=nc %then
        %put north carolina department of revenue;
   %else %if %quote(&state)=%str(or) %then
        %put department of revenue;
   %else %put others;
%mend dept2;
%dept2(or)
```

程序解读：

调用%dept2(or)后，参数 state 获得值 or，由于在 SAS 系统里面 or 是一个逻辑操作符，所以为了想得到具有简单文本含义的 or，只能用%quote，系统在执行第一个宏判断语句 IF 后，由于 or 不等于 nc，故系统执行第二个 else if 语句，由于左边执行的结果是 or，右边%str(or)执行的结果也是 or，故条件成立，执行后续的%put 语句，输出结果 Department of Revenue。

要注意这里不能把%str(or)写成 or，原因和上面说的一样。

10.6 宏语句

在 10.5 节最后，已经介绍了宏里面的条件语句%IF-%THEN/%ELSE。本节将全面介绍宏语句。

宏因为有了参数，编程工作得以简化，但是只有参数而没有控制语句的宏还是非常简单的。类似于 DATA 步的控制和循环语句，宏语句可以使得程序按照开发者的要求判断执行、跳转执行以及循环执行等。常用的宏程序语句见表 10-6。

表 10-6 常用的宏语句列表

宏 语 句	功 能
%*	宏注释语句
%DO 组	处理一个 DO 组内语句直到匹配的%END 语句
%DO 下标循环	根据下标变量值循环
%DO%WHILE	重复循环满足条件的语句
%DO%UNTIL	重复循环直到条件为真
%END	结束%DO 组或%DO 循环
%GLOBAL	声明全局宏变量
%GOTO	转移执行
%IF-%THEN/%ELSE	有条件执行宏程序
%LET	创建宏变量
%MACRO-NAME	调用宏
%MACRO	定义宏
%MEND	结束宏定义
%PUT	输出结果到 LOG 窗口
%SYSEXEC	执行主机命令

10.6.1 %IF-%THEN/%ELSE 语句

上节引用宏函数例子中已经提到了%IF-%THEN/%ELSE 语句，其语法功能和 SAS 的 IF-THEN/ELSE 一样，只是前者在宏程序中执行，而后者在 DATA 步中执行。但是前者执行结果是产生一个文本，而后者是执行一个具体的程序。

语句格式：

```
%IF expression %THEN action;   <%ELSE action;>
```

下面都是有效的%IF-%THEN/%ELSE 语句：

- %if &name=GEORGE %then %let lastname=smith。
- %if %upcase(&name)=GEORGE %then %let lastname=smith。
- %if &i=10 and &j>5 %then %put check the index variables。
- %if &city ne %then %do;keep citypop statepop;%end; %else %do;keep statepop;%end。
- %if &city ne %then %str(keep citypop statepop;); %else %str(keep statepop;)。

例 10.26　比较%IF-%THEN/%ELSE 和 IF-THEN/ELSE 语句。

```
%macro obs(parm);
    %let parm1 = %upcase(&parm);
    %if &parm1 = PRE %then
        %do;
            data pre_obs;
                set sashelp.class(obs=5);
          if sex="M" then y=1;
          else y=2;
            run;
        %end;
    %else %if &parm1 = POST %then
        %do;
            data post_obs;
                set sashelp.class(firstobs=6);
          if sex="M" then y=1;
          else y=2;
            run;
        %end;
%mend obs;
%obs(pre);
```

程序解读：

1）系统定义了一个有参数的宏，参数是 parm。

2）接下来，语句%let parm = %upcase(&parm);定义了一个局部宏变量 parm1，并通过宏函数%upcase 引用了宏参数 parm 的值。

3）宏语句%if &parm1 = PRE 判断引用宏变量 parm1 的值是否等于一个指定的文本 PRE，如果条件成立，则执行%THEN 语句，产生介于%DO 语句和%END 语句之间的一段文本程序。否则，执行%ELSE 语句，产生下面的另外一段文本程序。这两段文件程序都是一个 DATA 步。

4）定义完毕后，通过调用%obs(pre)，parm 得到一个具体的参数值 pre，显然系统经过宏处理器后满足第一个 IF 条件，最后返回的文本应该是下面一段程序：

```
data pre_obs;
   set sashelp.class(obs=5);
   if sex="M" then y=1;
   else y=2;
run;
```

5）返回这段文本后，系统结束在宏处理器的流程，开始对该段文本进行 TOKEN 分解，最后进入 SAS 编译器编译，发现没有任何语法逻辑错误，最终执行该段 DATA 步程序，而在 DATA 步里面的 IF-THEN/ELSE 语句才是 SAS 编译器执行的语句。

10.6.2 %DO 组语句

%DO 组语句语法功能也类似于 DATA 步的 DO 组语句，但是前者的作用是产生一段文本，后者的作用是产生一个可执行语句块。

语法格式：

```
%DO;
   文本及宏语句;
%END;
```

下面都是有效的%DO 组语句：

- %DO;keep variable;%END;
- %DO;proc print data=temp;%END;
- %DO;data temp;set data1;run;%END;

10.6.3 %DO 循环语句

%DO 下标循环语句将根据循环的次数产生对应的文本个数。

语法格式：

```
%DO macro-variable=start %TO stop <%BY increment>;
```

- 文本及宏语句：

```
%END;
```

例 10.27 %DO 下标循环应用。

```
%macro create(howmany);
    %do i=1 %to &howmany;
        data class&i;
           set sashelp.class(obs=&i.);
```

```
        run;
    %end;
%mend create;
%create(3);
```

程序解读：

类似于前面的分析，这段宏程序最终会产生 3 段文本，其等价的代码如下：

```
data class1;
  set sashelp.class(obs=1);
run;
data class2;
  set sashelp.class(obs=2);
run;
data class3;
  set sashelp.class(obs=3);
run;
```

10.6.4 %DO%WHILE 循环语句

%DO%WHILE 循环语句当 WHILE 条件满足时在宏程序中执行循环。

语法格式：

```
%DO %WHILE (expression);
  文本及宏语句;
%END;
```

下面都是有效的%DO%WHILE 循环语句：

- %do %while(&a<&b);
- %do %while(%length(&name)>20);

例 10.28 引用宏变量迭代循环。

```
%macro dow();
  %let i=1;
  %do %while (&i<5) ;
  %let i=%eval(&i.+1);
  %put &i.;
  %end;
%mend dow;
%dow;
```

例 10.29 搜寻子字符串并输出。

```
%macro dw(word);
  %let i=1;
  data out;
```

```
        %do %while (%left(%scan(&word.,&i.)) ne %nrbquote(stop));
        %let var=%scan(&word.,&i.);
        %put &var.;
        out="&var";
        output;
        %let i=%eval(&i.+1);
        %put &i.;
        %end;
        run;
    %mend dw;
    %dw(%str(test1,test2,test3));
```

需求如下：

对输入的字符串，以逗号为分隔符输出子字符串，但是如果遇到子字符串 stop 时停止后面的子字符串输出。

程序解读：

这里使用了%do %while 宏循环语句，并通过宏累加器&i 对输入的字符串进行判断和迭代。注意其中%eval 函数的应用。

10.6.5 %DO%UNTIL 循环语句

%DO%UNTIL 循环语句一直循环，直到 UNTIL 语句条件为真时退出循环。

语法格式：

```
%DO %UNTIL (expression);
  文本及宏语句;
%END;
```

下面都是有效的%DO%UNTIL 循环语句：

- %do %until(&hold=no)；
- %do %until(%index(&source,&excerpt)=0)；

例 10.30　验证有效的建模方法。

```
%macro duntl(type);
    %let type=%upcase(&type);
    %let method=%str(LR GENMOD LOGSTC);
    %let i=0;
    %do %until (&type=%scan(&method,&i) or (&i>3)) ;
        %let i = %eval(&i+1);
    %end;
    %if &i>3 %then %do;
        %put ERROR: methodology not supported;
    %end;
    %else %do;
        %put method: &type ;
    %end;
```

```
%mend duntl;
%duntl(LR);
%duntl(GLM);
```

10.7 宏应用

宏的应用可以说无处不在，本节试图列出一些非常具有代表性的应用，并力求能够通过这些经典的案例诠释宏的内涵。

10.7.1 创建宏变量的七种方法

学会创建宏变量特别是全局宏变量是应用宏的一个基础，本节罗列了几种常用的创建宏变量的方法，并通过例子来演示。

例 10.31 通过宏函数创建宏变量。

```
%let dsid=%sysfunc(open(sashelp.class));
%let nvars=%sysfunc(attrn(&dsid,nvars));
%let nobs=%sysfunc(attrn(&dsid,nobs));
%let dsid=%sysfunc(close(&dsid));
%put &nvars.;
%put &nobs.;
```

方法解读：

该例实际上演示了如何使用通配宏函数和其他 SAS 函数结合产生需要的结果。请读者结合 10.5 节理解本例。

例 10.32 通过 SQL 过程用变量值创建一个宏变量。

```
proc sql noprint;
    select distinct sex
    into :list_a separated by ' '
    from sashelp.class;
quit;
%put &list_a.;
```

方法解读：

该例把变量 sex 的所有值 distinct 之后赋值给一个宏变量 list_a。另外，该例又用到了创建宏变量的一个关键字 SEPARAETED BY，该关键字可以对同一个宏变量用 BY 后面的单引号（或双引号）里面的符号隔开，如空格符号、逗号等。

例 10.33 通过 SQL 过程创建多个宏变量。

```
proc sql noprint;
    select nvar,nobs
    into:nvar , :nobs
    from dictionary.tables
    where libname = 'SASHELP' and memname = 'CLASS';
```

```
/*注意 SASHELP 和 CLASS 要大写*/
quit;
%put &nvar.;
%put &nobs.;
```

方法解读：通过 SQL 过程获取宏变量是最常用的方法之一。该例演示了如何从数据字典里面获取逻辑库 Sashelp 的数据集 CLASS(请参考 2.5 节相关内容和代码)。另外，由于这里需要创建两个宏变量，所以宏变量 nvar 和 nobs 之间用逗号隔开。

例 10.34 通过 CONTENTS 和 SQL 过程用变量名创建宏变量。

```
proc contents data=sashelp.class out=con_class;
run;
proc sql noprint;
   select name,put(count(name),5.-l)
   into :clist separated by ' ',:charct
   from con_class
   where type=2;
quit;
%put &clist.;
%put &charct.;
```

方法解读：

CONTENTS 过程可以产生一个数据集的头文件，包含了多种该数据集的信息，请读者查看输出数据集 con_class 内容，其中 type=2 表示字符型变量。

例 10.35 通过 SQL 过程用变量名创建宏变量列表。

```
proc sql noprint;
   select name
   into :clist1-:clist999
   from dictionary.columns
   where libname = 'SASHELP' and memname = 'CLASS';
quit;
%put &clist1.;
%put &clist2.;
```

方法解读：

不同于上例，该例是把所有的 name 值一一对应地赋值给不同的宏变量，宏变量列表可以用“-：”隔开。

例 10.36 通过 SQL 过程用变量值创建宏变量列表。

```
proc sql noprint;
     select count(distinct sex)
          into :n
          from sashelp.class;
     select distinct sex
          into :type1 - :type%left(&n)
```

```
        from sashelp.class;
quit;
%put &n.;
%put &type1.;
```

方法解读：

该程序首先创建一个用于计算变量值经过 distinct 之后的数值宏变量 n，然后作为第二个宏变量列表的列表数的引用宏变量。

例 10.37　通过 DATA 步接口子程序 CALL SYMPUTX。

```
data _null_;
  set sashelp.class nobs=obs;
  call symputx('m1',obs);
  call symput('m2',obs);
  Stop;
run;
%put &m1.;
%put &m2.;
```

方法解读：

DATA 步可以通过接口程序 SYMPUTX 和 SYMPUT 来创建全局宏变量。但是 SYMPUTX 和 SYMPUT 之间有一定的区别：SYMPUTX 能消除后面参数的左右空格，而 SYMPUT 只能消除右空格，可以测试一下两者的区别，请看下面的代码：

```
data test&m1.;
x=1;
run;
data test&m2.;
x=1;
run;
```

程序运行结果 test&m2.会报错，查看日志会发现在&m2.解析后左边有很多空格，造成本来希望 test1 作为数据集的名字，但实际上没有达到效果。而 test&m1.可以满足需求。

10.7.2　宏程序一般应用

根据商业实践中对宏程序应用的难易程度，将其分为一般应用和高级应用。一般应用是指宏所起的作用如下：

- 实现重复文本的替代。
- 产生程序语句。
- 完成简单的条件判断。
- 完成简单的循环控制。

由于前 3 项作用在之前的相关章节已做介绍，这里仅列举循环控制实例。

例 10.38　完成简单的循环控制。

```
%macro conb(out=);
```

```
    data &out.;
    set %do i=1 %to 2;a&i %end;
    ;
    run;
%mend conb;
%conb(out=result);
```

程序解读：

该例可以实现对程序之前产生的多个数据集列表进行纵向拼接。通过 SET 语句后面的一个%DO 下标循环语句来完成。

在%END 语句后面有两个分号，第一个分号是%END 语句结束的标志，而第二个分号是 SET 语句结束的标志，千万不能遗漏或只写一个分号！

例 10.39 复制数据集。

```
%macro copy_data(cnt);
proc datasets lib=work;
change a=a1;
%do i=1 %to &cnt;
copy out=out;
select a&i;
change a&i=a%eval(&i+1);
%end;
change a%eval(&cnt+1)=a;
quit;
%mend copy_data;
%copy_data(3);
```

10.7.3 宏程序高级应用

高级应用是指宏所起的作用如下：

- 融合 DATA 步和 PROC 步进行复杂的数据处理。
- 融合 SCL 语言、SQL 语言和循环控制等进行相关分析。
- 执行 ETL 作业调度等高级应用。

本章仅列举几例，更多的高级应用和商业实践请参考第 14 章有关内容和代码。

例 10.40 重命名所有指定目录下的 SAS 数据集名称。

```
libname chap10 "f:\data_model\book_data\chapt10";
%let rpt=rpt_temp;
proc sql;
    create table chap10.change_tb_name as
    select
    memname
    from dictionary.tables
    where libname eq "CHAP10";
quit;
```

```
%macro change();
    %let dsid=%sysfunc(open(chap10.change_tb_name));..........        1)
    %if &dsid gt 0 %then %do;......................................   2)
    %let nobs=%sysfunc(attrn(&dsid,nobs));..........................  3)
    %do i=1 %to &nobs;..............................................  4)
        %let rc=%sysfunc(fetchobs(&dsid,&i));....................     5)
        %let varnume=%sysfunc(varnum(&dsid,memname));........         6)
        %let table=%sysfunc(getvarc(&dsid,&varnume));..........       7)
        proc datasets lib=chap10;..................................   8)
        change &table=&rpt._t&i.;
        quit;
    %end;............................................................ 9)
    %let dsid=%sysfunc(close(&dsid));...............................  10)
    %end;............................................................ 11)
%mend change;
%change;
```

需求如下：

在某项目开发过程中，可能会产生大量的中间临时数据集，由于需求的原因，现在需要更改这些临时数据集的名字，使得这些临时数据集名字更改后能够变成一个数据集列表。

程序解读：

该程序有两个主体程序，第一个产生指定目录下所有的 SAS 数据集名称，第二个更改 SAS 数据集名称，下面着重讲解第二个主体程序。为解读方便，将按照程序中的标记序号讲解。

1）该行实现打开现有数据集 change_tb_name，并返回一个 ID 给宏变量 DSID，注意这种打开不是在逻辑库中物理打开，是不可见的。OPEN 函数每运行一次，系统就会打开一次对应数据集并返回一个唯一表示该数据集的 ID 号。

2）该行对返回的 ID 号进行判断，成功打开数据集 change_tb_name 则系统一定返回一个大于零的 ID 值，在条件满足的情况下，执行%DO 组语句。

3）抓取数据集 change_tb_name 的观测数，返回一个数值（这里是 5）。

4）通过%DO 循环语句执行 5 次循环。

5）对每一次循环，抓取对应的观测。

6）在该观测中，找到变量 memname 所在的列位置。

7）抓取 memname 对应列位置的值。

8）利用每一个返回的值，执行 DATASETS 过程步，改变相应数据集的名称。

9）结束%DO 循环语句。

10）关闭数据集 change_tb_name

11）结束%DO 组语句。

例 10.41 计算日志中各程序运行时间。

```
%let pathname=%STR(F:\Data_Model\Book_data\chapt10);
/********** 执行 X 语句创建输出文件 **********/
options noxwait;...........................................................................1)
x "cd &pathname.";
```

```
x "dir *.log >dirfile";
/********** 清洗输出文件，导成 SAS 数据集 **********/
filename dirfile "&pathname.\dirfile";
data lognamefile;.....................................................................................2)
    infile dirfile end=fend length=length;
    length logname str $255;
    input str $varying. length;
    if length>40 and lowcase(substr(str,length-3,4))='.log' then do;
            logname=substr(str,37,length-36);
            keep logname;
            output;
    end;
run;
/********** 计算日志中显示的各程序运行时间 **********/
x "del dirfile";
%macro real_time();
    %if %sysfunc(exist(pgm_real_time)) %then %do;
            proc delete data=pgm_real_time;run;
    %end;
    %let dsid=%sysfunc(open(lognamefile));
    %if &dsid>0 %then %do;
            %let nobs=%sysfunc(attrn(&dsid,nobs));
            %do i=1 %to &nobs;
                    %let rc=%sysfunc(fetchobs(&dsid,&i));
                    %let logname=%sysfunc(getvarc(&dsid,%sysfunc(varnum(&dsid,logname))));
                    %put 开始计算 LOG 程序运行时间：&logname;
                    filename logfile "&pathname.\&logname.";....................................3)
                    data pgm_real_time_0;.....................................................4)
                            infile logfile end=fend length=length;
                            length real_time cpu_time $20 log_name $100 data_step $10 str $255;
                            log_name="&logname.";
                            retain data_step real_time end_flag;
                            input str $varying. length;
                            if find(str,'NOTE: SAS 系统所用时间:','I') then do;
                                    end_flag=1;
                            end;
                            if find(str,'实际时间','I') then do;
                                    if end_flag ne 1 then do;
                                            n+1;
                                            data_step=compress("第"||put(n,z6.)||"步");
                                            real_time=left(compress(str,'实际时间'));
                                    end;
                                    else do;
                                            data_step="合计";
                                            real_time=left(compress(str,'实际时间'));
                                    end;
```

```
                    end;
                    if find(str,'CPU 时间','I') then do;
                        cpu_time=left(compress(str,'CPU 时间'));
                        output;..........................................................5)
                    end;
                    drop n str end_flag;
                run;
                proc append base=pgm_real_time data=pgm_real_time_0;run;
                proc delete data=pgm_real_time_0;run;
            %end;
        %end;
        %let dsid=%sysfunc(close(&dsid));
    %mend;

    %real_time;
```

程序解读：

这里重点讲解和上例不同的部分。

1）在 SAS 环境下执行 DOS 命令，一个是创建进入指定目录命令 CD，另外一个是将该目录下所有包含 LOG 后缀名的文件名称导入到同目录下的文件 dirfile 中。

2）通过 INFILE 语句和定义一个变长变量，对 dirfile 进行特征数据抽取。由于 dirfile 是高度结构化的文件，从第 37 列开始一定会包含后缀名为 LOG 的日志文件名。所以最终生成的 SAS 数据集 lognamefile 每一个观测值即为目录下各日志文件名。

3）通过一系列宏变量操作获取每一个日志文件名，并声明对应的 FILENAME 语句。

4）这步是核心程序，创建一个最终包含一个日志中所有程序步的运行时间。理解该 DATA 步最好的方法是去掉其中的 OUTPUT 语句和 DROP 语句，并剥离该 DATA 步，单独用一个 LOG 文件进行测试。

5）输出满足条件的观测，在程序执行到这一步才最终输出的原因是：LOG 文件 logfile 导成 SAS 数据集 pgm_real_time_0 时，字符值“实际时间”对应的观测总是在“CPU 时间”对应观测之前。读者也可以从日志窗口直观看出这种顺序。

由于这里使用的是 SAS 9 系列的中文版，所以 FIND 函数使用中文字符搜索，如果换成其他国家语言版本，则这里的字符值会相应变化。

第 11 章　SQL 过程

SQL 语言是目前主流数据库通用的查询语言。作为一种通用语言，SQL 在不同数据库中的应用大同小异，SAS 也不例外。具体来说，SAS 中的 SQL 过程具有以下功能：

- 产生汇总数据，创建 SAS 数据集。
- 从数据字典和数据视图中检索数据。
- 横向合并数据集。
- 纵向合并数据集。
- 创建视图和索引。
- 更新、添加、删除等操作。
- 创建宏变量。

由于众多书籍已经对 SQL 过程作了比较详细的介绍，因此本书不再重复，而是介绍在商业实践中使用频率非常高、也非常容易出现错误的一些语句，有兴趣的读者完全可以从 SAS 帮助文档中找到 SQL 过程的说明。

值得注意的是 SQL 过程在数据处理性能方面远远不如 SAS 的 DATA 步或一些 PROC 步。因此，与其钻研 SQL 过程有哪些技巧，还不如学习怎么用 DATA 步或 RPOC 步代码来替代 SQL 过程的代码，这是在目前诸多出版的书籍中学不到的。也请细心的读者仔细阅读前面的有关章节，这些章节都有不同程度的对 SQL 过程步性能的介绍。

11.1　单表操作

单表操作是指从一个 SAS 数据集里查询和检索数据，并根据一些外部需求选择是否创建一个新表。

先看一个简单的例子：

```
proc sql outobs=10;
    create table class as
    select
    name,
    case when sex eq "M" then "1"
         when sex eq "F" then "2"
    else "3"
    end as sex_tran label="sextrans",
    sum((weight-20)) as new1 format=16.2,
    mean((height-10)) as new2 format=16.2,
    (calculated new1 - calculated new2) as new
    from sashelp.class(where=(height between 50 and 70))
    group by name, calculated sex_tran
```

```
        order by calculated sex_tran desc;
    quit;
```

程序解读：

这个程序是一个标准的对单个表的各列进行操作的程序。

1）OUTOBS 是可选项，其含义和 DATA 步中的 OBS 数据集选项类似。

2）CASE 语句是列操作经常用到的语句，语法可以查询相应的帮助文件，功能是根据条件创建一新的列。

3）FORAMT 语句是 SAS 查询特有的格式，后面可以跟 SAS 自定义的格式（如此例用 16.2），也可以跟用户自定义的格式。

4）SUM 和 MEAN 是统计函数。在汇总语句 GROUP BY 中经常出现。

5）CALCULATED 语句也是 SAS 在 SQL 中的特有语句，用于对产生的新变量再操作。

6）LABEL 语句是标签语句，即在输出数据集中作为 SEX_TRAN 变量的中文标签。

7）WHERE 语句是限制条件，在 SAS 中，WHERE 语句可以直接跟在数据集后面作为一个选项。

8）GROUP BY 语句是汇总语句，如果后面出现新的列，需要加 CALCULATED 语句。GROUP BY 语句后来的变量一般是 SELECT 出现的分类变量，一般情况下，如果用了 GROUP BY 语句，则在 SELECT 语句中除了汇总变量外，其余均应为统计类变量。

9）ORDER BY 语句是排序语句，指对生成的结果集按照一定的顺序排列，此程序中 NAME 是升序（默认）,而 SEX_TRAN 由于规定了 DESC，表明是降序，需要注意的是，关键字 DESC 必须跟在要排序的变量后面，在 PROC SORT 中则相反。

10）以上所列四个变量在最后的结果数据集中会按照顺序排列。

11）以上程序 DATA 步同样可以实现，唯一不同的是 DATA 步无法对变量按照指定的顺序进行排列。

再看表 11-1 中三个汇总语句的程序：

表 11-1　SQL 三个汇总语句比较

程序 1	程序 2	程序 3
proc sql; create table test1 as select id, max (txn_seq) as txn_seq, sum (amount) as sum_amt from chap11.having1 group by id having calculated sum_amt ge 70 ; **quit;**	**proc sql;** create table test2 as select id, txn_seq, amount from chap11.having1 group by id having txn_seq= max (txn_seq) ; **quit;**	**proc sql;** create table test3 as select id, txn_seq, amount from chap11.having2 group by id having txn_seq = max (txn_seq) ; **quit;**

程序解读：

以上代码实现对数据集进行条件汇总。

1）三个程序都使用了 HAVING 语句（注意没有 BY 关键字），HAVING 语句一般跟在 GROUP BY 语句后面，作为一个筛选语句出现，如果没有 GROUP BY 语句，系统默认 HAVING 语句和 WHERE 语句效果等同，并在日志窗口提示。

2）第 1 个程序是常见的 HAVING 语句和 GROUP BY 结合使用，其功能是实现条件汇总。条件汇总对于 SELECT 语句后面的变量要求：除汇总变量外，其余为统计变量。否则 ID 会出现重复。

3）GROUP BY 语句和 HAVING 语句同时出现时，SELECT 语句后面不一定需要汇总函数如 SUM 等。如第 2 个程序，对数据集 HAVING1，执行按照每一个 ID 取最大的 TXN_SEQ 记录。

4）HAVING 语句和 MAX 或 MIN 结合使用时，一定要注意 HAVING 后面变量在每一个 ID 中的唯一性，如 HAVING1 数据集中的 TXN_SEQ 对于每一个 ID 来说都是唯一的。否则可能每一个 ID 会出现多条记录。如同样的程序，用 HAVING2 来实现，就会发现这个问题。

总之，在使用 HAVING 语句时要特别小心，一般情况下，能够用 DATA 步替代的尽量用 DATA 步替代。上面的程序都可以用 DATA 步实现，请读者自己实现编码。

11.2 多表操作

多表操作是 SQL 常用的方式，大部分情况下都需要从数据库中选取多个表以满足需求条件。

11.2.1 多表关联

多表关联是指根据需求从现有数据库中选择现有变量和衍生变量，并在此基础上进行数据处理的一种操作。常用的关联方式有内连接、左连接、右连接和全连接。

语法格式：

```
proc sql;
    create table tb as
    select
    ...
    from table1 < (where=())> as a
    join table2 < (where=())> as b
    on a.key=b.key
    join table3<(where=())> as c
    on a.key= c.key(or b.key=c.key)
    join ....
    ;
quit;
```

其中：JOIN 只是多表内连接，还有左连接（LEFT JOIN）、右连接（RIGHT JOIN）和全连接（FULL JOIN）等区分。

例 11.1 一个内连接的例子。

```
libname chap11 'f:\data_model\book_data\chapt11';
proc sql;
    create table injoin as
    select
```

```
        a.rmb_act_id as act_rmb_sky format=20.,
        put(bch_id,$3.) as bch,
        a.pan_txt,
        case when crd_lvl_cde eq "1" then "normal"
        else "vip"
        end as crd_hcy
        from chap11.crd(where=((man_act_ind="1")
        and pla_sts_cde eq ""
        and ope_dte le "30apr2007"d
        and avn_dte le "30apr2007"d
        and bch_id in("091" "011" "131")
        )) as a
        join chap11.prd_prd_csf(where=((crd_csf_cde ne "01")
        and pdt_typ_cde in('02' '03' '07' '10' '11')
        )) as b
        on a.pdt_id=b.pdt_id
        and a.rmb_act_typ_cde=b.act_typ_cde
    ;
    quit;
```

程序解读：

1）本程序是两个表的内连接(JOIN 等价于 INJOIN)。由于产品分类表的 PK 是 Pdt_Id 和 Act_Typ_Cde，所以关联的变量必须是 crd 表的两个对应变量与产品分类表的 PK 关联。

2）程序中的 WHERE 条件是筛选数据的条件，是可选项。

3）SELECT 语句中两个衍生变量 Bch 和 Crd_Hcy 分别是由 PUT 语句和 CASE WHEN 语句创建的。PUT 语句中的 FORMAT 来源参见 12.3 节。

4）WHERE 写在要关联的表中和写在外面是不一样的。在内连接中看不出效果，但是在左连接中完全不同。下面的左连接将提到。

例 11.2 一个左连接的例子。

```
    libname chap11 'f:\data_model\book_data\chapt11';
    proc sql;
        create table leftjoin as
        select
        case when b.rmb_id eq . then a.id
        else b.rmb_id
        end as all_rmb,
        a.id,
        b.rmb_id,
        b.usd_id
        from chap11.left_join_1 as a
        left join chap11.left_join_2 as b
        on a.id=b.usd_id
    ;
    quit;
```

程序解读：

1）本程序最关键的是 CASE/WHEN 语句的应用。例 11.2 中的 CASE/WHEN 语句含义是：如果表 left_join_2 中的字段 rmb_id 有空值，则用表 left_join_1 中的字段 id 值替代，否则取表 left_join_2 中的字段 rmb_id。

2）左连接在 JOIN 变量是一对一的情况下，千万要注意 WHERE 条件和 AND 条件的应用。如果 WHERE 在表的外面，则 WHERE 条件是先关联表，后筛选数据，如果 WHERE 在表中，则是先筛选数据，后关联表，AND 也是先筛选数据后关联表。因此，在 SQL 查询机制上，表内写 WHERE 和表外写 AND 是完全一样的。但是表外写 WHERE 要注意。

SQL 三个左连接语句比较见表 11-2。

表 11-2　SQL 三个左连接语句比较

<table>
<tr><th>程序 1：外写 WHERE</th><th>程序 2：内写 WHERE</th><th>程序 3：外写 AND</th></tr>
<tr><td><pre>
proc sql;
    create table leftjoin1 as
    select
    case
    when b.rmb_id eq . then a.id
    else b.rmb_id
    end as all_rmb,
    a.id,
    b.rmb_id,
    b.usd_id
    from chap11.left_join_1 as a
    left join chap11.left_join_2 as b
    on a.id=b.usd_id
    where rmb_id le 4
;
quit;
</pre></td><td><pre>
proc sql;
    create table leftjoin2 as
    select
    case
    when b.rmb_id eq . then a.id
    else b.rmb_id
    end as all_rmb,
    a.id,
    b.rmb_id,
    b.usd_id
    from
    chap11.left_join_1 as a
    left join chap11.left_join_2
     (where=(rmb_id le 4)) as b
    on a.id=b.usd_id
    ;
quit;
</pre></td><td><pre>
proc sql;
    create table leftjoin3 as
    select
    case
    when b.rmb_id eq . then a.id
    else b.rmb_id
    end as all_rmb,
    a.id,
    b.rmb_id,
    b.usd_id
    from chap11.left_join_1 as a
    left join chap11.left_join_2 as b
    on a.id=b.usd_id
    and rmb_id le 4
;
quit;
</pre></td></tr>
</table>

运行结果显示：程序 2 和程序 3 的结果是一样的。程序 1 结果则和后两者不一样。说明见上。

11.2.2　子查询

子查询与多表关联有所区别，其主要功能是查询主表的某一变量的值在或者不在副表中，副表可以是多个表的 UNION。

语法格式：

```
proc sql;
    create table tb as
    select
    ...
    from table1
    where variable in<not in>(
        select variable
        from table2
        <where=()>
        union
        select variable
```

```
            from table3
            <where=()>
            union
            .....);
quit;
```

例 11.3　一个子查询的例子。

```
proc sql;
    create table leave as
    select
    *
    from chap11.left_join_1
    where id not in(select all_rmb from leftjoin1
                            union
                            select all_rmb from leftjoin2)
;
quit;
```

该程序筛选 Left_Join_1 表中的 ID 变量的值不在 leftjoin1 表和 leftjoin2 表中。

子查询效率要比 JOIN 效率低很多，还有比子查询效率更低的 EXIST 语句在此不再讲解。

11.2.3　合并查询

SQL 的 SET 运算符可以实现将多个表进行拼接，但是拼接的前提是这些表的表数据结构要完全一样。常用的拼接方式有：UNION(相当于集合中的 A 并 B，但是要排除重复值),UNION ALL(相当于集合中的 A 并 B)；EXCEPT（相当于集合中的 A-B，但要排除重复值）；EXCEPT ALL（相当于集合中的 A-B）；INTERSECT（相当于集合中的 A 交 B）。

例 11.4　UNION 类合并。

```
proc sql;
    title 'a union b';
    select * from chap11.sql_seta
    union
    select * from chap11.sql_setb;
quit;
proc sql;
    title 'a union all b';
    select * from chap11.sql_seta
    union all
    select * from chap11.sql_setb;
quit;
```

例 11.5　EXCEPT 类合并。

```
proc sql;
```

```
        title 'a except b';
        select * from chap11.sql_seta
        except
        select * from chap11.sql_setb;
    quit;
    proc sql;
        title 'a except all b';
        select * from chap11.sql_seta
        except all
        select * from chap11.sql_setb;
    quit;
```

例 11.6 INTERSECT 类合并。

```
    proc sql;
        title 'a intersect b';
        select * from training.sql_seta
        intersect
        select * from training.sql_setb;
    quit;
    proc sql;
        title 'a exclusive union b';
        (select * from training.sql_seta
                except
         select * from training.sql_setb)
        union
        (select * from training.sql_setb
              except
         select * from training.sql_seta);
    quit;
```

11.2.4 MERGE 与 SQL 比较

MERGE 语句与 SQL 中的 JOIN 连接在“一对一”和“多对一”（一对多）情况下效果完全相同；“多对多”则完全不同。首先创建一些需要用到的测试数据集，见表 11-3。

表 11-3 创建测试数据集

测试数据集 a1：单值	测试数据集 a2：单值	测试数据集 a3：多值	测试数据集 a4：多值
data a1; input x y @@; cards; 101 1 102 3 103 30 104 5 ; **run**;	**data** a2; input x y @@; cards; 101 10 102 30 103 5 105 50 ; **run**;	**data** a3; input x y z1 @@; cards; 101 11 1 102 33 2 102 300 3 104 5 4 ; **run**;	**data** a4; input x y z2 @@; cards; 101 1 5 102 30 6 102 5 7 102 100 8 102 200 9 105 50 10 ; **run**;

1. 一对一

例 11.7 连接数据集 a1 和 a2。

该例有三个需求，期望得到的结果见表 11-4。

表 11-4 连接数据集 a1 和 a2 期望结果

需求 1 期望结果	需求 2 期望结果	需求 3 期望结果
101 10 102 30 103 5	101 10 102 30 103 5 104 5	101 10 102 30 103 5 104 5 105 50

需求 1 其实是求数据集 a1 和 a2 的交集，其代码见表 11-5。

表 11-5 需求 1 的两种实现方法

SQL 实现：

```
proc sql;
    select
    a1.x
    ,a2.y
    from a1 join a2
    on a1.x=a2.x
    ;
quit;
```

MERGE 实现：

```
proc sort data=a1;by x;run;
proc sort data=a2;by x;run;

data a12;
    merge a1(in=ina) a2(in=inb);
    by x;
    if ina and inb;
proc print;run;
```

程序说明：

- SQL 是通过内连接的方式实现的，内连接可以求多个数据集的交集。
- MERGE 是通过 if ina and inb 的方式实现的，关于 IN 的含义请参考 MERGE 语句。

需求 2 是用数据集 a2 来更新数据集 a1 的数据，其代码见表 11-6。

表 11-6 需求 2 的两种实现方法

SQL 实现：

```
proc sql;
  select
  a1.x
  ,case when a2.y is not null then a2.y
  else a1.y end as yy
  from a1
  left join a2
  on a1.x=a2.x
  ;
quit;
```

MERGE 实现：

```
proc sort data=a1;by x;run;
proc sort data=a2;by x;run;

data a12;
  merge a1(in=ina) a2(in=inb);
  by x;
  if ina;
proc print;run;
```

程序说明：

- SQL 是通过左连接的方式实现的，左连接只取 LEFT JOIN 左边数据集观测。
- MERGE 是通过 if ina 方式实现的，等价于左连接。

需求 3 是用数据集 a2 来更新数据集 a1 数据，同时保留两个数据集所有观测，其代码见

表 11-7。

表 11-7 需求 3 的两种实现方法

<table>
<tr><th>SQL 实现</th><th>MERGE 实现</th></tr>
<tr><td><pre>proc sql;
  select
  coalesce(a1.x,a2.x) as x
  ,coalesce(a2.y,a1.y) as yy
  from a1
  full join a2
  on a1.x=a2.x
  ;
quit;</pre></td><td><pre>proc sort data=a1;by x;run;
proc sort data=a2;by x;run;

data a12;
  merge a1 a2;
  by x;
run;
proc print;run;</pre></td></tr>
</table>

程序说明：

- SQL 是通过全连接的方式实现的，在全连接中，经常要用到 COALESCE()函数，在应用该函数时，一定要注意变量的顺序，由于需求 3 要用数据集 a2 的所有变量来更新数据集 a1，所以一定要把 a2 的变量放在前面，被更新的数据集 a1 的变量放在后面。但是对于 JOIN 的所有匹配变量（这里只有变量 X）则对这种顺序无要求。
- MERGE 没有使用 IN=选项，等价于全连接。

2. 多对多

例 11.8 连接数据集 a3 和 a4。

该例有两个需求，期望得到的结果见表 11-8。

表 11-8 连接数据集 a3 和 a4 期望结果

需求 1 期望结果	需求 2 期望结果
101 1 1 5	101 1 1 5
102 30 2 6	102 30 2 6
102 5 2 7	102 5 3 7
102 100 2 8	102 100 3 8
102 200 2 9	102 200 3 9
102 30 3 6	
102 5 3 7	
102 100 3 8	
102 200 3 9	

对应的程序代码见表 11-9。

表 11-9 多对多需求不同的实现方法

<table>
<tr><th>SQL 实现需求 1</th><th>MERGE 实现需求 2</th></tr>
<tr><td><pre>proc sql;
  select
  a3.x,a4.y
  ,a3.z1,a4.z2
  from a3
  join a4
  on a3.x=a4.x
  ;
quit;</pre></td><td><pre>proc sort data=a3;by x;run;
proc sort data=a4;by x;run;

data a34;
  merge a3(in=ina) a4(in=inb);
  by x;
  if ina and inb;
run;
proc print;run;</pre></td></tr>
</table>

事实上，数据集 a3 和 a4 匹配的变量 X 在两个数据集中都存在重复值，这种情况在 SQL 中被称为“多对多”，在这种情况下，就可以看出 SQL 与 MERGE 的差异：

- SQL 本质上是按照变量具体的值进行连接，这种连接在不存在查询优化的情况下，会产生一个笛卡儿乘积，比如数据集 a3 有 4 条观测，数据集 a4 有 6 条观测，则系统在用 SQL 内连接两个数据集时，最多可以产生 4×6=24 条连接结果，然后再根据联接变量值是否相等的条件去掉一些不相等的变量值对应的结果，最终会产生 9 条观测（1×1+2×4=9）。
- MERGE 本质上是按照匹配变量的位置进行连接。比如，数据集 a3 的变量 x=102 有两条观测，数据集 a4 的变量 x=102 有 4 条观测，则 SAS 系统会把数据集 a3 的变量 x=102 第一条观测匹配数据集 a4 的变量 x=102 的第一条观测，数据集 a3 的变量 x=102 第二条观测匹配数据集 a4 的变量 x=102 的第二条观测，接下来，在该 BY 组中，数据指针仍然停留在数据集 a3 的变量 x=102 第二条观测上，同时指向数据集 a4 的变量 x=102 的第三条观测，输出结果后，再次指向数据集 a4 的变量 x=102 的第四条观测。至此，x=102 所有观测才扫描完毕，系统进入 x=103 对应的 BY 组，执行类似的操作。

注意：例 11.8 只是对“多对多”连接中的内联接比较了 SQL 和 MERGE 的区别，对左连接和全联接也有类似例 11.7 的结论。

11.3 创建、更新与删除表操作

11.3.1 创建表

CREATE TABLE 语句可以创建一个表。SQL 过程步创建表的常用方式有 4 种。

例 11.9 创建一张空表。

```
proc sql;
   create table countries
   (
   name char(20),
   capital char(50),
   population num
   )
   ;
quit;
```

也可以用 DATA 步创建，代码如下：

```
data countries;
   length name $20 capital $50;
   length population 8;
   stop;
```

```
run;
```

例 11.10　从查询结果创建表。

```
proc sql outobs=10;
  create table a as
  select *
  from sashelp.class;
quit;
```

例 11.11　复制已有的表属性。

```
proc sql;
  create table a
  like sashelp.class;
  describe table a;
quit;
```

例 11.12　使用数据集选项。

```
proc sql;
  create table a as
  select *
  from sashelp.class(drop=sex);
quit;
```

11.3.2　行操作

1．添加行操作

例 11.13　使用 SET 语句。

```
proc sql;
  insert into countries
  set name='bangladesh',
  capital='dhaka',
  population=126391060
  set name='japan',
  capital='tokyo',
  population=126352003;
quit;
```

例 11.14　使用 VALUES 语句。

```
proc sql;
  insert into countries
  values ('pakistan', 'islamabad', 123060000)
  values ('nigeria', 'lagos', 99062000);
```

```
quit;
```

例 11.15　使用 SELECT 语句。

```
proc sql;
   create table newconntries
   like countries;
   insert into newconntries
   select * from countries
   where population ge 120000000;
quit;
```

2．修改行操作

例 11.16　更新所有值。

```
proc sql;
   update countries
   set population=population*1.05;
quit;
```

例 11.17　有条件更新。

```
proc sql;
   update countries
   set population=population*1.05
   where name like 'b%';
   update countries
   set population=population*1.07
   where name in ('japan', 'russia');
quit;
```

在更新和插入观测的时候，可能会得到错误的信息，UPDATE 或 INSERT 不能被实施，这时可以用 UNDO_POLICY 选项来控制修改发生错误的情况：

- UNDO_POLICY=REQUIRED　默认模式，取消错误发生后的所有更新和插入。
- UNDO_POLICY=NONE　不取消任何修改。
- UNDO_POLICY=OPTIONAL　取消所有可以取消的修改。

3．删除行操作

例 11.18　删除行。

```
proc sql;
   delete
   from countries
   where name like 'b%';
quit;
```

11.3.3 列操作

1．添加列操作

例 11.19 添加列。

```
proc sql;
  alter table countries
  add density num label='population density' format=6.2;
  update countries
  set density=population/10;
quit;
```

添加列时需要指定列的名词类型和格式。可以定义的格式有：length (LENGTH=), format (FORMAT=), informat (INFORMAT=), label (LABEL=)。本例中先添加列 density 然后 update 该列。也可以用 CREATE TABLE 起到相同的作用：

```
proc sql;
  create table countries as
  select *
  ,population/10 as density
  label='population density' format=6.2
  from countries;
quit;
```

2．修改列操作

例 11.20 修改列。

```
proc sql;
  alter table countries
  modify name char(60) format=$60.;
quit;
```

例中修改了 name 变量的长度。但是 ALTER 只能修改字符型变量长度，不能修改数值型变量长度。

3．删除列操作

例 11.21 删除列。

```
proc sql;
  alter table countries
  drop population;
quit;
```

例 11.22 行列操作综合应用。

```
proc sql;
create table test
```

```
        like sashelp.class;
    insert into test
        select * from sashelp.class;
    alter table test
        add new num format=dollar.;
        update test
                set new = height * 1.2;
     update test
        set new = height * 1.2
        where height <= 60;
        update test
        set new = height *
                    case when height <= 60 then 1.2
                         else 1
                     end;
    quit;
```

11.3.4 删除表

例 11.23 删除部分观测。

```
proc sql;
  delete from test
  where sex eq 'M';
quit;
```

例 11.24 删除全表。

```
proc sql;
  drop table test;
quit;
```

11.4 使用 SQL 注意的几个问题

由于 SAS 的 SQL 在性能上相比 DATA 步有一定差距，所以必须注意以下几点：

- 多表关联时最好不要超过 5 个表，除非都是代码表，否则 SQL 会产生很大的临时空间，从而降低程序性能。
- 除非必须，否则优先使用关联，而不要使用子查询。
- 在使用 SET 操作符时，如果已知要 SET 的表没有重复行，使用 UNION ALL 关键字会提高程序性能。
- 如果有索引，尽可能用索引和 WHERE 语句结合。
- 除非必须，否则在多表关联时尽量避免多对多 JOIN。

第 12 章　数据处理实践

本章重点介绍在数据处理实践中，经常遇到的一些重难点问题及应对的方法，比如分层不等比例随机抽样问题、HASH 对象如何应用问题、SAS 与 Excel 的相互转换等非常具体的问题。

12.1　随机抽样

随机抽样在统计学课程里面实际上是一门独立的学科，由于其方法的多样性，在此作者无法一一列举，仅介绍商业实践中最常见的两种情况：一种是简单无重复抽样；另外一种是分层抽样。

12.1.1　简单无重复随机抽样

简单无重复随机抽样必须满足两个前提条件：一是抽样的总体中每一个个体发生的概率都是一样的（古典概率事件）；二是抽样必须是无重复放回抽样。

有三种常用的方法可以实现简单无重复随机抽样。

1．通过 UNIFORM 函数

```
data all;
  do i=1 to 100;
       output;
  end;
run;
data smp;
  set all;
  rdm=uniform(0);
run;
proc sort data=smp out=out_smp; by rdm;
run;
data out_smp;
  set out_smp;
  if _n_ le 30;
run;
proc sort data=out_smp; by i; run;
```

2．通过 SURVEYSELECT 过程

```
proc surveyselect data=all out=b noprint
  sampsize=30;/*按样本数抽取*/
run;
```

```
proc surveyselect data= all out=class noprint
   samprate=0.3;/*按样本比例抽取*/
run;
```

3．通过 DATA 步

```
%let sampsize=100;
data tmp;
   set sashelp.prdsale nobs=nobs;
   retain _cnt_ 0;
   if &sampsize > _cnt_ and ranuni(0) * (nobs + 1 - _n_) < (&sampsize - _cnt_) then do;
         _cnt_+1;
         output;
   end;
   drop _cnt_;
run;
```

简单无重复随机抽样方法中，最常用的是 SURVEYSELECT 过程步方法，这也是下面讲解分层抽样时重点介绍的方法。

12.1.2 分层等比例随机抽样

分层随机抽样是指按指定的组别变量对数据集进行抽样，可分为等比例和不等比例（样本占分层变量对应观测数的比而不是总体的比）随机抽样。SAS 也可以用 SURVEYSELECT 过程解决。

首先，对测试数据集信息作如下汇总：

```
libname chapt12 "f:\data_model\book_data\chapt12";
proc sql;
     select
     sex,age_cde,count(*) as cnt
     from chapt12.origin
     group by 1,2
     ;
quit;
```

结果见表 12-1。

表 12-1 分层等比例抽样的数据样本汇总结果

sex	Age_cde	count
F	13-14	4
F	<12	6
F	>15	8
M	13-14	2
M	<12	8
M	>15	10

现要求按照变量 SEX 和 AGE_CDE 对每一个因素水平组合取相同比例（都为 0.5）的人数。表 12-2 给出了两种不同的解法。

表 12-2 分层等比例抽样的两种实现方法

方法 1：用 rate 选项指定比例	方法 2：用 rate 选项指定外来数据集
proc sort data=chapt12.origin out=outsort; by sex age_cde; **run**; **proc surveyselect** data=outsort noprint method=srs rate=0.5 out=output1 ; strata sex age_cde ; **run**;	**proc sort** data=chapt12.origin out=outsort; by sex age_cde; **run**; **proc surveyselect** data=outsort noprint method=srs rate=chapt12.equal_sample out=output2; strata sex age_cde; **run**;

程序解读：

所谓的相同比例是相对于每一个因素水平组合所包含的总记录数而言的，因此，尽管比例相同，但是由于各因素水平组合对应的总记录数不尽相同，抽样结果对各因素水平组合的记录数也不尽相同。

方法 2 是用外来数据集（这里称之为抽样表）导入抽样比例 0.5，要注意以下几点：

- 导入的抽样表的变量一定要包含母表要分层的变量，如上例，由于母表需要按照 sex 和 age_cde 来分层抽样，所以抽样表 equal_sample 就一定要包含这两个变量。而且抽样表的这些变量必须和母表对应变量在长度和类型上保持一致！
- 抽样表除了要包含目标的分层变量外，如果要按比例抽样，就必须有名为_RATE_的变量；如果要按记录抽样（下面将会讲到），就必须有名为_NSIZE_的变量。
- 方法 2 只是给大家一个演示，实际上，抽样表最大的用途是应用在分层不等比例上，因为如果是等比例，像上面这个例子，只需要用 rate=多少比例就可以了。
- 抽样表来源于实际需求，因此，不像母表可以由系统自动生成，抽样表要进行人为干预，要根据实际需求设定抽样比例或抽样记录，然后导入文件如 Excel 文件或 SAS 文件。

12.1.3 分层不等比例随机抽样

分层不等比例抽样是随机抽样的一个难点，主要原因是分组变量需要抽取的比例不相等。有两种实现方法：一种是写出每一个 STRATA 变量组的具体比例，这种方法直观，但是在遇到非常多的分层时就可能出现潜在的输入错误风险；另一种是导入外部文件，这种方法比较常用，因为它可以把错误风险控制在抽样之前以便不同的用户检验。

1．对每一个因素水平组合取不同比例的人数

分层不等比例抽样的两种实现方法见表 12-3。

表 12-3 分层不等比例抽样的两种实现方法

方法 1：用 rate 选项指定比例	方法 2：用 rate 选项指定外来数据集
proc surveyselect data=outsort noprint method=srs rate=(0.5,0.8,0.3,0.5,0.7,0.1) out=output3 ; strata sex age_cde; **run;**	**proc surveyselect** data=outsort noprint method=srs rate=chapt12.unequal_sample out=output33; strata sex age_cde; **run;**

程序解读：

- 方法 1 是把要分层的每一个 STRATA 组比例按照 STRATA 组之前的排序写入 RATE=选项，RATE 选项里面各比例顺序不能有错，否则尽管输出的总观测数不变，但是不符合需求。
- 方法 2 把分层需要的不同比例写入外部数据集，然后再导入。显然，这种方法要比方法 1 保险得多。

再看下面两段程序代码，见表 12-4。

表 12-4 分层不等比例抽样的两种特殊情况

情况 1：抽样表多出组合	情况 2：抽样表少出组合
proc surveyselect data=outsort noprint method=srs rate=chapt12.unequal_sample_s1 out=output4; strata sex age_cde; **run;**	**proc surveyselect** data=outsort noprint method=srs rate=chapt12.unequal_sample_s2 out=output5; strata sex age_cde; **run;**

情况 1 中，抽样表 unequal_sample_S1 中多了一个因素组合 sex=M age_cde=0-100 在母表里面没有，这不会影响结果。

情况 2 中，抽样表 unequal_sample_S2 少了一个因素组合 sex=F age_cde=>15,但是母表里面却有这个组合，这会在 SAS 日志里面报错，运行结果没有这个因素组合对应的抽样。这里面没有对和错的问题，看用户的实际需求是什么。在下面的程序代码中将会解决这个需求。

2．对每一个因素水平组合取不同观测的人数

分层不等观测抽样的两种情况见表 12-5。

表 12-5 分层不等观测抽样的两种情况

情况 1：组合数相等	情况 2：组合数相等但抽样表组内观测数多
proc surveyselect data=outsort noprint method=srs n=chapt12.unequal_sample out=output6; strata sex age_cde; **run;**	**proc surveyselect** data=outsort noprint method=srs n=chapt12.unequal_sample_s3 out=output7; strata sex age_cde; **run;**

程序解读：

在母表和抽样表 STRATA 变量组合数不等的情况下，分层不等观测抽样和分层不等比例抽样原理相同，但是在 STRATA 变量组合数相同的情况下，分层不等观测抽样又多出一种特殊情况。见表 12-5。

- 如果抽样表每一个变量组合内观测数小于或等于母表对应的观测数，这是正常情况，如情况 1 抽样表中，从 sex=F 和 age_cde=13-14 这个因素组合里抽 4 个对象，从 sex=M 和 age_cde=>15 这个因素组合里抽 5 个对象。一共抽取 4+6+8+2+8+5=33 个对象。
- 对上面第二个 surveyselect，由于 sex=F 和 age_cde>15 因素组合对应的抽样对象有 80 个，但是母表相同的组合却只有 8 个，因此，SAS 日志会报错，并提示对应的因素组合抽样没有成功，也就是说，抽样结果集里面不包含 sex=F 和 age_cde>15 因素组合对应抽样。

但是，上面这种情况往往不是需求想要的，因为这会影响母表的实际需求，为解决这个问题，可以增加选项 SELECTALL，利用该选项，在抽样表因素组合对应的抽样数大于母表对应的因素组合的总数情况下，可以抽取母表对应的因素组合的所有观测数，程序代码如下：

```
proc surveyselect   data=outsort noprint
     method=srs n=chapt12.unequal_sample_s3   selectall out=output7;
     strata sex age_cde;
run;
```

12.1.4 随机抽样 MACRO

事实上，完全可以把上面所有的程序进行封装，做成一个 MACRO，对非专业编程人员开放接口，即可让它们自行完成随机抽样。

程序接口见表 12-6。

表 12-6 随机抽样 MACRO 的程序接口汇总

参　数	含　义
Input	需要抽样的母表
Method	抽样方法
Outhits	重复抽样时的选项
Reps	指出样本复制数
Strata	分层变量指示器
Variable	分层变量
Nr	观测抽样或比例抽样指示器
N	观测抽样数
Rate	比例抽样数
Output	输出数据集

主体宏程序如下：

```
Libname Survey 'F:\Data_Model\Book_data\chapt12';
Options Mprint Mlogic Mstored Sasmstore=Survey;

%Macro Survey(
Input=,Method=,Outhits=,Reps=,
Strata=,Variable=,Nr=,N=,Rate=,Output=)/ STORE;
/* Check Input Data Set Is Or Not To Be Defined */
%If %Sysfunc(Exist(&Input))=0 %Then %Do;
    %Put Error: &Input Data Set Do Not Exist!;
    %Return;
%End;
/**Check Method,We Usually Use Srs And Urs****/
    %If &Strata Eq %Then %Do;
```

```
    /***Check Sampling According N Or R***/
    %If &Nr=N %Then %Do;
        Proc Surveyselect   Data=&Input Noprint
                Method=&Method &Nr=&N Out=&Output &Outhits. Reps=&Reps.
                ;
        Run;
    %End;
    %Else %If &Nr=R %Then %Do;
        Proc Surveyselect   Data=&Input Noprint
                Method=&Method &Nr=&Rate Out=&Output &Outhits. Reps=&Reps.
                ;
        Run;
    %End;
    %Else %Do;
        %Put Error:The Value &Nr Is Only N Or R!;
    %End;
%End;

%Else %If &Strata=Strata %Then %Do;
      %If &Nr=N %Then %Do;
        /***Check N Is Values Input****/
        %If "%Substr(&N,1,1)" Eq "(" %Then %Do;
          %PUT %Substr(&N,1,1);
          Proc Sort Data=&Input out=sort_&Input;
            By &Variable;
          Run;

          Proc Surveyselect   Data=sort_&Input Noprint
              Method=&Method N=&N   Out=&Output &Outhits. Reps=&Reps.
              ;
              &Strata &Variable
              ;
          Run;
            %End;
            /***Check N Is Dataset Input****/
            %Else %Do;
               %Let Dsid=%Sysfunc(Open(&N.));
                 %If &Dsid Gt 0 %Then %Do;
                    %If %Sysfunc(Varnum(&Dsid,_Nsize_))<=0 %Then %Do;
                          %Let Rc=%Sysfunc(Close(&Dsid));
                          %Put Error: &N. Do Not Exist The Field _Nsize_!;
                       %Return;
                    %End;
                  %Let Rc=%Sysfunc(Close(&Dsid));
                 %End;
                    %Else %Do;
```

```
                    %Let Rc=%Sysfunc(Close(&Dsid));
                      %Put Error:&N. Do Not Exist!;
                 %End;
        Proc Sort Data=&Input out=sort_&Input;
          By &Variable;
        Run;

        Proc Surveyselect   Data=sort_&Input Noprint
            Method=&Method N=&N   Out=&Output &Outhits. Reps=&Reps.
          ;
            &Strata &Variable
          ;
        Run;
       %End;
%End;
 %ELSE %If &Nr=R %Then %Do;
    /***Check R Is Values Input****/
    %If "%Substr(&Rate,1,1)" Eq "(" %Then %Do;
      %PUT %Substr(&Rate,1,1);
     Proc Sort Data=&Input out=sort_&Input;
       By &Variable;
     Run;

     Proc Surveyselect   Data=sort_&Input Noprint
         Method=&Method Rate=&Rate   Out=&Output &Outhits. Reps=&Reps.
       ;
         &Strata &Variable
       ;
     Run;
       %End;
       /***Check R Is Dataset Input****/
       %Else %Do;
          %Let Dsid=%Sysfunc(Open(&N.));
            %If &Dsid Gt 0 %Then %Do;
               %If %Sysfunc(Varnum(&Dsid,_Rate_))<=0 %Then %Do;
                       %Let Rc=%Sysfunc(Close(&Dsid));
                       %Put Error: &N. Do Not Exist The Field _Rate_!;
                   %Return;
                %End;
              %Let Rc=%Sysfunc(Close(&Dsid));
            %End;
               %Else %Do;
                   %Let Rc=%Sysfunc(Close(&Dsid));
                     %Put Error:&N. Do Not Exist!;
               %End;
        Proc Sort Data=&Input out=sort_&Input;
```

```
                    By &Variable;
                  Run;

                  Proc Surveyselect   Data=sort_&Input Noprint
                     Method=&Method Rate=&Rate   Out=&Output &Outhits. Reps=&Reps.
                   ;
                     &Strata &Variable
                   ;
                  Run;
                 %End;
             %End;

              %Else %Do;
                 %Put Error:The Value &Nr Is Only N Or R!;
             %End;
         %End;

         %Else %Do;
             %Put Error:The Value &Strata Is Only Strata Or Null!;
         %End;
     %Mend Survey;
```

这段宏经编译后，会存储在 LIBNAME 指定的目录下以便下次调用。

调用宏：

```
libname survey 'f:\data_model\book_data\chapt12';
options mprint mlogic mstored sasmstore=survey;
data class1(drop=name rename=(temp=name));
set sashelp.class;
temp=substr(name,1,3);
run;

data class;
set sashelp.class   class1;
run;

data basic;
set class;
n=_n_;
length age_cde $20;
if age le 12 then age_cde='<12';
else if 13<=age<14 then age_cde='13-14';
else age_cde='>15';
run;

proc sort data=basic ;
by sex age_cde;
```

```
run;

data _null_;
set basic nobs=nobs;
call symput('nobs',nobs);
stop;
run;
%put &nobs;

proc sql;
create table work.para as
select
sex
,age_cde
,count(*) as _NSIZE_
,count(*)/&nobs as _RATE_
from basic
group by 1,2
;
quit;
%Survey(Input=Basic,Method=Srs,Outhits=,Reps=1,
Strata=,Variable=,Nr=N,N=4,Rate=,Output=Test);
%Survey(Input=Basic,Method=Urs,Outhits=Outhits,Reps=2,
Strata=,Variable=,Nr=N,N=4,Rate=,Output=Test);
%Survey(Input=Basic,Method=Urs,Outhits=Outhits,Reps=1,
Strata=Strata,Variable=sex ,Nr=N,N=(4,5),Rate=,Output=Test);
%Survey(Input=Basic,Method=Urs,Outhits=Outhits,Reps=1,
Strata=Strata,Variable=sex ,Nr=R,N=,Rate=(0.4,0.5),Output=Test);
%Survey(Input=Basic,Method=Urs,Outhits=Outhits,Reps=2,
Strata=Strata,Variable=sex age_cde,Nr=N,N=para,Rate=,Output=Test);
```

12.2 HASH 对象

HASH 对象又称散列表（也叫哈希表），是根据关键码值(Key value)而直接进行访问的数据结构。也就是说，它通过把关键码值映射到表中一个位置来访问观测，以加快查找的速度。这个映射函数叫做散列函数，存放观测的数组叫做散列表。

在 SAS 中使用哈希表十分简单，并不需要知道 SAS 内部是怎么实现的，但需要知道哈希表是存储在内存中的，因而容量有一定的限制；在哈希表中“查找”并不是真的查找，而是根据 key 值直接获得存储的地址。

SAS 提供了两个类来处理哈希表，用于存储数据的 Hash 和用于遍历的 Hiter。Hash 类提供了查找、添加、修改、删除等方法，Hiter 提供了用于定位和遍历的 first、next 等方法。

使用 Hash 表有以下优点：

- 键值的查找是在内存中进行的，有利于提高性能。

- Hash 表可以在数据步运行时动态地添加更新或删除观测。也就是说，Hash 表可以对数据进行一些微观的操作。
- 在 Hash 表中可以很快地定位数据，由键值直接得到存储的地址，减少了查找次数。

使用 Hash 可以做一些 merge 和 sql 难以实现的数据集合并，在细节上可以有更多控制。

由于 HASH 对象的语法完全不同于 DATA 步和 PROC 步，因此本节先从引例开始讲解，让读者通过具体的实例了解 HASH 对象，再讲解 HASH 对象的语法。

12.2.1 HASH 对象的引例

例 12.1 FIND 方法的应用。

```
libname chapt12 'f:\data_model\book_data\chapt12';
data results;
 if _n_=0 then set chapt12.participants;
   if _n_ = 1 then do;
    declare hash h(dataset:'chapt12.participants');
    h.definekey('name');
    h.definedata('gender', 'treatment');
    h.definedone();
  end;
   set chapt12.weight;
  if h.find() = 0 then
     output;
run;
```

程序解读：

该例给出了如何定义一个 HASH 对象的基本步骤，并使用 FIND 方法。

1）由于 HASH 是一个类，因此使用前必须进行实例化和初始化，IF _N_=0 的作用就是对将要 HASH 的数据集进行初始化。

2）接下来的 DECLARE 语句将数据集 participants 实例化成一个 HASH 对象 H，然后用 DEFINEKEY 和 DEFINEDATA 定义 HASH 表的键和值。一般情况下，键最好具有唯一性，否则，系统将返回重复键的第一个值，而忽略后面的所有重复键值。

3）接着使用 defineDone 来说明 hash 表的定义已经完成。

4）通过 HASH 表的 FIND 方法，在读入一条观测后，使用 FIND 方法将得到与当前观测 Key 值相等的记录，如果找到匹配的记录（FIND 返回的值为 0）则输出 HASH 表和主表中的所有变量当前的值。

例 12.2 Add/Replace/Output 方法的应用。

```
data _null_;
  length  player goals_new $ 10 goals_list $ 64;
  if _n_ = 1 then do;
    declare hash h();
    h.definekey('player');
    h.definedata('player', 'goals_list','goals_new');
```

```
        h.definedone();
    end;
     set chapt12.goals end=done;
    if h.find() ^= 0 then do;
        goals_list = when;
      goals_new=when;
        h.add();
    end;
    else do;
        goals_list = trim(goals_list) || ', ' || when;
      goals_new=when;
        h.replace();
    end;

    if done then
        h.output(dataset:'goal_summary');
run;
```

程序解读：

这个例子使用了 FIND/ADD/REPLACE/OUTPUT 这四个函数，与例 12.1 不同，本例没有通过数据集来构建一个 HASH 对象，刚开始时 HASH 表中并没有记录。首先通过 FIND 查看 HASH 表中有无 player 值匹配的记录，如果没有就使用 ADD 方法将当前观测的键和值插入到 HASH 表中。如果 HASH 表中已经有和当前观测 player 值相等的记录，则使用 REPLACE 方法更新 HASH 表中该记录的值。在处理完 goals 中的所有观测后，使用 OUTPUT 方法将 HASH 表中的记录输出到数据集中。

注意两点：

- 在使用 ADD 时，如果 HASH 表中已经存在相应的 Key，当前的观测会被忽略。
- REPLACE 和 ADD 不同。由于在 HASH 表中相同的 key 值只能对应到一条观测，当 HASH 表中已存在与当前处理观测 Key 值相同的观测时；使用 REPLACE，该 Key 对应的值将被替换；使用 ADD 时，由于 HASH 表中已经存在对应的记录，所以 ADD 将被忽略。

例 12.3 对 HASH 表排序。

```
data _null_;
    length patient_id $ 16 discharge 8;
    if _n_ = 1 then do;
        declare hash ht(ordered:"a");
        ht.definekey("patient_id");
        ht.definedata("patient_id", "discharge");
        ht.definedone();
    end;
    infile datalines eof=output;
    input patient_id discharge:date9.;
    ht.add();
```

```
        return;
        output:
        ht.output(dataset:"sorted_ids");
        datalines;
        smith-4123 15mar2004
        hagen-2834 23apr2004
        smith-2437 15jan2004
        flinn-2940 12feb2004
        ;
    run;
```

程序解读：

在初始化 HASH 表时可以定义 Key 值的排列顺序，本例中 ordered:"a"来指定向 HASH 表中插入新记录时 Hash 表中的所有记录将按 Key 值正序排列。除了使用“a”指定正序外，还可以用“y”指定为正序；用“d”指定为逆序或者用“n”指定为不排序。

12.2.2 HASH 对象的语法

定义 Hash 类需要有下面三个步骤：

1）定义一个对象。

2）实例化该对象。

3）初始化该对象并对属性赋值。

之后就可以调用 Hash 类的函数实现需要的功能：包括添加、查找、替换、删除等等。

定义对象：

```
declare hash myhash;
myhash = _new_ hash();
```

或者

```
declare hash myhash();
```

初始化对象：

```
declare hash variable_name(argument_tag-1 : value-1<, ...argument_tag-n: value-n>);
```

或者

```
variable_name = _new_ hash(argument_tag-1: value-1<, ...argument_tag-n: value-n>)
```

对象参数：

- hashexp: hash 表的框数。
- 在查找数据时，SAS 首先用 hash function 得到数据所在的“框”，然后在框内查找 key 对应的记录。框内的记录是用树形结构组织的。因而数据查找的时间复杂度为 *O*(log(N/HSIZE))，N 为记录的条数，Hsize 为框数；因此尽量用最多的框。
- dataset: 定义从哪个数据集中导入数据。

- ordered：定义使用 hiter 变量 hash 表及输出 hash 表到数据集时的顺序：
  ascending | a：根据 key 值升序。
  descending | d：根据 key 值降序。
  yes | y：根据 key 值升序。
  no | n：不排序。

Hash 对象的方法见表 12-7。

表 12-7 Hash 对象的方法

对象方法	含义
DefineKey	定义键
DefineData	定义值
DefineDone	定义完成，可以载入数据
ADD	添加键值，如在 Hash 表中已存在，则忽略这次添加
REPLACE	如果键在 Hash 表中不存在，添加该键值对；如存在则替换
REMOVE	删除键值对
FIND	查找键值，如存在则将值写入对应的变量
CHECK	查找键，如存在返回 rc=0。不修改当前观测变量的值
OUTPUT	将 hash 表输出到数据集中
CLEAR	清空 hash 表，但并不删除对象
EQUAL	判断两个 Hash 类是否相等

对象属性：

- ITEM_SIZE：返回 HASH 对象中元素的大小（byte）。如：item_size = HH.item_size。
- NUM_ITEMS：返回数目，如 num_items = HH.num_items。

对象操作符：_NEW_，即创建对象的一个实例。当需要在一个对象上创建多个实例时这个操作符很有用。

12.2.3 HITER 对象的引例

例 12.4 HITER 对象的引例。

```
data patients;
  length patient_id $ 16 discharge 8;
  input patient_id discharge:date9.;
datalines;
smith-4123 15mar2004
hagen-2834 23apr2004
smith-2437 15jan2004
flinn-2940 12feb2004
;
data _null_;
  if _n_=0 then set patients;
```

```
    declare hash ht(dataset:"patients",ordered:"ascending");
    ht.definekey("patient_id");
    ht.definedata("patient_id", "discharge");
    ht.definedone();
    declare hiter iter("ht");
    rc = iter.first();
    do while (rc=0);
       put patient_id discharge:date9.;
       rc = iter.next();
    end;
run;
```

程序解读：

declare hiter iter("ht");给 HASH 表 ht 定义了一个遍历器 iter，之后调用 first 方法将遍历器定位到 Hash 表的第一条观测，然后使用 next 方法遍历 Hash 表中的所有记录并输出。

12.2.4　HITER 对象的语法

定义 hiter 对象：

```
declare hiter myiter;
myiter = _new_ hiter('h');
```

或者：

```
declare hiter myiter('h');
```

其中，myiter 是 hiter 对象名，h 是 HASH 对象名。

12.2.5　商业实践

例 12.5　两个数据集合并。

```
data both1(drop=rc);
   declare hash plan ();
    rc = plan.definekey ('plan_id');
    rc = plan.definedata ('plan_desc');
    rc = plan.definedone ();
    do until (eof1) ;
       set chapt12.plans end = eof1;
       rc = plan.add ();
   end;
   do until (eof2) ;
       set chapt12.members end = eof2;
       call missing(plan_desc);
       rc = plan.find ();
       output;
   end;
```

```
    stop;
run;
```

程序解读：

使用 Hash 来进行两张表的 Join 时，一般将较小的表放在 Hash 表中，将外键定义成 Hash 的 Key（plan.DefineKey ('Plan_id');）将小表中的其余变量定义成 Hash 的 Data。对主表的每一条观测都在 Hash 表中寻找键值匹配的观测，如果键值匹配，则输出主表和 Hash 表中的其他变量。

程序中的 CALL MISSING 是一个非常有用的语句，它可以实现在没有找到匹配值的时候返回一个空值，如果没有此选项，系统将会用 HASH 表当前观测之前最近一条值替代当前观测。

上面的程序代码还可以进一步简化成如下代码：

```
data both2;
   length plan_id $3 plan_desc $20;
   if _n_ = 1 then do;
         declare hash h(dataset:'chapt12.plans');
         h.definekey('plan_id');
         h.definedata('plan_desc');
         h.definedone();
         call missing(plan_desc);
      end;
   set chapt12.members;
   rc=h.find();
run;
```

例 12.6 三个数据集合并。

```
data all1 (drop=rc);
  declare hash plan ();
   rc = plan.definekey ('plan_id');
   rc = plan.definedata ('plan_desc');
   rc = plan.definedone ();
  declare hash group ();
   rc = group.definekey ('group_id');
   rc = group.definedata ('group_name');
   rc = group.definedone ();
  do until (eof1) ;
     set chapt12.plans end = eof1;
     rc = plan.add ();
  end;
  do until (eof2) ;
     set chapt12.groups end = eof2;
     rc = group.add ();
  end;
```

```
    do until (eof3) ;
        set chapt12.members end = eof3;
        call missing(plan_desc);
        rc = plan.find ();
        call missing(group_name);
        rc = group.find ();
        output;
    end;
    stop;
run;
```

程序解读：

多个数据集合并类似两个数据集，也可以用更简单的代码实现：

```
data all2;
    length plan_id group_id $3 plan_desc group_name $20;
    if _n_ = 1 then do;
      declare hash h1(dataset:'chapt12.plans');
      h1.definekey('plan_id');
      h1.definedata('plan_desc');
      h1.definedone();
      declare hash h2(dataset:'chapt12.groups');
      h2.definekey('group_id');
      h2.definedata('group_name');
      h2.definedone();
    call missing(plan_desc);
    call missing(group_name);
    end;
    set chapt12.members;
    rc1=h1.find();
    rc2=h2.find() ;
run;
```

例 12.7 两个数据集全连接。

```
data all;
    if 0 then set chapt12.mbr_group;
    declare hash hh      (ordered: 'a');
    declare hiter hi     ('hh');
    hh.definekey     ('member_id');
    hh.definedata ('member_id','group_id','_f');
    hh.definedone ();
    do until (eof2);
      set chapt12.mbr_group end = eof2;
        _f = .;
      hh.add();
    end;
```

```
        * output all rows in mbr_plan *;
    do until(eof);
        set chapt12.mbr_plan end = eof;
        call missing (group_id);
        if hh.find() = 0 then do;
                _f = 1;
                hh.replace();
                output;
                _f = .;
        end;
        else output;
    end;
      /*   at this point all mbr_plan records have been read */
    do _rc = hi.first() by 0 while (_rc = 0);
        if _f ne 1 then do;
        call missing (plan_id);
        output;
        end;
        _rc = hi.next();
    end;
    stop;
run;
```

例中，Mbr_plan 是主表，Mbr_group 为从表。第一次用 find 方法输出 Mbr_plan 中的所有变量和匹配的从表中的值，并将 Hash 中能匹配的观测进行标注（_f=1）。第二次用 hiter 遍历之后再输出 Hash 表中标注为不能匹配的记录。

例 12.8 动态拆分数据集。

```
proc sort data =chapt12.separation ;
    by id transid amt ;
run ;

data _null_ ;
    declare hash hid (ordered: 'a') ;
    hid.definekey   ('id', 'transid', 'amt', '_n_') ;
    hid.definedata ('id', 'transid', 'amt') ;
    hid.definedone ( ) ;
    do _n_ = 1 by 1 until ( last.id ) ;
        set chapt12.separation;
        by id;
        hid.add();
    end ;
    hid.output (dataset: 'out' || put (id, best.-l)) ;
run;
```

需求如下：

对数据集 separation 按照变量 ID 的值进行拆分，拆分后的每一个数据集只包含一个 ID

对应的所有观测值。

程序解读：

在 DO 循环按照每一个 ID 的 BY 组定义了数据集 separation 为 HASH 对象后，OUTPUT 方法就可以输出每一个 ID 到对应的只包含该 ID 的数据集中去。

该需求也可以用 SQL 实现，代码如下：

```
proc sql noprint ;
    select distinct 'out' || put (id, best.-l)
    into : dslist
    separated by ' '
    from chapt12.separation
    ;
    select 'when (' || put (id, best.-l) || ') output out' || put (id, best.-l)
    into : whenlist
    separated by ';'
    from chapt12.separation
    ;
quit ;
%put &whenlist.;

data &dslist ;
    set chapt12.separation ;
    select ( id ) ;
        &whenlist ;
        otherwise ;
    end ;
run ;
```

例 12.9 汇总数据。

```
data hashc (drop = date value rc);
    if 0 then set chapt12.hasha;
    if _n_=1 then do;
            declare hash share(dataset:'chapt12.hasha');
            share.definekey ('name', 'date');
            share.definedata('value');
            share.definedone();
    end;
    set chapt12.hashb;
    tvalue=0;
    k=0;
    do date=sdate to edate by 1;
            rc=share.find();
            if rc = 0 then do;
          tvalue + value;
            k + 1;
```

```
            end;
        end;
run;
```

需求如下：

数据集 hasha 中保持的是用户在某天的消费次数，数据集 hashb 中记录的是用户名和开始—结束日期，要求求某个时间段内用户的消费总次数和有消费的天数。

程序解读：

首先定义 Hash 表，键为用户名和消费的日期，值为当天消费次数。对于 Hashb 中的每一条记录，遍历开始日期（sdate）和结束日期（edate），如果发现当前的 name-date 在 hasha 表中存在，就累加天数（k）和消费次数（Tvalue）。

每读完数据集 hashb 一条观测后，要初始化变量 tvalue 和 k 的值为 0。

12.3 FORMAT 综述

FORMAT 是将数据集现有的数据转换成另外一种格式。除了系统的 FORMAT 之外，用户可以根据需要自定义灵活的 FORMAT 格式。FORMAT 可以通过 PROC 步和 DATA 步创建。

12.3.1 PROC 步创建

例 12.10 PROC 步创建 FORMAT。

```
Proc Format;
    Value $ Sex_Fmt
    'F'='女'
    'M'='男'
    Other = '未知';
    Value Age_Dur
    Low-10="10 岁以下"
    11-13="11－13 岁"
    14-<15="14-15"
    15-High="15 岁以上";
Run;
```

程序解读：

该程序完成两个输出格式的定义。

1）字符型输出格式 Sex_Fmt。在定义字符型输出格式时，格式名前面必须加符号$。

2）数值型输出格式 Age_Dur。

3）字符型转换中常用的关键字是 OTHER，数值型转换中常用的关键字是 LOW；HIGH；<。LOW 相当于无穷小，HIGH 相当于无穷大。11-13 的意思是大于或等于 11 且小于或等于 13，不加<，则 SAS 默认是闭区间。所以 14-<15 的意思是大于或等于 14 且小于 15。

例 12.11 FORMAT 应用。

```
Data Test;
```

```
    Set Sashelp.Class (Keep=Sex Age);
    X = Put (Sex,$Sex_Fmt.);Y = Put(Age,Age_Dur.);
Run;
```

该例对例 12.10 创建的两个 FORMAT 进行应用。

注意两点：

- 转换输出格式时必须用 PUT 函数。
- 每一个格式后面都要加点,如果是字符型则前面还需要加$符号。

12.3.2　DATA 步创建

PROC 步创建的一个缺点是要写入相应的转换格式，如果有现成的数据集，想把其中的变量转换成一个 FORMAT，此时就需要 DATA 步实现。

字符型变量转换：

```
Data chapt12.Fmt_Bch_Id;
    Attrib Start Length=$30 Label Length=$30 Hlo Length=$11;
    Set chapt12.Dim_Bch(Keep=Bch_Id Bch_Nme) End=Last;
    Start=Bch_Id;
    Label=Bch_Nme;
    Fmtname="$Fmt_Bch_Id";
    Output;
    If Last Then Do;
            Start="**Other**";
            Label=Repeat("X",Length(Bch_Id)-1);
            Hlo="O";
            Output;
    End;
Run;
```

程序解读：

Start 相当于 PROC 步中等于号前面的取值，只是这里用变量替代。Label 相当于等于号后边的取值。Fmtname 相当于 VALUE 后面的 FORMAT 名称。注意要用$符号。Hlo 也是关键变量，其取值有“H”、“L”、“O” (可以用小写表示)。相当于 PROC 中的“OTHER”、“HIGH”、“LOW”。但是对于字符型变量转换 FORMAT,只能用“O”。

数值型变量转换：

```
Data Chapt12.Fmt_Age_Sbs_Cde;
    Attrib Start Length=$30 End Length=$30 Label Length=$30 Hlo Length=$11;
    Set Chapt12.Dim_Age_Sbs
    (Keep=Age_Sbs_Cde Age_Sbs_Mnm_Val Age_Sbs_Max_Val) End=Last;
    If Age_Sbs_Mnm_Val = . Then Do;
            If Age_Sbs_Max_Val Ne . Then Do;
                    Start = "Low";
                    End    = Age_Sbs_Max_Val;
                    Hlo     = "L";/*其含义和 Start 相同，故可以省略不写*/
```

```
                Sexcl="N";
                Eexcl="N";
            End;
            Else Do;
                Start = "**Other**";
                End   = "**Other**";
                Hlo   = "O";/*此处不可省略*/
            End;
        End;
        Else Do;
            If Age_Sbs_Max_Val = . Then Do;
                Start = Age_Sbs_Mnm_Val;
                End = "High";
                Hlo = "H";/*其含义和 End 相同，故可以省略不写*/
                Sexcl="N";
                Eexcl="N";
            End;
            Else Do;
                Start = Age_Sbs_Mnm_Val;
                End   = Age_Sbs_Max_Val;
                Hlo   = "";/*由于 Start 和 End 都有值，此处可省略不写*/
                Sexcl="N";
                Eexcl="N";
            End;
        End;
        Label    = Age_Sbs_Cde;
        Fmtname = "Fmt_Age_Sbs_Cde"; /*数值型 FORMAT 无需"$"符号*/
    Run;
```

程序解读：

除了与字符型转换共有的特征外，该程序有以下几个特点：

- Fmtname 前面不能有$符号。
- 多了一个 End 字段，其含义类似于 PROC 步中“-”号后面的值。
- 多了两个关键变量 Sexcl 和 Eexcl，其含义是对是否排除“-”号两边值（起始值和结束值）做出判断：“Y”表示排除；“N”表示不排除。

12.3.3 永久存储及调用

在项目实践中，所有的 FORMAT 都需要永久存储，通过以下程序实现：

```
Proc Format Cntlin=Chapt12.Fmt_Bch_Id Lib=Chapt12.Itg_Fmt;Run;
Proc Format Cntlin=Chapt12.Fmt_Age_Sbs_Cde Lib=Chapt12.Itg_Fmt;Run;
```

程序解读：

上面两个 PROC 步可以把刚才创建的两个数据集 Fmt_Bch_Id 和 Fmt_Age_Sbs_Cde 通过 Cntlin 转换成 FORMAT，并通过 LIB=选项存放到永久逻辑库，然后就可以调用这些 FORMAT。

FORMAT 永久存储后，如果需要从永久逻辑库中调用这些 FORMAT，需要用到 OPTIONS 选项，代码如下：

```
Options Fmtsearch=(Chapt12.Itg_Fmt);
```

选项 Fmtsearch 设置以后，系统将优先寻找永久逻辑库 Chapt12 下 Itg_Fmt 下的所有 FORMAT。

例 12.12 调用永久 FORMAT。

```
Options Fmtsearch=(Chapt12.Itg_Fmt);
data _null_;
  input x$ y;
  fx=put(x,$fmt_bch_id.);
  fy=put(y,fmt_age_sbs_cde.);
  put fx=;
  put fy=;
  cards;
  011 13
  xxx 30
  100 200
  ;
run;
```

12.4 正则表达式

SAS 对正则表达式 (Regular Expressions, RX) 的支持，表现在以下两大类函数（包括 Call Routines）中：

- SAS Perl Regular Expressions (PRX)，SAS 9 开始引进，有 10 个函数。
- SAS Regular Expressions (RX) ，SAS 6.12 就开始支持，有 5 个函数。

这两个正则表达式系统功能类似，只是语法略有差别。它们的对应关系见表 12-8。

表 12-8 SAS 9 与 SAS 6 对应正则表达式函数比较

	SAS Perl Regular Expressions	SAS Regular Expressions
版本	SAS9	SAS6
函数前缀	PRX	RX
定义正则表达式的函数	PRXParse	RXParse
定位函数	PRXMatch	RXMatch
	Call PRXSubstr	Call RXSubstr
	Call PRXPosn	
	Call PRXNext	
	PRXParen	
文本替换函数	PRXChange	
	Call PRXChange	Call RXChange
释放内存函数	Call PRXFree	Call RXFree
代码调试函数	Call PRXDebug	

在 RX 系统中，比如，用$d 或$D 来表示数字 0-9，而在 PRX 中，却用\d，\D 表示所有不是数字的字符。同时学习两套系统很容易弄混。本书建议只使用 SAS PRX。

另外使用 Perl Regular Expressions 的好处是，Perl 语言以正则表达式著名，其他操作系统和编程语言都借鉴了它的正则表达式语法，比如 UNIX 等。

基本的用法是使用 PRXPARSE 定义正则表达式，使用 PRXMatch 找到指定的正则表达式，使用 PRXChange 将匹配到的字符串替换成特定的字符串。

一般情况下，正则表达式可以完成以下需求：

- 验证数据。
- 替代文本。
- 抽取子串。

12.4.1 语法说明

正则表达式使用“元字符”来进行字符串的匹配。常用的正则表达式元字符见表 12-9。

表 12-9 正则表达式元字符

基本元字符	
元字符	含义
/. . ./	一个正则表达式的起止
|	数项之间的一个选择，“或”运算
()	匹配组。标记一个子表达式的开始和结束位置
匹配字符	
元字符	匹配的字符
.	除换行符(newline)以外的任一字符
\w	任一单词字符，包括 A-Z,a-z,0-9 和下划线(underscore,_)
\W	任一非单词字符
\s	任一空白字符，包括空格、制表符、换行符、回车符、中文全角空格等
\S	任一非空白字符
\d	0-9 任一数字
\D	任一非数字字符
匹配字符组(class)	
元字符	匹配的字符
[. . .]	方括号里的任一字符
[^. . .]	不在方括号里的任一字符
[a-z]	从 a 到 z
[^a-z]	不在从 a 到 z 范围内的任一字符
定位字符(position matching)	
元字符	描述
^	匹配输入字符串的开始位置
$	匹配输入字符串的结尾位置
\b	描述单词的前或后边界
\B	表示非单词边界
重复字符(repetition matching)	
元字符	描述
*	匹配前面的子表达式零次或多次
+	匹配前面的子表达式一次或多次
?	匹配前面的子表达式零次或一次
{n}	匹配前面的子表达式 n 次
{n,}	匹配前面的子表达式 n 次或以上
{n,m}	匹配前面的子表达式，至少 n 次，最多 m 次

正则表达式元字符应用举例见表 12-10。

表 12-10 正则表达式元字符应用举例

元字符	举例
*	cat*匹配"cat","cats","catanddog"等;c(at)*匹配"c","cat","catatat","catatlog"等
+	\d+匹配一个或多个数字
?	hello? 匹配 "hell" 和 "hello"
.	r.n 匹配 "ron", "run"与"ran"
\d	\d\d\d 匹配任何三个数字
\D	\D\D 匹配任何两个非数字字符如 "xx", "ab"与"%%"
^	^cat 匹配 "cat" 和 "cats" 但是不匹配 "the cat"
$	cat$ 匹配 "the cat"但是不匹配"cat in the hat"
[xyz]	ca[tr] 匹配 "cat" 和 "car"
[a-e]	[a-e]\D+ 匹配 "adam", "edam" 和 "car"等
[a-eA-E]	[a-eA-E]\w+ 匹配 "Adam", "edam" 和 "B13"等
{n}	\d{5} 匹配任何五个数字，等价于\d\d\d\d\d
{n,}	\w{3,} 等价于 \w\w\w+
{n,m}	\w{3,5} 匹配 "abc" "abcd" 和 "abcde"等
[^abcxyz]	[^8]\d\d 匹配 "123" and "999" 但是不匹配 "800"
x|y	c(a|o)t 匹配 "cat" 和 "cot"
\w	\w\w\w 匹配任何三个单词字母
\(	\(\d\d\d\)匹配括号内的三个数字如"(123)"
\)	\(\d\d\d\)匹配括号内的三个数字如"(123)"
\\	\D.\\.|D 匹配 "the \ character" 注意: .=space

12.4.2 常用函数

和正则表达式函数 PRXPARSE 一起连用的函数有：

- PRXMATCH
- PRXSUBSTR (call routine)
- PRXPOSN (call routine)
- PRXNEXT (call routine)
- PRXCHANGE (call routine)

其实现功能见表 12-11。

表 12-11 常用正则表达式函数

常 用 函 数	功 能
PRXPARSE	定义一个正则表达式
PRXMATCH	返回匹配模式的首次匹配位置
CALL PRXSUBSTR	返回匹配模式在目标字符串中的开始位置和长度
PRXPOSN	返回正则表达式子表达式对应的匹配模式值
CALL PRXPOSN	返回正则表达式子表达式对应的匹配模式位置和长度
CALL PRXNEXT	返回匹配模式在目标字符串中的多个匹配位置和长度
PRXCHANGE	替代匹配模式的值
CALL PRXCHANGE	替代匹配模式的值

下面通过实例介绍几个常用函数。

12.4.3 实例详解

例 12.13 PRXMATCH 基本应用 1：精确匹配。

```
data _null_;
    if _n_ = 1 then pattern_num = prxparse("/cat/");
    /*精确匹配在字符串任何位置的字母 'cat' */
    retain pattern_num;
    input string $30.;
    position = prxmatch(pattern_num,string);
    file print;
    put pattern_num= string= position=;
datalines;
there is a cat in this line.
does not match cat
cat in the beginning
at the end, a cat
cat
;
run;
```

程序解读：

1）PRXPARSE("/cat/")：定义正则表达式。

2）PRXMATCH(PATTERN_NUM,STRING)用定义的正则表达式 PATTERN_NUM 匹配字符串 STRING 中的字符串，函数返回匹配字符串的首次出现位置。

3）/.../表示的是一个正则表达式的起止。

4）IF/THEN 语句和 RETAIN 语句只在处理第一条观测时对正则表达式进行编译，之后处理其他观测时都使用这个编译好的正则表达式。这样节省了编译时间。

5）如果有匹配的话，POSITION 的值为“cat”第一个字符“c”所在的位置，如果无匹配的字符串则返回 0。

例 12.14 PRXMATCH 基本应用 2：数据验证。

```
data match_phone;
    set chapt12.phone_numbers;
    if _n_ = 1 then pattern = prxparse("/\(\d\d\d\) ?\d\d\d-\d{4}/");
    retain pattern;
    if prxmatch(pattern,phone) gt 0 then output;
run;
```

程序解读：

该例是要把满足条件的电话号码全部找出。要求的电话号码格式如下：

(nnn)nnn-nnnn or (nnn) nnn-nnnn，注意第二种格式在(nnn)和 nnn 之间有个空格。

1）\(：匹配一个左括号。

2）\d\d\d\：匹配任何三个数字。

3）(blank)?：匹配 0 或 1 个空格。

4）\d\d\d\：再次匹配任何三个数字。

5）-：匹配一个中划线。

6）\d{4}：匹配任何四个数字。

也可以类似找出不匹配的电话号码，程序代码如下：

```
data unmatch_phone;
    set chapt12.phone_numbers;
    where not prxmatch("/\(\d\d\d\) ?\d\d\d-\d{4}/",phone);
run;
```

例 12.15　CALL PRXSUBSTR 基本应用：提取匹配某种模式的字符串。

```
data extract;
    if _n_ = 1 then do;
        pattern = prxparse("/\(\d\d\d\) ?\d\d\d-\d{4}/");
        if missing(pattern) then do;
            put "error in compiling regular expression";
            stop;
        end;
    end;
    retain pattern;
    length number $ 15;
    input string $char80.;
    call prxsubstr(pattern,string,start,length);
        if start gt 0 then do;
        number = substr (string,start,length);
        number = compress(number," ");
        output;
    end;
    keep number;
datalines;
this line does not have any phone numbers on it
this line does: (123)345-4567 la di la di la
also valid (123) 999-9999
two numbers here (333)444-5555 and (800)123-4567
;
run;
```

程序解读：

这段代码使用了 CALL PRXSUBSTR 子程序，返回了匹配字符串在目标字符串中的开始位置和长度，然后使用 SUBSTR 函数截取匹配的字符串并用 COMPRESS 去掉空格。

例 12.16　PRXPOSN 基本应用 1：提取名字。

```
data ReversedNames;
    input name & $32.;
```

```
    datalines;
Jones, Fred
Kavich, Kate
Turley, Ron
Dulix, Yolanda
;
data FirstLastNames;
    length first last $ 16;
    keep first last;
    retain re;
    if _N_ = 1 then
        re = prxparse('/(\w+), (\w+)/');
    set ReversedNames;
    if prxmatch(re, name) then
        do;
            last = prxposn(re, 1, name);
            first = prxposn(re, 2, name);
        end;
run;
```

程序解读：

该例中正则表达式的匹配模式中的括号和例 12.14 中的括号含义完全不一样，前者表示的是一个匹配组，而后者由于前面多了一个“\”则表示匹配一个左括号。由例中的表达式可以看出，该正则表达式的匹配组有两个。介于两个匹配组之间的是一个普通的逗号，起到精确匹配的作用。

例 12.17 PRXPOSN 基本应用 2：提取符合规定的名字。

```
data old;
    input name $60.;
    datalines;
Judith S Reaveley
Ralph F. Morgan
Jess Ennis
Carol Echols
Kelly Hansen Huff
Judith
Nick
Jones
;

data new;
    length first middle last $ 40;
    re1 = prxparse('/(\S+)\s+([^\s]+\s+)?(\S+)/o');
    re2 = prxparse('/(\S+)(\s+)([^\s]+\s+)(?)(\S+)/o');
    set old;
    id1=prxmatch(re1, name);
```

```
        id2=prxmatch(re2, name);
        if id1 then
            do;
                first = prxposn(re1, 1, name);
                middle = prxposn(re1, 2, name);
                last = prxposn(re1, 3, name);
            end;
        if id2 then test=prxposn(re1, 4, name);
        put test=;
    run;
```

程序解读：

对匹配上模式的观测执行 IF 语句，返回匹配模式的值。

1）例中的正则表达式结尾后一个字母 o，其含义是一次编译多次执行。

2）re1 中的正则表达式含有 3 个匹配组（在 1、3、5 位置上）和 2 个非匹配组（一个是\s+，另外一个是?）；而对应的 re2 中则含有 5 个匹配组。

3）在正则表达式中，有多少个匹配组，就会有多少个寄存器(capture buffer)来捕获匹配组内对应的匹配值，因此该例中 re1 只能返回三个位置（1、3、5）对应的匹配值，而 re2 则可以返回 5 个（1、2、3、4、5）对应的匹配值。

例 12.18 CALL PRXNEXT 基本应用：返回匹配模式的多个位置。

```
    data _null_;
        expressionid = prxparse('/[crb]at/');
        text = 'the woods have a bat, cat, and a rat!';
        start = 1;
        stop = length(text);
        call prxnext(expressionid, start, stop, text, position, length);
            do while (position > 0);
                found = substr(text, position, length);
                put found= position= length=;
                call prxnext(expressionid, start, stop, text, position, length);
            end;
    run;
```

例中，首次执行 CALL PRXNEXT 时返回一个 position 值（postion=18），然后进入 DO/WHILE 循环，在抽取满足条件的子串后，再次执行 CALL PRXNEXT，此时 position 会从原来的匹配位置开始继续往后搜索，直至返回下一个 position。

例 12.19 CALL PRXCHANGE 基本应用：替换文本。

```
    data cat_and_mouse;
        input text $char40.;
        length new_text $ 80;
        if _n_ = 1 then match = prxparse("s/[Cc]at/mouse/");
        retain match;
        call prxchange(match,-1,text,new_text,len,trunc,num);
```

```
    if trunc then put "note: new_text was truncated";
datalines;
the Cat in the hat
there are two cat cats in this line
here is no replacement
;
run;
```

例中，变量 text 中的“cat”或“Cat”替换成了“mouse”。由于 CALL PRXCHANGE 含有较多的参数，故在此做一个简要说明：

CALL PRXCHANGE 子进程表达式：

```
CALL PRXCHANGE(pattern-id or regular-expression, times, old-string <, new-
string <, result-length <, truncation-value <, number-of-changes>>>>);
```

各参数含义如下：

- pattern-id 返回函数 PRXPARSE 值。
- regular-expression 正则表达式，放在引号内。
- times 查找和替换字符串的次数，-1 表示替换所有匹配的字符串。
- old-string 需要替换的字符串。
- new-string 如果指定新的变量，新的变量将按照正则表达式规则替换，如果不指定，将直接用替换后的值覆盖原变量。
- result-length 新变量长度。其数值是原变量长度加上替换新字符后的增量。
- truncation-value 是一个标识变量，如果新字符长度大于原替换字符，值为 0，否则为 1。
- number-of-changes 是个累积变量，表示在一条记录中被替换的次数。

12.5 宏在 SAS 与 Excel 转换中的应用

在前面有关章节中，已经介绍了一些 SAS 与外部文件的转换，其中包括了 SAS 和 Excel 之间的转换，作为一个重要的补充以及 Excel 在实际工作中广泛的应用，这里将再谈谈 SAS 与 Excel 之间的转换。

12.5.1 SAS 数据集转换成 Excel

SAS 数据集转换成 Excel 可以通过 ODS HTML，也可以通过 EXPORT 过程，还可以通过古老的 DDE 方法。这里再介绍一种通过 LIBNAME 实现的方法。代码如下：

例 12.20 SAS 数据集转换成 Excel。

```
options noxwait;
x "del f:\data_model\book_data\chapt12\mul_sas.xls";
ods results off;
ods listing close;
```

```
libname test excel "f:\data_model\book_data\chapt12\mul_sas.xls" scan_text=no ;
data test.test1(dblabel=yes) test.test2; /*可以加标签*/
    set sashelp.class;
    if _n_ le 5 then output test.test1;
    else output test.test2;
    label name='姓名';
    label sex='性别';
run;
libname test clear;
ods results on;
ods listing;
```

程序解读：

1）该程序完成多个 SAS 数据集输出到多个 SHEET，通过 libname 语句的 Excel 引擎实现。

2）注意可以通过 dblabel=yes 开关控制输出变量的标签。

12.5.2 Excel 转换成 SAS 数据集

Excel 转换成 SAS 数据集最常用的是通过 IMPORT 过程。这里介绍如何通过 MACRO 来实现转换。

例 12.21 多个 SHEET 来自同一个 Excel。

```
libname test excel "f:\data_model\book_data\chapt12\mul_sas.xls";

%macro exch(cnt);
%do i=1%to &cnt.;
data t&i.;
set test."test&i.$ "n;
run;
%end;
%mend(cnt);
%exch(2);
```

程序解读：

1）首先通过 libname excel 引擎映射出同一个 Excel 里所有的 sheet。

2）再通过 copy 语句读取所有的 SHEET 数据，注意这里用了 macro 实现。如果 SHEET 表的命名没有规律，则需要通过 SQL 数据视图获取各 SHEET 表名称，然后重命名所有 SHEET 表，使之有规律。具体代码请读者思考。

例 12.22 多个 SHEET 来自多个 Excel。

```
filename fil "f:\data_model\book_data\chapt12\xls";
%let dir=%str(f:\data_model\book_data\chapt12\xls);
%macro test(filname);
    data w;
```

```
            length f1 8;
            stop;
        run;
        %let filrf=&filname;
        %let did=%sysfunc(dopen(&filrf));
        %let lstname=;
        %let memcount=%sysfunc(dnum(&did));
        %put &memcount;
        %if &memcount gt 0 %then %do i=1 %to &memcount;
            %let lstname=%sysfunc(dread(&did,&i));
            %put &lstname;
            PROC IMPORT OUT= w_&i
                DATAFILE= "&dir.\&lstname"
                DBMS=Excel REPLACE;
                SHEET="sheet1$";
                GETNAMES=NO;
                MIXED=NO;
                SCANTEXT=YES;
                USEDATE=YES;
                SCANTIME=YES;
            RUN;
            proc append base=w data=w_&i(where=(f1 ne .));run;
        %end;
        %let rc=%sysfunc(dclose(&did));
    %mend;
    %test(fil);
```

程序解读：

1）首先需要把要导入成 SAS 的所有 Excel 文件放在同一个目录下。

2）对不同的 Excel，读取的 SHEET 要有相同的数据结构以便能够 APPEND。并且 SHEET 的命名应该相同，如果不同，同样需要通过 VB 重新命名。

该宏使用了大量的如何获取外部文件的函数，请参考 SAS 帮助文档。

第 13 章　数据挖掘概念、任务和流程

本章主要介绍数据挖掘的概念和在商业环境中如何开发一个挖掘模型。除了让读者真正理解什么是数据挖掘之外，还汇总了如下一些常用的数据挖掘方法：

- LOGISTIC 回归：原创分析流程，将在第 14 章应用。
- 朴素贝叶斯分类：原创代码，将在第 15 章应用。
- TF-IDF：原创代码，将在第 16 章应用。
- 朴素贝叶斯文本分类：原创代码，将在第 16 章应用。
- EM 迭代：原创代码，将在第 16 章应用。

除了上面介绍的方法外，还有很多其他的数据挖掘方法，从比较简单的多元线性回归到比较复杂的马尔科夫链，以及时间序列模型等。但是任何一个方法或者多个方法乃至一套解决方案在同一个商业需求中都只有一个“北斗星”，那就是商业目标。衡量一个挖掘模型价值的唯一标准也是商业目标。也就是说，为达到某一个商业目标，可能有很多种技术可以实现，但是商业人员绝对不会关注分析师使用了哪种很“高深”的方法，而只是关注很“高效”的方法。这种“高效”的方法能够在激烈的市场环境变化中给企业带来价值，尽管有时候这种“高效”的方法并不“高深”。

13.1　数据挖掘概念

数据挖掘，顾名思义，就是从海量的数据中“挖掘”有用的可表示的知识。这一简单的概念包含了三层意思：首先，挖掘对象是海量数据。海量的定义其实是非常含糊的，但是至少有一点可以肯定，那就是已经不能用人工的方法来处理数据。其次挖掘工具是现有的技术或集成技术的产品。使用正确而有效的工具不仅是挖掘成功的保证，也是挖掘效率的保证。最后，挖掘的结果是有用的可表示的知识。如果面对海量的数据，使用的是最先进的技术工具，但是挖掘的知识是无用的，或者说挖掘的结果无法理解，那么这种挖掘也是失败的。对于数据挖掘的理解有一个误区就是为了获取有用的知识，使用的工具越复杂越好。实际上，在商业领域，对数据挖掘的理解恰恰与之相反。这是因为任何一个数据挖掘所得到的知识最终是要应用的，在应用层面必须要有个高效的解决方案，如果在两个能够达到类似效果的挖掘技术之间抉择，商业人员宁可选择简单易行的挖掘技术。

基于以上三个层次的理解，可以大致知道数据挖掘包含了以下步骤：数据收集、数据清洗、数据特征化、建立模型、模型打分、模型验证、模型实施、修正优化模型等一系列流程步骤。并且这个流程并不一定就是定量分析的流程，有可能包含大量的定性分析如心理学、社会学等。

流程的复杂度取决于建模的复杂度，建模的复杂度取决于需求的复杂度，需求的复杂度

取决于商业目标的重要程度，最终取决于商业目标，这已经和模型无关。

因此，在一个预测性的商业需求中，商业目标永远是最重要的，它是“北斗星”。而寻找可预测的因素是最困难的，犹如“大海捞针”，也许永远也找不到真正的影响商业目标的因素，而只能从现有的多个因素中用一个“好”的模型去寻找“次优”的影响因素，这就是所谓的数据挖掘。

根据目前主流的看法，数据挖掘技术可以分成两部分：一部分是传统的统计学技术；另一部分是机器学习。传统统计学与机器学习的最大区别是前者在技术实施过程中往往只是一次性的，而后者却是实时的。显然通过实时的学习得到的模式比一次学习、多次使用的效果要好得多，这也是机器学习嘲笑传统统计学的最大资本。事实的确是这样。但是机器学习最终又离不开统计学，追本溯源，很多机器学习最终都需要用概率模型来做最后的抉择，而概率模型乃是统计学的基石。

13.2 数据挖掘任务

数据挖掘源于商业需求，总体上，任何一个商业需求都可以归纳为如下三个问题：

- 发生了什么？
- 为什么会发生？
- 将来还会发生吗？

所有的数据挖掘任务都是围绕这三个问题展开，具体又可以分为以下任务：

- 描述分析：对已经发生的现象进行分析。主要的分析技术包括统计性描述分析、数据特征化分析、聚类分析、孤立点分析等。
- 因果分析：寻找发生的原因。主要的分析技术包括联机分析（OLAP）、相关分析、回归分析、关联分析、因子分析等。
- 分类和预测分析：预测未来发生的可能性。主要的分析技术包括决策树分类、判别分析、贝叶斯分类、回归分析（线性和非线性）、神经网络、支持向量机等。分类和预测的区别在于，前者的目标变量是类别标识变量，目标变量本身的值只是一个标识，没有实际的数字意义。而后者的目标变量则具有实际的数据含义。如决策树；LOGISTIC 回归（二值型或多值型）和贝叶斯方法都是典型的分类分析。多元线性回归、广义线性回归、非线性回归以及神经网络都是典型的预测分析。但是有时候分析师也并不非常严格地区分两者，而统统称之为预测分析。
- 时序分析：在时间维度上对未来进行预测。时序分析和上述预测分析不同之处在于：时序分析以时间作为预测和目标变量的载体，即预测和目标变量本身的变化依赖于时间的变化，因而都是时间的函数；而预测分析仍然是一个截面数据分析，虽然预测分析考虑了时间因素，但是最终它还是取某段时间内预测变量或目标变量发生的值的度量，如均值、总和等，而不关注在该段时间内的变量值的度量的变化情况。

另外，还有一些中间分析方法也会在数据挖掘过程中经常使用，如多变量分析等。

13.3 数据挖掘流程

建模的流程化是保证项目实施成功的关键。其中的建模方法又是流程中的难点，需要分析师具备一定的数学基础。一个最糟糕的情况是在不具备相应的理论基础的前提下，盲目使用模型而导致结果的失真。每一个模型都有其对应的理论基础，商业应用中需要延伸理论，甚至淡化理论而偏向应用。但是无论如何，合适的模型用于合适的商业需求，这永远是对的。

13.3.1 定义商业目标

定义商业目标是整个建模的关键。商业目标不是由建模师定义的，而是由提出商业需求的市场部和分析团队一起制定的。一个商业需求可能会包含多个商业目标，从市场人员的角度，定义商业目标要基于以下几个方面的考虑：

首先应明确要度量（临时需求）或预测（建模）什么。下面罗列了一些常见的商业需求：

- 如何评价营销活动的效果？
- 如何发现高价值客户的特征？
- 如何细分现有目标市场？
- 如何定位新客户以提高营销活动的效果？
- 如何发现高风险客户？
- 如何有效预测未来可能流失的客户？
- 如何提升销售和交叉销售？

这些商业需求在经过分析人员的信息转换和翻译后，会相应地通过以下解决方法实现：

- 如何评价营销活动的效果：通过测试组和控制组做比较分析，并排除一些外部干扰因素，如季节因素、提前消费等。
- 如何发现高价值客户特征：通过特征分析，如属性因素、行为因素、消费因素等。
- 如何细分现有目标市场：建立动态的市场细分规则。
- 如何定位新客户以提高营销活动的效果：通过建立预测模型达到预设的市场目标。
- 如何发现高风险客户：通过建立过滤机制和监控机制。
- 如何有效预测未来可能流失的客户：建立动态预测模型并给出合理化建议。
- 如何提升销售和交叉销售：发现客户消费潜在关联性，提炼可操作的规则。

下面是这些方法的进一步介绍。

1. 比较分析

比较分析通常用于营销活动效果的评价。科学的评价营销活动效果必须通过测试组和控制组来验证。比如，市场部现在想要对一部分客户发放优惠券，并期望活动结束后短期内（如 30 天）营销效果如何。为简便起见，假设这里只有一个单一商业目标度量：客户消费额。下面是一个简要的营销活动运营流程。

第 1 步：市场部和分析部联合建立营销规则。规则主要包括：测试组和控制组人数；测试组和控制组在制定规则时刻之前的时间窗口必须具有相同的特征，如人均消费额相同，人均消费频率相同，或消费可能性相似等，目的是为了消除营销活动之外其他因素的影响。第1步必须由分析师参与，因为规则的制定好坏将直接影响最终的营销效果分析。

第 2 步：数据部门从公司内部数据库根据制定规则产生数据，并在规定时效内发放所有优惠券。

第 3 步：营销活动结束一段时间后，分析部收集测试组和控制组客户的所有数据，这其中就包含了重要的时间窗口：即营销活动前的时间窗口（如 90 天）和营销活动结束后时间窗口（如30天）。

第 4 步：分析部进行营销活动分析。分析的主要内容包括：测试组客户对优惠券的反应率；是否达到预设的商业目标；营销效果评价。评价的一个重要指标公式（以客户消费额为例）如下：

$$\text{营销效果}=\left[\begin{array}{l}\left(\dfrac{\text{活动后测试组消费总额}}{\text{测试组总人数}}-\dfrac{\text{活动后控制组消费总额}}{\text{控制组总人数}}\right)- \\ \left(\dfrac{\text{活动前测试组消费总额}}{\text{测试组总人数}}-\dfrac{\text{活动前控制组消费总额}}{\text{控制组总人数}}\right)\end{array}\right]\times\text{测试组总人数}$$

第 5 步：分析部提交分析报告。分析报告的内容包括：本次营销活动有没有达到预设商业目标、营销活动关键指标分析、进一步营销活动建议、长期分析等。

第 6 步：市场部将根据分析部提交的分析报告，并结合其他部门的反馈以及营销费用的预算决定是否进入下一轮营销活动。

以上六步基本上概括了一个商业营销活动是如何进行的，从中可以了解到如下知识：一个好的营销活动必须做好前期的数据准备工作，而不是头脑发热，无的放矢。一个好的度量营销活动效果的计算公式看似简单，但是科学而简洁。分析部所扮演的角色是不可或缺的，是营销活动前期和中后期都要参与的重要部门。好的分析报告会带给市场部非常有建设性的指导意见，并直接关系到下一步的财务预算是否会再次青睐这种营销活动，而不是花完预算，人财两空。

2. 特征分析

特征分析通常是指从现有的商业数据中发现显性或隐性的特征。主要包括：特征化数据（均值、方差、极值等）、相关性度量（如相关系数、卡方值、基尼系数、熵等）、聚类分析、因子分析等。

特征分析作为一种描述性分析，在数据挖掘初期有着非常重要的应用。比如对于一个大型的文本挖掘，在进行文本分类之前，可能需要经过以下几个必须的步骤：

第 1 步：文本获取。或通过公司数据库，或通过外部文件如门户网页等。

第 2 步：数据清洗。文本不同于普通的数值变量，通常分析师面对的文本都是海量的，并且噪声很大，数据清洗的质量直接关系到随后的建模工作。

第 3 步：文本特征化。由于最终都是要将文本转换成一个数据结构模型，因此在转换之前对一个文本进行特征化是非常必要的。特征化的目的是为了降低数据建模的维度，有很多种降维的方法，如 TF-IDF、SVD 等。

第 4 步：构建模型数据。在文本特征化阶段就会对文件进行数据化处理（包括布尔模型、向量空间模型、概率测度模型等）。完成特征化步骤以后，一个高维的文本数据可能会演变成一个低维的数据，或者在维度仍然比较多的情况下，考虑将维度

（列）转成观测（行）。

以上介绍的流程是非常粗糙的，作者会在第 16 章做进一步介绍。大家记住一点的是：任何一个数据挖掘任务中，特征分析一般都是必须的，如何发现表面的和潜在的数据特征是考量一个分析师能力的重要指标，这种能力不是说会几个统计模型就可以达到的。

3. 市场细分

市场细分无论对于市场人员还是分析师来说应该都不会陌生。这里唯一要强调的是，一个真正的市场细分不是由技术主导的，而是由业务主导的。比如一个互联网网上购物公司拟对公司的所有客户按照他们的月消费额进行市场细分，这时的商业目标可能是比较长远的，比如把该细分的市场作为一个基础平台，公司所有的营销活动都需要建立在该平台之上，对消费高的 A 类客户需要采取什么营销策略，而对消费低的 D 类又采取什么样不同的营销策略，这时分析师所参与的角色也许就是只提供一个查询的消费数据和一些特征化的数值，而最终如何划分，可能不再有分析师的参与，而是由高级业务人员甚至公司总裁决断。显然，这已经不是一个技术问题，而是一个公司战略问题。

4. 响应

所谓响应，是指目标客户对于一项营销活动的反应程度。响应也是依赖商业目标的，如果商业目标是为了积聚人气，也许不需要高的响应率，而是需要高的参与度。如果商业目标是为了利润，那就必须寻找那些可能具有高的响应率的人群。如何定位这些人群？这将是第 14 章的重点内容。

5. 风险

对商业公司，风险意味着潜在的损失。主要存在于信用卡和保险业。办理过信用卡的客户都会有这样的经历：在申请信用卡的第一关，就会收到一张填单，要求填写性别、年龄、工作单位、是否有房产、是否存在贷款等一系列问题，填写结束后的若干天便会收到一个是否愿意接受客户申请的邮件。在填写填单结束到告知客户的一段时间内，信用卡公司其实是在对客户的所有填写信息以及外围的信息（如通过银行征信系统）来核对并对客户所有信息进行评分。评分一般分两个阶段进行：第一阶段，业务人员初步审核，审核有很多过滤条件，这一关将把那些明显不符合申请条件的客户拒之门外。第二阶段，公司将会根据内部的风险模型再次对剩下的客户进行风险评估，并给出一个评估值。不同的信用卡公司会有不同的风险模型，但是通常会包含如下因素：

- 资产负债情况。
- 信用记录。
- 工作稳定性。
- 收入。
- 教育程度。
- 家庭人口结构。

对风险的定义也因公司而异，从而最终影响审核通过的客户比例。但是风险模型仍然只是审核流程中的一个技术环节，还有很多因素如公司战略、扩张计划等会直接影响甚至决定了审核通过率。比如一个正处在业务扩张期的信用卡公司可能会降低风险门槛，从而出现比较高的审核通过率。风险模型的建立在技术上和响应模型十分类似。但是在具体的业务上会有很大的不同。比如，对目标变量的定义，风险模型可能由很多因素共同决定，一个比较常见的定义是拖欠额度超过某一数值，并逾期超过 3 个月的客户作为风险客户（目标变量值为 1，其余情况为 0）。

6. 流失

在商业领域，流失意味着利润的减少甚至账户关闭，主要发生在电信行业和银行业。由于竞争对手的存在，流失会经常发生。如果能够通过建立一个比较健壮的流失模型，能够对那些可能在未来的几个月内流失的客户做出准确的预测，则从营销角度就可以提前做好一些准备，如通过一些营销手段来挽留这些客户。从技术上，流失模型本质上和风险模型是一样的，只是目标定义可能会有所不同。一种常见的流失定义是：在过去的 6 个月内账户余额呈现减少趋势，并在第 6 个月余额低于公司规定的阈值或比例。

注意：响应模型是基于时间点的模型，而风险模型和流失模型是基于时间段的模型。

7. 提升销售和交叉销售

提升销售是指预测客户购买更多同样产品的可能性。交叉销售是指预测客户购买公司不同产品的可能性。提升销售和交叉销售对于纵向挖掘一个客户的潜在利润是非常重要的。从技术上来说，关联规则也许能够帮助公司发现客户的特征，著名的“啤酒和尿布”就是多数数据挖掘图书“言必称希腊”的经典案例，但是在作者看来，“啤酒和尿布”如同“尼斯湖怪兽”一样并非值得绝对信赖。在提升和交叉销售领域，更多的关注应该是客户消费对象本身的关联性以及客户的消费心理，这是更偏向于定性分析的技术，而不是定量分析的方法。

事实上，以上列举的商业需求只是千千万万个商业需求中的部分代表，读者能够从中得到这样的启发：所有的数据挖掘技术都是商业目标的一个实现，或简单，或复杂。而商业应用的最高原则就是“效率、效果”。

13.3.2 编制需求文档

在明确了商业目标之后，接下来就需要分析师编制需求文档。需求文档是商业目标的细化。完整的需求文档应包括以下几个部分：

- 项目计划文档（PPT）。
- 方法论设计文档（Word）。
- 变量需求文档（Excel）。

这三个项目涵盖了商业客户需求、团队头脑风暴成果、项目数据收集指标三个重要内容。

1. 项目计划文档

项目计划文档是指实现客户需求而制定的需求框架、计划内容、路线图和资源。由于该部分内容主要呈现给商业客户，因此一般以 PPT 形式，幻灯片尽量控制在 10 张以下。

以下是作者编制的项目计划中的一个汇总幻灯片，如图 13-1 所示。

- Business Objectives
  - Keyword sourcing: Discovery the relevant keywords in given landing pages
  - Keyword grouping: cluster keywords as neighborhoods
  - RPC predicted: predict RPC based on single keyword and keyword clustering
  - RPC optimization: optimize the relevancy between keywords and landing pages
  - Iteration: iterate the above 4 steps.
- Technical objectives
  - Use text mining methodology like LSI/SVD matrix and COSINE similarity algo
  - Use Jaccard coefficient matrix; COSINE similarity and clustering algo
  - Use right model like to predict relatively precise RPC
- Project Plan
  - Phase1: keyword sourcing
    - ✓ Phase1: scrape given landing pages
    - ✓ Phase2: identify "relevancy" keywords
  - Phase2: keyword grouping
  - Phase3: community of data collection
  - Phase4: modeling
    - ✓ Phase1: data explore
    - ✓ Phase2: build; compare ;choose and optimize model
    - ✓ Phase3: scoring and monitoring
    - ✓ Phase4: automation as one ETL job
- Roadmap
- Resource

图 13-1　项目实施汇总信息

这是整个 PPT 纲领性的一页，包含了商业目标、技术目标、项目计划、项目路线图和资源等内容。

首先介绍一下项目背景。经常上互联网的读者都应该知道搜索引擎网站，一个不大的条框里面可以找到用户想要找到的任何信息。当用户随便输入一个搜索关键字的时候，搜索引擎会在不到 1s 的时间内给出上万甚至几十万的返回结果，如图 13-2 所示。

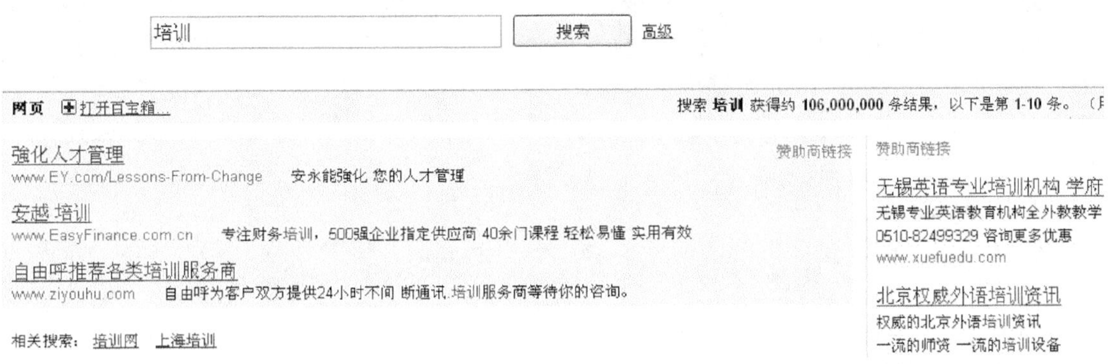

图 13-2　搜索引擎结果示例

请读者注意右边的栏位最上面写着“赞助商链接”，下面有很多超链接网站，这其实是这些赞助商所在的公司购买了用户输入的关键字（这里是“培训”），然后搜索引擎才会在右边给这些公司显示它们公司的信息，包括公司网站、登录页面等。如果读者点击这些页面的链接进入这些公司的网站，那么搜索引擎就会收取相应的点击费用，而赞助商也可能因为用户的这次点击购买了它们的产品，从而也给它们带来利润，这显然是一个双赢的结果。这里把右边的这种赞助商链接称为支付搜索（Paid Search），而把左边出现的结果称为自然搜索（Natural Search），不过注意，也有赞助商购买左边的栏位，像上面图中前三个搜索结果就是赞助商购买的栏位。但是绝大部分结果都是免费的。

赞助商面临几个关键问题：第一，如何让终端客户输入的关键字和右边显示的链接相关联？第二，如何让自己的栏位尽可能地靠近上方以便客户很容易看到？第三，如何以最小的竞价成本获取最大的收益？

回到前面的这个项目，该项目最大的商业目标是如何比较准确地预测在给出一个确定竞价后，所能返回的利润。如果能够预测下一时间段利润，就可以根据历史的用户点击状况给出一个合理的竞价，而不是盲目给出高的竞价从而增加公司的经营成本。但是在做这样一个预测模型之前，必须做一些外围的准备工作，包括如何发现和定义关键字（Keyword Sourcing），如何把关联的关键字分组（Keyword Grouping）等。

有了商业目标，接下来就是如何实现该商业目标了。从技术角度，首先要把商业目标转换成技术目标，该项目必须解决三个关键的技术，它们是：如何利用文本挖掘技术发现关键字；发现关键字后，如何利用聚类技术对关键字进行分组；最终如何选择基于分组关键字的合适的预测模型来预测未来一段时间的利润。

但是技术目标只是指明了实现商业目标的方向，接下来的项目实施计划才是最重要的实质性内容，上面的 PPT 给出了每一步关键的实施内容。

最后两项是项目路线图和资源。项目路线图给出了分析团队如何实施项目的明确时间表和每一个阶段的任务，资源是每一个项目阶段所需要的参与项目人员。

至此，整个项目的实施框架已经完成，接下来就是具体的操作了。后面的 PPT 都是如何操作的幻灯片，出于商业机密等因素考虑，在此不再列出。

2. 方法论设计文档

方法论设计文档是建模师的留存文档，是解决商业需求的技术文档。注意这里的方法论决不只是统计方法或者机器学习方法，而是一个解决方案。它可以包含建模师自行创建的方法，也可以是一个分析团队通过头脑风暴创建的方法，只要该方法能够解决实际的商业问题，不一定非要用高深的数学公式。一个完整的方法论最核心的内容是组合不同的算法，并给出最终能达到的理论目标。

3. 变量需求文档

变量需求文档需要分析师和商业需求人员一起完成。变量需求文档主要包含了影响商业目标的各种外部因素，商业需求人员所提出的影响因素是非常直接的，一般都具有很强的商业含义，而分析师的任务是把这些因素整合在一起，并和团队成员一起从建模分析和数据库是否支持等角度汇总这些信息，最终一般以 Excel 文件呈现。变量需求文档主要包括：

- 目标变量定义。
- 时间窗口定义。
- 历史数据表。

- 近期交易表。
- 对象属性表。
- 其他相关表。
- 各表对应的变量名称、变量属性。

不同的商业需求需要的表类型可能不一样，上面只是罗列了常见的情况。另外，所有这些表并非现有数据仓库就有的（至少大部分情况下如此），而是需要建模师自己开发相关的大量代码来产生这些数据。

13.3.3 选择数据源

变量需求文档告诉客户需要哪些变量信息，但是这些信息从何处获取、本身的类型是什么样的、构造的建模数据集可能占用多大存储空间等等，这些都和数据源密切相关。

所谓数据源是指变量信息的来源。一般情况下主要从公司内部数据源获取。如各类功能数据库、主题数据仓库等，这些数据源记录了公司所有客户活动的历史，因而对公司内部分析师来说比较容易访问这些数据库。最常见的数据库包括：客户信息数据库、交易数据库、营销数据库、各类分析平台数据集市数据等。除了内部数据源，还有一些数据可能需要从外部数据源获取。如第三方独立调查机构的调查数据、客户反馈表等信息，不过在大的公司，这些信息都会集成到一个特定的数据库里面以便分析师或其他有访问权限的公司员工分析。

在信息文档里面提到的变量可能有几百甚至上千个，这些变量分布在不同的数据库里面，需要分析师开发相关代码来获取这些变量的值。

按照数据库来源，变量主要有 6 种来源：

- 与营销活动相关的数据库。
- 客户历史交易信息数据库。
- 客户信息数据库。
- 客户反馈数据库（如调查反馈、投诉等）。
- 主题数据仓库。
- 其他相关数据库。

由于公司数据库或者数据仓库一般不可能把客户所有需求对应的变量信息都存放到数据库表里面去，所以分析师从上面这些数据源里面获取的变量有可能只是信息文档所有需要变量的一小部分，更多的是衍生类型的变量。

衍生类型的变量包括 3 种：

- 时间维度衍生：即对一个变量在时间上进行指标汇总。如交易额是一个变量，可以在时间上衍生的指标有：最近 1 个月交易额、最近 3 个月交易额、最近 6 个月交易额等。
- 转换函数衍生：即对一个变量进行函数转换。同样以交易额为例，可以衍生的转换函数有：最大交易额、最小交易额、平均交易额、交易额波动（方差）等。
- 概化衍生：包括汇总变量、不同变量之间的比值等。如最近 3 个月交易额/最近 1 个月交易额。

但是变量衍生不是无限制的，商业实践中，一般都是基于 RFM 原则进行。所谓的 RFM

原则是指：在众多分析师看来，最近值（Recent）、频数值（Frequency）和币值（Money）是影响目标客户的最重要的三个要素，因此所有的衍生变量都需要围绕这三个要素展开。不过 RFM 原则只对时间维度衍生变量有效，与转换函数衍生变量无关。

至此，所有开发前期的准备工作已经完成，接下来就会进入代码开发阶段。

13.3.4 建模流程图

建模流程是程序开发阶段的纲领，也是项目实施过程中最核心的部分。图 13-3 展示了第 14 章响应模型的架构。

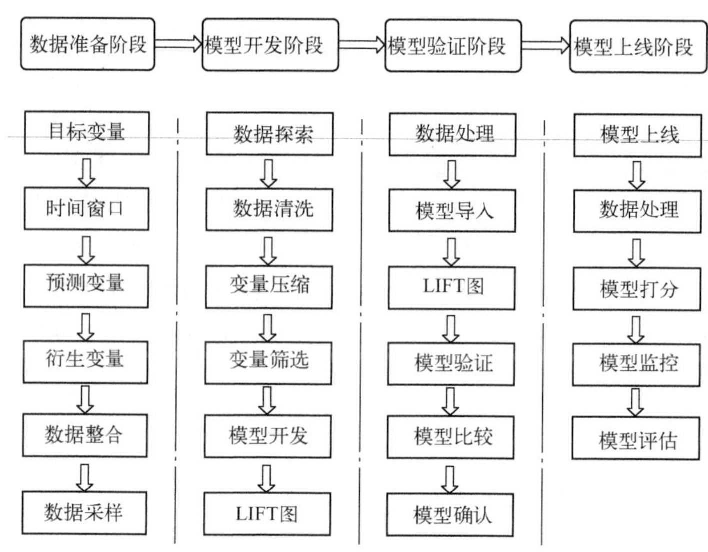

图 13-3　建模流程图

数据准备阶段：

- 目标变量：即 Y 变量的定义。
- 时间窗口：包括 Y 变量的时间窗口和 X 变量的时间窗口。
- 预测变量：即所有 X 变量。
- 衍生变量：基于 X 变量的衍生指标变量。
- 数据整合：整合所有的变量形成一张建模基础表。
- 数据采样：采样基础表并分成训练数据集和验证数据集。

模型开发阶段：以训练数据集为对象进行开发。包括：

- 数据探索：如缺失值分析、分布分析、极值分析和频率分析等。
- 数据清洗：包括异常值和缺失值处理。
- 变量压缩：对字符型变量值重新组合。
- 变量筛选：包括弱相关变量剔除和共线性变量筛选。
- 模型开发：可以使用全模型构建多个备选模型。
- LIFT 图：测试模型效果。

模型验证阶段：以另外一个同类的测试数据集为对象进行验证。包括：

- 数据处理：如缺失值、极值等。
- 模型导入：选择最好的模型参数导入数据集。
- LIFT 图：测试模型效果。
- 模型验证：验证模型结果。
- 模型比较：比较候选模型。
- 模型确认：选择“最好的”候选模型。

模型上线阶段：对最终确认的模型投入运营。包括：

- 模型上线：分析部与模型需求部门沟通，确认模型上线。
- 数据处理：如缺失值、极值等。
- 模型打分：用验证阶段产生的“最好的”模型参数对目标变量进行打分。
- 模型监控：对模型每次运行的状况进行监控，并开发监控报表。
- 模型评估：对模型参数进行评估，分析模型对商业环境的自适应性。

在此作者特别介绍数据建模阶段时间窗口的重要性。在预测模型里面，预测变量 X 的时间窗口一般都要在目标变量 Y 之前，而目标变量 Y 的时间窗口是依据商业目标而来的，主要有三种形式：时间段窗口、时间点窗口和实时窗口。

- 时间段窗口：目标变量在某一个时间段需求定义。如在未来 12 个月客户是否流失。
- 时间点窗口：目标变量在某一个时间点的需求定义。如对公司营销活动，新客户是否有反应。
- 实时窗口：目标变量的可能性值实时变化。

在确定了预测变量 X 的时间窗口和目标变量 Y 的时间窗口关系后，对以后新数据的打分预测都要基于这种滚动（Rolling）的时间窗口。举个例子，假如建模是在 2009 年 10 月完成，其中预测变量 X 的时间窗口是 2008 年 3 月～2008 年 9 月，目标变量 Y 的时间窗口是 2008 年 10 月～2009 年 4 月。如果需要在 2009 年 11 月份要把模型投入生产，并定义目标变量 Y 时间计算从下个月开始，则目标变量 Y 的时间窗口应该是 2009 年 12 月～2010 年 6 月，而对应的预测变量 X 的时间窗口必须是 2009 年 5 月～2009 年 11 月。

13.4 LOGISTIC 建模及结果详解

在商业领域，LOGISTIC 模型无疑是使用最广泛的预测模型了，和 LOGISTIC 具有等价或相似的技术结果的模型包括神经网络、决策树等，但是由于神经网络存在过度拟合的嫌疑，而决策树可能存在预测结果的不稳定性，并且在大数据的情况下决策树存在失灵现象，因此 LOGISTIC 相对于其他模型至少是一个“不差的”和“适度的”模型，再加上由于输出结果有很好的解释性，因此备受分析师甚至商业人员的喜爱。

下面将以 LOGISTIC 模型为例，简要介绍其理论，重点介绍在 SAS 中应用以及如何对输出结果进行解释。更多的理论请参考诸多公开出版的相关书籍。

13.4.1 数学模型

在 LOGISTIC 模型中，最常用的莫过于二值型 LOGISTIC。所谓二值型是指目标变量只包含两个类别值，通常是 1 和 0。数学模型如下：

假设在自变量 $X_1,X_2,\ldots,X_n$ 作用下，某事件发生的概率为 p，则该事件不发生的概率为 1-p，p/1-p 为发生概率和不发生概率之比，记做“优势”（odds），若对 odds 取自然对数，得到：

$$\text{logit}(p)=\ln(odds)=\ln\left(\frac{p}{1-p}\right)$$

称为 P 的 logit 变换，则 logistic 回归模型为：

$$\text{logit}(p)=\ln\left(\frac{p}{1-p}\right)=\beta_0+\beta_1X_1+\beta_2X_2+\cdots+\beta_sX_s$$

概率计算公式为：

$$\ln\left(\frac{p}{1-p}\right)=\eta\Rightarrow p=\frac{1}{1+\mathrm{e}^{-\eta}}$$

注意，Logistic 回归模型与一般线性回归模型的区别：

- 线性回归模型的结果变量（outcome variable）或因变量（dependent variable）或反应变量（response variable）与自变量之间的关系假设是线性的，而 Logistic 回归中因变量与自变量之间关系是非线性的。
- 在线性回归中通常假设，对应自变量 X 的某个值，因变量 Y 的观测值服从正态分布，但是在 logistic 回归中，因变量 Y 却服从二项分布（0 和 1）或多项分布。
- 在 logistic 回归中，不存在线性回归中的残差项。

另外，在参数估计上，Logistic 回归模型估计采用是 MLE 方法论来估计参数。其假设条件与 LSE 回归比较类似：

- 数据必须来自随机样本。
- 因变量 Y 被假定为 K 个自变量的函数。
- 自变量是确定性变量，不是随机变量。
- 正如 LSE 回归，logistic 回归也对多元共线性(multi-collinearity)敏感。自变量之间存在多元共线性也会导致标准误的膨胀。

但是 MLE 还有一些与 LSE 不同的假设：

- 因变量 Y 是分类变量，研究的兴趣是在 X 发生时事件发生的条件概率。
- 自变量和因变量之间是非线性关系，可以通过 Logit 函数转换成线性关系。
- 在 LSE 回归中对残差要求独立同分布(IID)，但在 logistic 中却不需要，因为 logistic 没有残差项。

13.4.2 参数估计

在线性回归模型中，估计总体参数时主要采用 LSE 算法。该方法的原理是假设残差独立同分布，然后构造样本函数，使得因变量的观测值和模型估计值之间的离差平方和为最小。由于建立的方程组是线性方程组，因此可以通过一阶求导，然后令导数等于 0 来求得最终的参数。在线性模型中，完全可以用 MLE 来求模型参数，但是与 LSE 相比，MLE 不仅可以用于线性模型，还可以用于非线性模型。而 LOGISTIC 是非线性模型，因此需要采用 MLE 来估计参数。如何用 MLE 来估计参数，本书只给出一个简要的关键算法公式，更多的统计知识请参考有关书籍。一般情况下，任何一个利用 MLE 作为参数估计的模型，都需要经历如下三个步骤：

首先，需要建立似然函数。由于似然函数是样本的函数，而对样本要求知道其分布，并且假设互相独立。在 LOGISTIC 模型中，目标变量就是样本，对于二值型的 LOGISTIC 来说，目标变量是一个两点分布。假设有 n 个案例构成总体，从中随机抽取 n 个案例作为样本，观测值标注为 $y_1,\cdots,y_n$，设 $p_i = P(y_i = 1 | x_i)$ 为给定 x_i 条件下 $y_i = 1$ 发生的概率；而在同样条件下 $y_i = 0$ 发生的概率为 $P(y_i = 0 | x_i) = 1 - p_i$。于是对一个目标观测对应的概率可以表示为：

$$P(y_i) = p_i^{y_i}(1-p_i)^{1-y_i} \qquad \text{其中：} y_i = 1 \text{ 或 } 0。$$

现假设这 n 个样本之间互相独立，则其联合分布可以表示为：

$$L(\theta) = \prod_{i=1}^{n} p_i^{y_i}(1-p_i)^{(1-y_i)}$$

上面这个式子就是似然函数的最初形式。接下来，根据 LOGISTIC 的数学模型，把上式中的 p_i 用下式替换：

$$p_i = \exp(\alpha + \beta x_i)/(1 + \exp(\alpha + \beta x_i))$$

最终得到的似然函数包含了所有模型参数，对1取对数，得到似然函数表达式为：

$$\ln(L(\theta)) = \sum_{i=1}^{n}[y_i(\alpha + \beta x_i) - \ln(1 + \exp(\alpha + \beta x_i))]$$

上面这个式子称为对数似然函数，目的就是求出该式子的最大值。为了能够求出 $\ln(L(\theta))$ 最大值，根据微积分等相关知识，可以对 α 和 β 分别求导，然后令导数等于 0，最终会得到一个非线性方程组。对一个非线性方程组要通过初等代数的方法求解系数是非常困难的，事实上，在 SAS 里面，求解 α 和 β 是通过迭代的方式实现的。有兴趣的读者可以参照 SAS IML 模块，其中有一个例子专门介绍如何迭代求非线性方程组的系数，此处不再赘述。

13.4.3 模型评价指标

在实际应用中，分析师往往只关注回归模型自身的“好坏”以及回归系数的显著性，评价回归模型“好坏”的主要指标有：

1. 拟合优度（goodness of fit）

拟合优度度量的是预测值和观测值之间的总体一致性。但是在评价模型时，实际上测量的是预测值和观测值之间的差别，也就是说，实际上检验的是模型预测的“劣度”，而不是“优度”，即拟合不佳检验（lack of fit test）。常用的两个指标是 Hosmer-Lemeshow 指标（HL）和信息测量指标（Information Measures，IM）。

- HL 指标是一种类似于皮尔逊-卡方统计量的指标，其对应的统计假设 H_0 是预测值概率和观测值之间无显著差异，所以，如果 HL 指标显示较大的 P-Value，说明统计结果不显著，因此，不能拒绝关于模型拟合数据很好的假设。换句话说，模型很好地拟合了数据。可以通过在 SAS 中调用 LACKFIT 选项命令实现。

- IM 指标中比较著名的是 AIC，在其他条件不变的情况下，较小的 AIC 值表示拟合模型较好。在 SAS 中还提供了另外一种 IM 指标 SC，SC 指标是对 AIC 指标的一种修正，与 AIC 同向作用。

2. 模型卡方统计（Model Chi-Square Statistic）

模型卡方统计检测的是模型中所包含的自变量对因变量有显著的解释能力，也就是说所设模型比零假设模型（即只包含常数项的模型）要好，在多元线性回归和 ANOVA 中，常用 F 检验达到目的。在 Logistic 中用似然比检验（likelihood ratio test），相当于 F 检验，在 SAS 输出结果中就是 Likelihood ratio 对应的值。

需要注意的是，模型卡方值和拟合优度是两个完全不同的概念：前者度量的是自变量是否与因变量的 ODDS 自然对数线性相关，而后者度量的是预测值和观测值之间的一致性。所以，按照理想情况，最好是模型卡方统计性显著而拟合优度统计性不显著。如果发生不一致，实践中更优先关注前者。

3. 预测准确性

模型卡方统计关注的只是相对于零假设模型而言，所设模型显著不显著，它只是从总体上考虑了模型的显著性，但是所有 X 变量到底能解释多少 Y 变量的波动？这是预测准确性的问题。有两种方法：

- 类 RSQUARE 指标：在线性回归中，可以用 RSQUARE 来度量，显然 RSQUARE 越高说明预测越好。在 logistic 中，也有类似的指标，在 SAS 中调用命令 RSQ 即可。Logistic 中的 RSQUARE 也有许多重要的性质：与经典的 RSQUARE 定义一致；它可以被理解为 Y 变异中被解释的比例。
- C 统计量：拟合优度只是给出了观测值和预测概率之间的差别程度，然后给出一个总体评价的指标。但是在实际应用中，人们往往更关心观测值和模型预测的条件事件概率的关联强度，这类指标被称为序列相关指标。指标值越高，表示预测概率与观测反应变量之间的关联越密切。举例说明：

事件发生(Y=1)且预测发生概率：0.8;0.2;0.5;0.7;0.9

事件不发生(Y=0)但预测发生概率：0.3;0.2;0.5;0.1;0.7

其映射关系如图 13-4 所示。

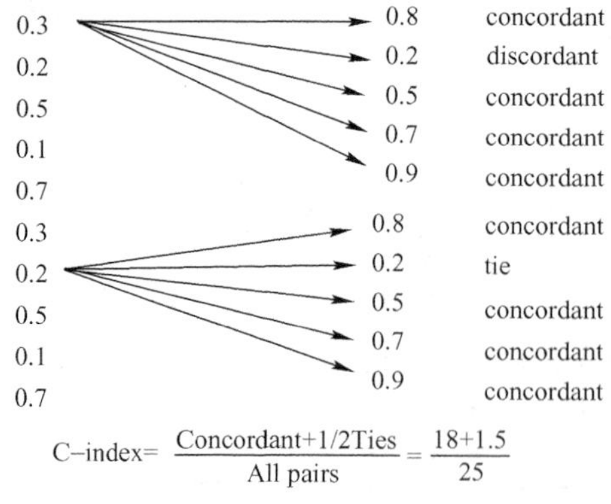

图 13-4　C 统计量计算的映射关系图

对上面映射图的解释如下：

- All pairs：事件发生数*事件不发生数=5×5=25（对）。
- Concordant：如果 P(预测发生|Y=0)<P(预测发生|Y=1)。例如映射图左边的 0.3<映射图右边的 0.8，是一对 concordant。
- Discordant：如果 P(预测发生|Y=0)>P(预测发生|Y=1)。例如映射图左边的 0.7>映射图右边的 0.2，是一对 discordant。
- Ties：如果 P(预测发生|Y=0)=P(预测发生|Y=1)。例如映射图左边的 0.2=映射图右边的 0.2，是一对 ties。

其中的预测概率可以通过调用 SAS 中的 OUTPUT 选项和 P=命令实现。而上面 C 统计量结果会在 SAS 的 OUTPUT 输出窗口显示。各模型评价指标汇总见表 13-1。

表 13-1 LOGISTIC 模型评价指标汇总

统计量	趋势	拟合	作用	SAS 命令	备注
AIC	越小	越好	类似多元回归残差平方和	自动输出	
似然比卡方	越大	越好	类似 F 检验，度量回归平方和	自动输出	P 值越小越好
RSQUARE	越大	越好	类似多元回归中的 RSQUARE	RSQ	
C 统计量	越大	越好	度量观测值和条件预测概率之间的相对一致性	自动输出	
HL 统计量	越小	越好	度量观测值和预测值总体的一致性	LACKFIT	P 值越大越好

在商业实践中，对以上统计量最为关注的是 C 统计量，其次是似然比卡方，最后才是 HL 统计量。对 AIC 和 RSQUARE 极少关注，这一点和多元线性回归有很大的不同。根本原因就是多元线性回归是一个预测模型，目标变量的值具有实际的数值意义；而 LOGISTIC 是一个分类模型，目标变量的值只是一个分类标识，因此更关注观测值和预测值之间的相对一致性，而不是绝对一致性。这也是很多分析师为什么在最后的模型预测概率上关注概率值的排序的原因，而 LIFT 图也正是从概率排序结果得到的。

13.4.4 回归系数

由于回归系数解释和多元线性回归几乎一样，所以此处请大家参考相关书籍，这里只重点介绍三点：

1. 关于 ODDS 和 ODDS RATIO

这两个概念是 logistic 独有的。ODDS 的定义在前面已经说过，ODDS RATIO 指两个 Odds 之比。用以衡量自变量对响应变量的作用大小。公式举例如下：

$$\text{logit}(p) = \beta_0 + \beta_1 \cdot D_{female}$$

女性的 Odds：$e^{\beta_0+\beta_1}$；男性的 Odds：e^{β_0}

Odds Ratios（女性 VS 男性）：$\dfrac{e^{\beta_0+\beta_1}}{e^{\beta_0}} = e^{\beta_1}$

2. 关于变量的重要性衡量

变量的重要性必须通过标准化回归系数来衡量。在 SAS 中调用 STB 命令实现。

3. 关于回归系数的显著性检验

回归系数有两种：一种是标准化的，另外一种是非标准化的。标准化系数已经消除了所有预测变量 X 之间的量纲，因而可以比较各预测变量之间的相对重要性。非标准化系数没有消除量纲，因而可以用来求目标变量的预测概率。

一般情况下，只要每一个预测变量对应的 P-value 小于给定的阈值（如 0.05），就可以认为该预测变量对应的系数显著，并把该预测变量作为模型的候选变量之一。

但是对于预测变量的显著性检验并非只看 P-value 就可以了。在实际应用中，必须结合商业意义对每一个通过显著性检验的预测变量进行推敲，研究其系数是不是符合常识或商业意义，假如不符合，则需要进一步研究预测变量之间是否存在交互效应。交互效应检验可以通过 SAS 的 CORR 过程或者决策树等方法实现。

13.4.5 变量筛选方法

关于变量的筛选方法，很多理论书籍都有相关的介绍。这里将结合 SAS 软件本身的特点对这些筛选方法做一个总结。

1. 向前回归法

首先第一个变量进入回归方程，并进行 F 检验和 T 检验，计算残差平方和，计为 S1，如果通过检验，则该变量保留。引入第二个变量，重新构建一个新的估计方程，并进行 F 检验和 T 检验，同时计算残差平方和，计为 S2。从直观上看，增加一个新的变量后，回归平方和应该增大，残差平方和相应应该减少，即 S2 小于或等于 S1，称 S1-S2 的值是第二个变量的偏回归平方和，如果该值明显偏大，则说明第二个变量对因变量有显著影响，反之则没有显著影响。前进法最大的缺点是最先引入方程的变量不会再剔出方程，是“终身制”的，这样会使后面引入的变量受到“歧视”。SAS 调用命令为：SELECTION=FORWARD SLE=进入阈值。

2. 向后回归法

向后回归法同向前回归法正好相反。首先，所有的 X 变量一次性进入模型进行 F 检验和 T 检验，然后逐个删除不显著的变量，删除的原则是根据其偏回归平方和的大小决定去留。如果偏回归平方和很大则保留，反之则删除。后退法最大的缺点是可能会引入一些不重要的变量，再就是一旦变量被剔除，就再也没有机会进入方程。是“淘汰制”的。SAS 调用命令为：SELECTION=BACKWARD SLS=保留阈值。

3. 逐步回归法

逐步回归法综合向前和向后回归法的特点。变量一个个进入方程，在引入变量时需要利用偏回归平方和进行检验，只有在显著时才加入该变量。当方程加入了该变量后，又要对原有的老变量重新用偏回归平方和进行检验，一旦某变量变得不显著时要删除该变量，如此下去，直到老变量均不可删除，新变量也无法加入为止。在逐步回归法中需要注意的一个问题是引入自变量和剔除自变量的显著性水平是不同的，必须要求引入自变量的显著性水平小于剔除自变量的显著性水平，即“严进宽出”制，否则如果某个自变量的显著性水平在进入阈值之间，那么这个自变量将会不断被引入、剔除、再引入、再剔除，陷入死循环。SAS 调用命令为：SELECTION= STEPWISE SLE= SLS=。

4. 全模型法

全模型法是指在特定的模型大小范围内，找出指定的最佳模型（具有最小的 CP）。通常和 BEST=连用，如 BEST=2 就表示在不同变量个数组成的全模型组合中，选择两个最好的模型，显然如果没有 BEST 选择，则全部组合数为：C_N^2。度量全模型的统计量是C_P，一般要求$C_P <= P$，这里 p 是所有变量的个数加 1。

全模型法最大的好处是可以计算每一个变量组合下模型的 C 统计量以及对应的 LIFT 值，这样可以做不同模型之间的比较，缺点是计算量大。调用的 SAS 命令为：SELECTION=SCORE BEST= START= STOP=。其中 START=选项表示最少的变量组合数，默认值是 1；STOP=选项表示最多的变量组合数，默认值是所有变量数。

13.4.6 应用举例及输出结果详解

本节将用一个简单的 LOGISTIC 模型作为引例进行介绍，数据集来源参见 SAS HELP 帮助文档。由于将重点放在程序及结果解释上，所以对变量本身的含义不做解释。

建模开发代码如下：

```
Proc logistic data=lg.Remission desc;
     model remiss=cell smear infil li blast temp
                  / selection=stepwise
                    slentry=0.3
                    slstay=0.35
                    details
                    lackfit
                    stb;
     output out=pred p=phat ;
Run;
```

各选项含义如下：

- Data=：输入建模数据集。
- Desc：对输入数据集目标变量按照降序排序进入算法包。
- Model：目标变量=所有预测变量。
- Selection=：变量筛选方法。这里使用了逐步回归法。
- Slentry=：变量进入阈值。
- Slestay=：变量保留阈值。
- Details：输出详细结果。
- Lackfit：输出 HL 统计量。
- Stb：输出标准化数据后的模型参数。
- Output out=输出数据集；p=预测概率变量，该变量包含在输出数据集中。

输出结果详解如下：

第一部分：模型信息。输出结果如图 13-5 所示：

Model Information

Data Set	LG.REMISSION	
Response Variable	remiss	Complete Remission
Number of Response Levels	2	
Model	binary logit	
Optimization Technique	Fisher's scoring	

Number of Observations Read	27
Number of Observations Used	27

Response Profile

Ordered Value	remiss	Total Frequency
1	0	18
2	1	9

Probability modeled is remiss=1.

图 13-5 模型信息

主要模型信息包括：

- 建模数据集名称：REMISSION。
- 目标变量：remiss。
- 目标变量类别数：2 个。
- 映射函数：LOGIT。
- 观测值：27 条。
- 目标变量透视信息：类别为 0 的一共有 18 条观测；类别为 1 的一共有 9 条观测；预测发生的事件定义为类别 1。

第二部分：利用逐步回归法求解模型参数。由于逐步回归法可能包含了很多变量进出的过程，以最后一个逐步回归结果为例来讲解（见图 13-6）：

Model Convergence Status

Convergence criterion (GCONV=1E-8) satisfied.

Model Fit Statistics

Criterion	Intercept Only	Intercept and Covariates
AIC	36.372	29.953
SC	37.668	35.137
-2 Log L	34.372	21.953

Testing Global Null Hypothesis: BETA=0

Test	Chi-Square	DF	Pr > ChiSq
Likelihood Ratio	12.4184	3	0.0061
Score	9.2502	3	0.0261
Wald	4.8281	3	0.1848

图 13-6 模型输出结果

Analysis of Maximum Likelihood Estimates

Parameter	DF	Estimate	Standard Error	Wald Chi-Square	Pr > ChiSq	Standardized Estimate
Intercept	1	67.6339	56.8875	1.4135	0.2345	
cell	1	9.6521	7.7511	1.5507	0.2130	0.9932
li	1	3.8671	1.7783	4.7290	0.0297	0.9974
temp	1	-82.0737	61.7124	1.7687	0.1835	-0.6724

Odds Ratio Estimates

Effect	Point Estimate	95% Wald Confidence Limits	
cell	>999.999	0.004	>999.999
li	47.804	1.465	>999.999
temp	<0.001	<0.001	>999.999

Association of Predicted Probabilities and Observed Responses

Percent Concordant	88.9	Somers' D	0.778
Percent Discordant	11.1	Gamma	0.778
Percent Tied	0.0	Tau-a	0.359
Pairs	162	c	0.889

图 13-6　模型输出结果（续）

主要信息包括：

- 收敛状态（Model Convergence Status）：是指参数估计是否收敛，这个结果和变量选择方法无关，是参数估计使用了迭代法的结果。模型拟合必须达到收敛状态。
- 模型拟合统计量（Model Fit Statistics）：例如其中的-2LOGL=34.372 类似于线性回归中的总平方和（TSS），而 21.953 类似于总残差平方和（ESS），但是该信息在 LOGISTIC 中很少关注。
- 总体拟合测试（Testing Global Null Hypothesis: BETA=0）：即有预测变量和没有预测变量效果是不是一样。这里原假设 H0 是效果一样，如果 P-value 很小，则表示效果不一样。这里通过似然比卡方值 12.4184（=34.372−21.953）及对应的 P-value 可以看出，建模效果比较显著。在商业实践中，一般情况下结果都会比较显著。
- 参数估计（Analysis of Maximum Likelihood Estimates）：这个可以说是分析师最为关注的了，在逐步回归方法中，最后一步都会保留那些通过了参数检验的变量，这里是 cell、li 和 temp。注意由于在建模开发代码中使用了 SLE=0.3 和 SLS=0.35，所以尽管 cell 变量的 P-value 很大，但是仍然小于阈值。
- 比数比估计（Odds Ratio Estimates）：请读者参考前面有关 ODDS RATIO 介绍。实际上，由于 ODDS RATIO 更多是对类别变量做分析，而对连续变量很少使用，因此也大可不必关注该输出结果。
- 关联统计（Association of Predicted Probabilities and Observed Responses）：第一列已经在模型评价指标一节做了详细介绍，不再赘述。事实上，这里分析师最为关注的就是最后一列的 C 统计量了。由于在该例中 C=0.889，并且全部来自 concordant，因此在预测概率和观测值之间的关联度应该是非常高了，一般而言，能够达到 70%以上就可以使用该模型。

- HL 拟合优度（Hosmer and Lemeshow Goodness-of-Fit Test）：在 OUTPUT 输出结果的最后，可以看到 P-value=0.5054，因此可以认为该模型很好地拟合了数据。

最后，总结一下上面的结果：该模型使用逐步回归法在给定的输入和保留阈值下，比较好地拟合了样本数据，最终筛选出的三个变量分别是 cell、li 和 temp。

13.4.7 多值 LOGISTIC 模型

在商业领域，较少关注多值 LOGISTIC 模型，因为无论是响应模型，还是风险或流失模型都关注非此即彼的目标变量值。换句话说，目标变量的分类是二值型。但是作为 LOGISTIC 的一个重要组成部分，多值型也有其应用的舞台。

在多值型 LOGISTIC 模型中，又可以分为有序多值和无序多值型两种。例如，把年龄分成 3 组：低、中、高，则显然是个有序型的。再如，把地区分为 3 组：东部、西部、中部，则又是无序型的。对于有序型的目标变量，LOGISTIC 模型在概率预测上采用累积概率计算，这是由于类与类之间不独立；而对于无序多值型的目标变量，LOGISTIC 采用和二值型一样的概率计算，实际上就是多个二值型的 LOGISTIC 模型组合。

1. 公式推导

下面是有序多值型和无序多值型公式：

假设目标变量 Y 的三个值 1；2；3 是有序变量，不失一般性，以 Y=1 为参照。

若设：

$$p_1 = P(Y=1)；\quad p_2 = P(Y=2)；\quad p_3 = P(Y=3)$$

则对于有序多值型只能求累积概率，公式推导如下：

$$\log\left(\frac{p_1}{1-p_1}\right) = \alpha_1 + \beta X；\quad \log\left(\frac{p_1+p_2}{1-(p_1+p_2)}\right) = \alpha_2 + \beta X$$

于是：

$$p_1 = \exp(\alpha_1 + \beta X)/(1+\exp(\alpha_1 + \beta X))$$

$$p_1 + p_2 = \exp(\alpha_2 + \beta X)/(1+\exp(\alpha_2 + \beta X))$$

$$p_3 = 1-(p_1+p_2)$$

而对于无序多值型，由于类别之间互相独立，故假设同样以 Y=1 为参照（注意此时 Y=1、2、3 的三个值不再有序，而是无序），则公式推导如下：

$$\log\left(\frac{p_2}{p_1}\right) = \alpha_1 + \beta_1 X$$

$$\log\left(\frac{p_3}{p_1}\right) = \alpha_2 + \beta_2 X$$

$$p_3 = 1-(p_1+p_2)$$

根据上面三个公式求出三个类别概率如下：

$$p_1 = 1/(1+\exp(\alpha_1+\beta_1 X)+\exp(\alpha_2+\beta_2 X))$$

$$p_2 = \exp(\alpha_1+\beta_1 X)/(1+\exp(\alpha_1+\beta_1 X)+\exp(\alpha_2+\beta_2 X))$$

$$p_3 = \exp(\alpha_2+\beta_2 X)/(1+\exp(\alpha_1+\beta_1 X)+\exp(\alpha_2+\beta_2 X))$$

请读者注意无序型和有序型 LOGISTIC 回归的模型参数区别。

2. SAS 代码实现

对于有序多值型，SAS 代码实现如下：

```
Proc logistic data=数据集;
  Model 目标变量=预测变量/link=CLOGIT;
Run;
```

而对于无序多值型，SAS 代码实现如下：

```
Proc logistic data=数据集;
  Model 目标变量(REF='1')=预测变量/link=GLOGIT;
Run;
```

可以看出，两者调用了不同的连接函数。另外在无序多值型 LOGISTIC 模型中，一般要指出目标变量的参照类别。

第 14 章　响应模型：定位新客户

在商业实践中，使用最频繁的一种预测模型莫过于响应模型了。所谓响应模型是客户对于产品或服务的响应概率。响应建模是相对比较容易建模的模型之一，只要具备简单的统计学基础知识即可。

本章将主要通过一个实际案例介绍如何在商业领域应用响应建模。另外为避免硬代码编程而带来的操作风险，本章大量地使用了宏变量和宏程序，分别见表 14-1 和表 14-2。

表 14-1　宏变量列表

序　号	宏变量名称	含　义
1	m1_num_var_filt1	首次筛选后的数值型变量列表
2	m2_char_var_filt1	首次筛选后的字符型变量列表
3	m3_num_var_miss_cutoff	缺失比例超过业务阈值的数值型变量列表
4	m4_num_var_filt2	删除指定缺失变量后的数值型变量列表
5	m5_char_var_filt2	删除指定缺失变量后的字符型变量列表
6	m6_num_var_filt3	经过三次变量筛选后的变量列表
7	dev_var	模型开发的变量列表

表 14-2　宏程序列表

序　号	宏程序名称	含　义
1	%var_chi	计算所有变量卡方值
2	%var_miss	建立缺失变量指示器数据集
3	%cap	实施盖帽原则对超过 99 分位数 4 倍的所有值进行盖帽
4	%chg_name	改变建模数据集数值型变量名为数组元素
5	%var_chi2	寻求含有缺失值变量的最佳转换函数
6	%var_chi3	寻求不含有缺失值变量的最佳转换函数
7	%c_stat	计算全模型对应的所有 C 统计量
8	%max_c_stat	计算 C 统计量排列前 3 位的候选模型
9	%parm_lift_set	创建产生 LIFT 图的数据集和包含模型参数的数据集
10	%lift	创建 LIFT 图的准备数据
11	%score_file_out	创建所有候选模型的评分卡文件
12	%score_valid	在验证数据集上导入所有候选模型的评分卡文件
13	%score_lift	在验证数据集上比较 LIFT 图的准备数据

14.1　前期准备

本节将介绍在响应建模前需要准备哪些工作。

14.1.1 商业需求

某电子商务公司市场部准备基于以往的营销活动经验，对现有的注册用户有选择地发放COUPON。由于受财务预算的限制，市场部希望分析部能够找到现有的注册用户中哪些有可能对COUPON有反应，并能够使用COUPON购买公司的服务。这样能够在公司的预算控制下，得到比较高的用户反应率，以提高营销活动的效果。

市场部门可以向分析部门提供的信息包括：所有历史营销活动的用户名单、用户反应率、营销预算、活动效果以及效果评价指标等。而分析部门则希望市场部门能够在项目实施前期阶段介入，从商业理解角度来看有哪些因素影响用户对COUPON的反应。

14.1.2 定义目标

分析部在接到上述商业需求后，首先要做的事情就是理解该商业需求，并和市场部进一步沟通，确定这一商业需求所要达到的商业目标，同时组建分析团队，确定技术目标。

1. 商业目标

给定一个COUPON发放的客户对象list表，希望分析部门能够最终向商业部门推荐哪些客户对COUPON的反应可能性更大。然后市场部门根据这种预测的可能性，并结合公司的预算有针对地发放有限的COUPON。

2. 技术目标

预测客户反应的比例和项目实施后的客户实际反应比例误差不能超过10%。

3. 目标变量

目标变量是定义目标环节中非常重要的步骤，主要包括两个方面：

- 目标变量定义：在历史营销活动中，客户是否对COUPON有反应。如果是，则目标变量标记为1；否则标记为0。
- 目标变量时间窗口：客户收到COUPON到客户用COUPON兑换商品的一段时间。由于时间一般只有10天有效期，因此为简便起见，这里把时间窗口定义为时间点。

14.1.3 选择变量

选择变量实际上是发生在需求文档编制好以后并得到多方认可的情况下进行的。选择变量的过程中需要分析师和商业需求人员多次沟通，项目负责人也需要借助团队的力量最终形成一个比较完善的变量列表。

本需求中，基于前面提到的RFM原则最终形成的变量见表14-3。

表14-3 变量需求列表

变量序号	变量名称	变量标签
1	user_id	user_id
2	duration	duration
3	Age	age
4	sex	sex
5	Phone	phone

（续）

变量序号.	变量名称	变量标签
6	location	location
7	Income	income
8	custom_value	custom_value
9	CC	credit card count
10	faml_cnt	family count
11	cpn_received_h1	H1 receive coupon
12	cpn_redeemed_h1	H1 redeem coupon
13	max_cpn_interv_h1	H1 receive coupon with max interval time
14	min_cpn_interv_h1	H1 receive coupon with min interval time
15	cpn_received_h2	H2 receive coupon
16	cpn_redeemed_h2	H2 redeem coupon
17	max_cpn_interv_h2	H2 receive coupon with max interval time
18	min_cpn_interv_h2	H2 receive coupon with min interval time
19	cpn_trans_amt_h1	H1 coupon transaction amount
20	cpn_trans_amt_h2	H2 coupon transaction amount
21	trans_amt_h1	H1 total transaction amount
22	trans_amt_h2	H2 total transaction amount
23	lst_purs_interv	the last purchase interval to now
24	lst_purs_3	the last 3 months purchase counts
25	lst_trans_3	the last 3 months transaction amount
26	std_trans_interv_h1	H1 transaction interval standized variation
27	std_purs_interv_h1	H1 purchase interval standized variation
28	std_trans_interv_h2	H2 transaction interval standized variation
29	std_purs_interv_h2	H2 transaction interval standized variation
30	paypal_amt	paypal_amt
31	paypal_cnt	paypal count
32	crd_amt	credit card amount
33	crd_purs	Credit Card Purchases
34	delay_pay_amt	delay_pay_amt
35	bbe_amt	BBE AMOUNT
36	bbe_cnt	BBE count
37	redm_flag	redeemer flag

14.2 数据获取与数据处理

对于分析师而言，数据获取与数据处理将占用整个项目的相当一部分时间，有些源变量可以从数据库直接抽取，如下面的代码：

```
drop table database.table1;
Create Table database.table1 As
```

```
(
select
user_id
,age
,Gender_Mfu as sex
,...
from Dw_Users
where Gender_Mfu<>'D'
) With Data
Primary Index (User_Id)
;
```

这段代码演示了如何从一个数据库（这里是 TERADATA 数据仓库）获取源变量，操作非常简单。

但是对于衍生变量可能就不这么简单了，如下面的代码：

```
data cpn.related_beh_cpn_v12;
set cpn.related_beh_cpn_data_&month._final;
by user_id;
cpn_received_&month.=0;
cpn_redeemed_&month.=0;
    array lags_time(14);
    array lags_red(14)$;
    lags_time(1)=lag(wave_start_dt);
     lags_red(1)=lag(rnr);
    do i=2 to 14;
     lags_time(i)=lag(lags_time(i-1));
    lags_red(i)=lag(lags_red(i-1));
     end;
    do j=14 to 2 by -1;
    if j gt cns then do;lags_time(j)=.;lags_red(j)='';end;
    end;
    if first.user_id then do
         cns=0;
         do i=1 to 14;do;lags_time(i)=.;lags_red(i)='';end;
         end;
     end;
    cns+1;
do i=1 to 14;
temp1=intnx('month',wave_start_dt, -&month.,'s');
temp2=lags_time(i);
if temp<=temp2<wave_start_dt then do;
     if lags_red(i) eq 'r' then do;
     cpn_received_&month.+1;
     cpn_redeemed_&month.+1;
     end;
```

```
        else do;
          cpn_received_&month.+1;
        end;
    end;
    end;
    drop lags_time1-lags_time14 lags_red1-lags_red14 i j cns;
    run;
```

读者不必花费心思研究上面的代码，因为需求是千变万化的，代码的复杂性是由需求的复杂性决定的，所以掌握第一部分章节的基础知识才是关键所在。

在这里，由于受篇幅所限以及商业因素等原因，不可能呈现每一个变量的开发过程，大家只要理解最终需要的建模数据都是基于上面的变量列表就可以了。

14.2.1 创建建模数据集

在完成变量需求和数据获取后，接下来需要创建建模数据集。

1. 合并变量列表

由于在数据获取阶段所有的变量并非来自同一个数据源，特别是源变量可能来自不同的数据库，因此在很多情况下，合并多个数据源的数据是十分必要的。合并的方式可以通过 MERGE 语句进行，下面是一段演示代码：

```
Proc sort data=tb1;by user_id;run;
Proc sort data=tb2;by user_id;run;
Data ch14.develop_original;
Merge tb1 tb2;
By user_id;
Run;
```

由于本章需求是针对每一个客户的，因此最终模型数据集里面必须包含客户 ID 号，但是一定要小心在建模过程中不能让客户 ID 号参与程序运行。

2. 数据集采样

数据集采样通常是在建模初期为了测试模型的运行时间和效率而做的。由于在建立响应模型过程中，响应客户往往只占所有客户人群的很小比例（通常不会超过 20%）。这时，最好的方法是保留整个响应人群，而对非响应人群进行采样。

在本章的案例中，由于原始数据集 develop_original 包括 11175 个响应者和 210890 个未响应者，因此保留了所有的响应者和 1/10 的未响应者作为建模数据集。

下面是创建建模数据集的代码：

```
proc surveyselect   data=lg.develop_original(where=( redm_flag =0)) noprint
method=srs rate=0.1   out=lg.develop_sury ;
run;
data lg.develop_final;
set lg.develop_ original(where=( redm_flag =1)) lg.develop_sury;
if redm_flag=1 then weight=1;
```

```
else weight=10;
run;
proc freq data= lg.develop_final;
weight weight;
table redm_flag/missing;
run;
```

对响应人数使用频率统计结果见表 14-4。

表 14-4 建模数据集目标变量频数表

是否响应	频率	占比	累计频率	累计占比
0	210890	94.97%	210890	94.97%
1	11175	5.03%	222065	100%

在前期的数据信息全部整理完毕后，接下来就需要决定选择什么模型才能达到预设的商业目标。事实上，并非在模型开发阶段才决定选择什么模型，而是在前期的需求分析阶段，编制需求文档的时候分析师就应该知道该选择什么合适的模型。

由于目标变量 Y 的值只有两个：Y=1 为历史客户反应；Y=0 为历史客户不反应，这是一个典型的二值变量。对于二值变量的建模，可供选择的候选模型包括 LOGISTIC 模型、判别分析模型、决策树模型、贝叶斯模型、神经网络、支持向量机等。由于 LOGISTIC 模型已经被广泛应用于商业领域，并已经被多次验证至少是一个不差的模型，故本章将选择 LOGISTIC 模型作为候选。而将贝叶斯模型放在第 15 章讲解，其他模型请读者自行尝试。

14.2.2 变量首次筛选

这一步是在建模数据集变量个数大于 50 的情况下实施的。由于在 LOGISTIC 回归中，连续变量一般都会大于 50，所以首次筛选去掉那些对目标变量影响不大的变量将会减少后续工作量。在经典著作 Applied Logistic Regression(Hosmer and Lemshow, Wiley 1990)中，作者也建议对每一个变量首先进行单变量的 LOGISTIC 回归。

由于 LOGISTIC 回归只能对数值型变量进行建模，对字符型变量需要预处理或通过 CLASS 语句变成 SAS 可识别的哑变量（dummy variable），所以在首次变量筛选阶段将重点关注所有数值型输入变量。一共包括五个步骤：

- 创建建模数据集的数值型变量列表，注意要去掉客户 ID 号。
- 创建所有数值型变量的卡方值和 P 值列表。
- 筛选二次建模的所有数值型变量，并赋值给一个宏变量。
- 取原始变量列表中所有字符型变量，并赋值给一个宏变量。
- 创建首次筛选数值型变量后的建模数据集。

代码如下：

```
options mprint mlogic;
libname lg "F:\Data_Model\Book_data\chapt14";
```

```
proc contents data=lg.develop_final(drop=user_id redm_flag weight)
noprint out=lg.origin_dev_variable;
run;
/*取所有数值型变量*/
data lg.origin_num_var;
set lg. origin_dev_variable;
where type=1;
keep NAME;
run;

%macro var_chi();
%if %sysfunc(exist(lg.origin_var_chisq_list)) ne 0 %then %do;
proc datasets lib=lg nolist;
delete origin_var_chisq_list;
quit;

data lg.origin_var_chisq_list;
length var $40 scorechisq 5 probchisq 8;
stop;
run;
%end;
    %let dsid=%sysfunc(open(lg.origin_num_var));
    %if &dsid gt 0 %then %do;
    %let nobs=%sysfunc(attrn(&dsid,nobs));
    %do i=1 %to &nobs;
            %let rc=%sysfunc(fetchobs(&dsid,&i));
            %let varnume=%sysfunc(varnum(&dsid,name));
            %let variable=%sysfunc(getvarc(&dsid,&varnume));
ods listing close;
ods results off;
ods output
effectnotinmodel=var_chisq(keep=effect scorechisq probchisq rename=(effect=var));
proc logistic data=lg.develop_final desc;
weight weight;
model redm_flag=&variable./selection=s sls=0.3 sle=0.3 maxstep=1 details;
run;
ods output close;
ods results on;
ods listing;

proc append base=lg.origin_var_chisq_list data=var_chisq force;run ;
    %end;
    %let dsid=%sysfunc(close(&dsid));
    %end;
%mend var_chi;
```

```
%var_chi;

data lg.flt1_num_var;
set lg.origin_var_chisq_list;
where probchisq le 0.3;
run;

proc sql noprint;
select var,count(*) into: m1_num_var_filt1 separated by ' ',:m1_num_var_filt1_cnt
from lg.flt1_num_var
;
Quit;

Data lg.flt1_char_var;
set lg.origin_dev_variable(keep=name type rename=(name=var));
where type=2;
keep var;
run;

proc sql noprint;
select var,count(*) into:
m2_char_var_filt1 separated by ' ',:m2_char_var_filt1_cnt
from lg.flt1_char_var
;
quit;
%put   &m2_char_var_filt1.;
%put   &m2_char_var_filt1_cnt.;

Data lg.develop_final1;
Set lg.develop_final(keep=
redm_flag
weight
&m1_num_var_filt1.
&m2_char_var_filt1.
);
Run;
```

程序解读：

该段代码实现对所有输入的数值型变量以 P 值＝0.3 为阈值进行筛选，如果 P 值超过 0.3，将不再进入下面的建模数据集。由于第一步和第三步比较简单，下面重点介绍第二步。

第二步程序主体共分成四块：

- 第一块：判断并删除数据集 origin_var_chisq_list，同时建立一个只含三个变量的空数据集 origin_var_chisq_list。
- 第二块：打开变量列表数据集 origin_num_var 并逐条读取变量值。

- 第三块：对每一个变量值做 LOGISTIC 回归分析。由于首次筛选只是删除卡方值很小的变量，所以变量的进入进出条件不宜过强，另外只需要设置 MAXSTEP=1 即可，这是为了保证时间不致过长。数据集 effectnotinmodel 是通过 ods trace on 获得的。有关 ods trace 用法请参考第一部分内容。
- 第四块：APPEND 每一个变量产生的卡方表到数据集 origin_var_chisq_list。

最后，经过首次变量筛选，数值型变量由原来的 34 个缩减到只有 22 个。在第三步，把这 22 个数值型变量赋值给一个宏变量，以便继续进行下面的变量分析和筛选流程。最终生成新的建模数据集 develop_final1，对应的变量见表 14-5。

表 14-5　变量首次筛选结果

数值型变量			字符型变量	其 他 变 量
cpn_redeemed_h1	crd_amt	Phone	location	redm_flag
max_cpn_interv_h2	Income	bbe_amt	miss_char	weight
cpn_received_h1	trans_amt_h2	CC	sex	
lst_purs_interv	cpn_trans_amt_h2	paypal_cnt		
delay_pay_amt	crd_purs	cpn_trans_amt_h1		
Age	faml_cnt	trans_amt_h1		
duration	custom_value	paypal_amt		
bbe_cnt				

14.2.3　数据探索

数据探索的任务是发现每一个变量的缺失、异常值、分布等情况。

1. 异常值检验

异常值是指一个变量的值非常极端或者出现频率非常低。异常值不一定就是错误的，所以处理异常值主要不是技术问题，而是业务问题。比如，把一个公司的 CEO 的收入和一个普通员工的收入放在一起建模，显然是不合适的，正确的做法应该是剔除 CEO 单独分析。

（1）数值型变量异常值检验

数值型异常值检验可以通过 UNIVARIATE 过程完成。

```
ods listing close;
ods results off;
ods output
extremeobs=lg.num_extremeobs
 quantiles=lg.num_quantiles;
proc univariate data=lg.develop_final1 ;
weight weight;
var &m1_num_var_filt1.;
run;
ods output close;
ods results on;
```

```
ods listing ;
```

对输出的极值表 num_extremeobs 和分位数表 num_quantiles，分析师需要仔细查看每一个变量可能存在的异常情况，比如对于变量 age，发现 age=600，这显然是一个异常错误值。

（2）字符型变量异常值检验

对字符型变量异常值检验的方法用 FREQ 过程完成，代码如下：

```
proc freq data=lg.develop_final1 ;
weight weight;
table location miss_char sex/missing;
run;
```

同样，对于变量 sex，发现有一个异常值 m，初步估计是拼写错误。

2. 缺失值检验

在 4.4 节已经学习了如何用 ARRAY 语句寻找数据集的缺失变量，本节通过 PROC MEANS 和 PROC FREQ 来求所有缺失变量。

此时的缺失值检验对象应该是首次变量筛选后最终的变量列表（见表 14-5）。

（1）数值型变量缺失值检验

代码如下：

```
ods listing close;
ods results off;
ods output summary=lg.num_var_miss;
proc means data=lg.develop_final1 n nmiss mean std min max;
weight weight;
var &m1_num_var_filt1.;
run;
ods output close;
ods results on;
ods listing ;

/***建立缺失变量指示器数据集****/
%macro var_miss(rate=);
%if %sysfunc(exist(lg.num_var_miss_final)) ne 0 %then %do;
proc datasets lib=lg nolist;
delete num_var_miss_final;
quit;

data lg.num_var_miss_final;
length var $20 n nmiss miss_rate flag_miss flag1 5 ;
stop;
run;
%end;
    %let dsid=%sysfunc(open(lg.flt1_num_var));
    %if &dsid gt 0 %then %do;
```

```
        %let nobs=%sysfunc(attrn(&dsid,nobs));
        %do i=1 %to &nobs;
                %let rc=%sysfunc(fetchobs(&dsid,&i));
                %let varnume=%sysfunc(varnum(&dsid,var));
                %let variable=%sysfunc(getvarc(&dsid,&varnume));
    data temp;
    set lg.num_var_miss(keep=
    vname_&variable. &variable._n &variable._nmiss
    rename=(vname_&variable.=var    &variable._n=n &variable._nmiss=nmiss));
    miss_rate=nmiss/n;
    if nmiss then flag_miss=1;else flag_miss=0;
    if miss_rate ge &rate. then flag1=1;else flag1=0;
    run;

    proc append base=lg.num_var_miss_final data=temp force;run ;
        %end;
        %let dsid=%sysfunc(close(&dsid));
        %end;
    %mend var_miss;
    %var_miss(rate=0.2);
```

运行上面的代码，得到所有含有缺失值的变量列表是：Duration；Age；Phone；Income；custom_value；CC；crd_amt；crd_purs；而其中的 age、Income 和 custom_value 缺失比例超过业务阈值 20%。

过程步 MEANS 中的 WEIGHT 语句对观测数和缺失数不产生影响。

（2）字符型变量缺失值检验

由于字符型变量在 LOGISTIC 回归中数目不多，因此没有必要花费代价开发一个宏，在本章建模数据集中，字符型变量只有三个（见数据集 flt1_char_var）：miss_char；location；sex。代码如下：

```
proc freq data=lg.develop_final1 ;
weight weight;
table location miss_char sex/missing ;
run;
```

从 OUTPUT 窗口结果容易看出，只有 miss_char 变量有缺失值，比例高达 61%。

14.2.4 数据清洗

数据探索阶段的任务是发现问题，而数据清洗阶段的任务是解决问题。两个阶段都非常重要，因为数据质量的好坏直接关系到后面的建模。数据清洗通常包括异常值处理和缺失值处理。

1. 排除缺失值超过业务阈值的所有变量

由于三个数值型变量 age、Income、custom_value 和一个字符变量 miss_char 缺失比例超过业务阈值，故予以删除。代码如下：

```
Proc sql noprint;
Select var into:m3_num_var_miss_cutoff separated by " "
From lg.num_var_miss_final
Where flag1=1
;
Quit;
%put &m3_num_var_miss_cutoff.;
Data lg.develop_final2;
Set lg.develop_final1(drop=&m3_num_var_miss_cutoff. Miss_char);
Run;

Proc contents data=lg.develop_final2 noprint short out=lg.flt2_num_char_var(keep=name type rename=
(name=var));
Run;

Data lg.flt2_num_char_var;
Set lg.flt2_num_char_var;
Where var not in('redm_flag', 'weight');
Run;

Proc sql noprint;
Select var into:m4_num_var_filt2 separated by " "
From lg.flt2_num_char_var
Where type=1
;
Select var into:m5_char_var_filt2 separated by " "
From lg.flt2_num_char_var
Where type=2
;
Quit;
%put &m4_num_var_filt2;
%put &m5_char_var_filt2;
```

运行上面的代码后，将删除若干数值型和字符型缺失变量，并生成建模数据集 develop_final2。然后将 develop_final2 的数值型变量和字符型变量再次分别赋值给宏变量 m4_num_var_filt2 和 m5_char_var_filt2。

2. 异常值处理

异常值有可能是正确的，是极值；也可能是错误的，要予以纠正或者删除。对异常值的处理也包括数值型变量处理和字符型变量处理。

（1）数值型变量：

- 业务逻辑处理规则：对一些具有明显违背业务逻辑或者常识的异常值需要手动进行处理，比如上面的 age＝600 显然是错误的，猜测应该是 age＝60，但是必须查询相关的客户数据库资料以核实结果。对一些虽然不违背业务逻辑或者常识的异常值，如极值点（参见上面的数据集 num_extremeobs），对这一块数据可能需要根据具体的业务逻辑进行处理，通行的做法是剔除这些对建模产生极大偏差的数据，并进行单独分析。

业务逻辑处理可能要占用分析师大量的时间去审核和清洗数据，枯燥但是不可避免。

观察数据集 num_extremeobs，可以根据业务和常识判断需要删除哪些观测。这里暂不做任何处理。

- 盖帽规则：通过业务逻辑处理完毕后，如果仍然存在一些异常数据，这时就需要应用盖帽原则。首先找到每一个变量的 99 分位值，对所有大于 99 分位值 4 倍的数据实施盖帽，代码如下：

```
/***创建 99 分位数表**/
ods listing close;
ods results off;
ods output
extremeobs=lg.num_extremeobs2
  quantiles=lg.num_quantiles2;
proc univariate data=lg.develop_final2 ;
weight weight;
var &m4_num_var_filt2.;
run;
ods output close;
ods results on;
ods listing ;

data lg.num_quantiles_99;
set lg.num_quantiles2;
where quantile like '%99%';
run;
/****对数值型变量都加一个后缀 2，以便实施后面的盖帽规则*/
data lg.flt2_num_char_var;
set lg.flt2_num_char_var;
var2=compress(var)||"2";
run;

/***拼接所有数值型变量 99 分位数表和添加后缀的数值型变量表和缺失变量指示器数据集*/
proc sql;
create table lg.flt2_num_var2 as
select
a.var,a.var2,b.estimate
from lg.flt2_num_char_var as a
join lg.num_quantiles_99 as b
on a.var=b.varname
where a.type=1
;
quit;
```

```
/******创建盖帽后的只包含数值型变量的数据集****/
%macro cap(lib=,out=,open_data=,input_data=);
%if %sysfunc(exist(&lib..&out.)) ne 0 %then %do;
proc datasets lib=&lib. nolist;
delete &out.;
quit;
%end;
    %let dsid=%sysfunc(open(&lib..&open_data.));
    %if &dsid gt 0 %then %do;
    %let nobs=%sysfunc(attrn(&dsid,nobs));
    %do i=1 %to &nobs;
            %let rc=%sysfunc(fetchobs(&dsid,&i));
            %let varnume1=%sysfunc(varnum(&dsid,var));
            %let value1=%sysfunc(getvarc(&dsid,&varnume1));
            %let varnume2=%sysfunc(varnum(&dsid,var2));
            %let value2=%sysfunc(getvarc(&dsid,&varnume2));
            %let varnume3=%sysfunc(varnum(&dsid,Estimate));
            %let value3=%sysfunc(getvarn(&dsid,&varnume3));
data develop_final2_t_&i.;
set &lib..&input_data.(keep=&value1.);
If &value1.>4*&value3. then &value2.=4*&value3.;
Else &value2.=&value1.;
keep &value2.;
label &value2.=" &value2.";
run;

%if &i.=1 %then %do;
data &lib..&out. ;
set develop_final2_t_&i.;
keep &value2.;
run;
%end;
%else %do;
data &lib..&out. ;
merge &lib..&out. develop_final2_t_&i.;
run;
%end;
    %end;
    %let dsid=%sysfunc(close(&dsid));
    %end;
%mend cap;
%cap(lib=lg,out=develop_final2_num,open_data=flt2_num_var2,input_data=develop_final2)
```

该段程序主要实现将超过 99 分位数 4 倍的变量值用 4×99 分位数替代，目的是尽可能避免预测变量分布的大幅度波动而最终影响建模质量。最终产生包含所有数值型变量的数据集 develop_final2_num。

（2）字符型变量：频数表观察

在前面的数据探索阶段已经发现了变量 sex 有一个值 m 似乎为异常，因此，这一步必须结合业务逻辑进行确认：或者删除，或者修改为正确的值。这里把它作为错误值处理，代码如下：

```
Data lg.Develop_final2_char;
    Set lg.Develop_final2(keep=&m5_char_var_filt2);
If sex='m' then sex='M';
Run;

proc freq data=lg.Develop_final2_char;
table sex;
run;
```

上面的代码最终产生包含所有字符型变量的数据集 develop_final2_char。

目前已经完成对所有变量的异常值清洗工作，接下来需要对所有变量的缺失值进一步处理。

3. 缺失值处理

对缺失值处理同样要分数值型和字符型两部分，对数值型变量的缺失值处理将在下一节讲解，对字符型变量的缺失值填充可以用原变量的分布来解决。由于字符型变量的分布一定是离散分布。严格意义上来说，首先要验证该变量最可能是什么离散分布，是泊松分布还是多项分布还是其他分布？但是为简便起见，本文还是只假定 location 服从多项分布。有了这样一个前提假定后，在接下来的填缺中，就必须要求填缺后的变量分布和填缺前的变量分布相同，否则失去了假定的意义。

```
Proc freq data= lg.Develop_final2_char;
Table location/out=lg.Develop_final2_char_location missing;
Run;

data lg.Develop_final2_char_location2;
if _n_=1 then set lg.Develop_final2_char_location (keep=COUNT location where=(location eq '')
rename=(count=mis_cnt));
set lg.Develop_final2_char_location end=eof;
where location ne '';
allocation2=0.01*PERCENT*mis_cnt;
allocation=round(allocation2,1);
sum_allocation+allocation;
if eof then allocation=mis_cnt-sum_allocation;
run;

data lg.Develop_final2_char_location3(keep=location rdm rename=(location=lc));
set lg.Develop_final2_char_location2 (keep=location allocation);
do i=1 to allocation;
rdm=uniform(0);
output;
```

```
end;
run;

proc sort data= lg.Develop_final2_char_location3;by rdm;run;
data lg.Develop_final2_char_fill(drop=lc rdm);
set lg.Develop_final2_char;
if location eq '' then do;
set lg.Develop_final2_char_location3;location=lc;
end;
run;
proc contents data= lg.Develop_final2_char_fill;run;
```

上面的代码实现对建模数据集 Develop_final2_char 中的 location 变量的缺失值填充，最终产生填充后的数据集 Develop_final2_char_fill。再次合并建模数据集 develop_final2_num 和 Develop_final2_char_fill，代码如下：

```
Data lg.develop_final3;
merge lg.Develop_final2_num lg.Develop_final2_char_fill
lg.develop_final2(keep= redm_flag weight)
;
Run;
proc contents data=lg.develop_final3;run;
```

至此，完成对数值型和字符型变量的清洗工作，并产生建模数据集 develop_final3，最终得到的变量见表 14-6。

表 14-6　变量清洗结果

数值型变量			字符型变量	其 他 变 量
trans_amt_h22	CC2	paypal_amt2	location	redm_flag
Phone2	bbe_amt2	bbe_cnt2	sex	weight
cpn_received_h12	cpn_redeemed_h12	cpn_trans_amt_h12		
cpn_trans_amt_h22	crd_amt2	crd_purs2		
paypal_cnt2	delay_pay_amt2	duration2		
trans_amt_h12	lst_purs_interv2	max_cpn_interv_h22		
faml_cnt2				

特别要注意的是，在数据清洗的整个过程中，不能对含有和建模数据集同样观测数的任何数据集进行排序操作，否则会打乱建模数据集的观测顺序。最后在合并以上三个来自不同处理结果的数据集的时候，也不能用 BY 语句。最终得到的数据集 develop_final3 将保持和原建模数据集同样的观测顺序。

14.2.5　变量二次筛选

在数值型变量二次筛选阶段，主要完成两件事情：

- 建立数值型变量数组：目的是为了能够对变量进行批量处理。

- 建立转换变量：包括缺失指示变量、分位数变量和各种函数转换变量，目的是能够在同一个变量集群里面找到最佳预测因子。

1. 建立变量数组

由于建模数据集 develop_final3 存在缺失值变量，因此在建立变量数组时将非缺失值变量和缺失值变量分开。代码如下：

```
Proc sql;
Create table lg.flt2_num_var2_mix as
Select
a.var
,a.var2
,b.flag_miss
From lg.flt2_num_var2 as a
Join lg.num_var_miss_final as b
On a.var=b.var
;
Quit;

%macro chg_name();
%let m=0;
%let n=0;
    %let dsid=%sysfunc(open(lg.flt2_num_var2_mix));
    %if &dsid gt 0 %then %do;
    %let nobs=%sysfunc(attrn(&dsid,nobs));
    %do i=1 %to &nobs;
            %let rc=%sysfunc(fetchobs(&dsid,&i));
            %let varnume=%sysfunc(varnum(&dsid,var2));
            %let variable=%sysfunc(getvarc(&dsid,&varnume));
            %let flag=%sysfunc(varnum(&dsid,flag_miss));
            %let flag_value=%sysfunc(getvarn(&dsid,&flag));
%If &flag_value.=0 %then %do;
%let m=%eval(&m.+1);
%put &m.;

proc datasets lib=lg nolist;
modify develop_final3;
rename &variable=flt2_num_var_noms_&m.;
quit;
%end;

%else %do;
%let n=%eval(&n.+1);
%put &n.;
proc datasets lib=lg nolist;
```

```
modify develop_final3;
rename &variable=flt2_num_var_miss_&n.;
quit;
%end;
%end;
    %let dsid=%sysfunc(close(&dsid));
    %end;
%mend chg_name;
%chg_name;
Proc contents data=lg.develop_final3;run;
```

2. 数值型变量缺失值处理

在数值型变量表 num_miss_var_final 中，通过一个标示变量 flag_miss 来标记所有数值型变量是否存在缺失值。观测发现有 8 个变量存在缺失，它们是：Duration、Age、Phone、Income、custom_value、CC、crd_amt 和 crd_purs。其中有三个变量的缺失比例超过业务限制的阈值，它们是：Age、Income、custom_value。对超过阈值的变量已在数据清洗阶段被抛弃，对剩下五个缺失变量进行缺失值填充和建立缺失变量指示变量，有很多缺失值填充的方法，如总体均值填充、类均值填充、回归预测填充等，本文不对这些填充方法逐一介绍，只准备选用总体均值填充方法，代码如下：

```
Proc summary data=lg.develop_final3;
Weight weight;
Var flt2_num_var_miss_1- flt2_num_var_miss_5;
Output
out=lg.develop_final3_miss_mean(drop=_type_ _freq_) mean=miss_mean_1-miss_mean_5;
Run;

data lg.develop_final4;
set lg. Develop_final3;
if _n_=1 then set lg.develop_final3_miss_mean;
array numvar(*) flt2_num_var_miss_1- flt2_num_var_miss_5;
array meanvar(*) miss_mean_1-miss_mean_5;
array miss(*) miss_1-miss_5;
do i=1 to dim(numvar);
miss(i)=(numvar(i)=.);
if numvar(i)=. Then numvar(i)=meanvar(i);
end;
drop i miss_mean_1-miss_mean_5;
run;
proc contents data=lg.develop_final4;run;
```

运行上面的代码，对所有含有缺失值的数值型变量进行了填充操作，并产生建模数据集 develop_final4，最终得到的变量见表 14-7。

表 14-7　变量二次筛选初步结果

序　号	变　量	类　型	标　签
1	flt2_num_var_miss_1	数值	CC2
2	flt2_num_var_miss_2	数值	Phone2
3	flt2_num_var_miss_3	数值	crd_amt2
4	flt2_num_var_miss_4	数值	crd_purs2
5	flt2_num_var_miss_5	数值	duration2
6	flt2_num_var_noms_1	数值	bbe_amt2
7	flt2_num_var_noms_2	数值	bbe_cnt2
8	flt2_num_var_noms_3	数值	cpn_received_h12
9	flt2_num_var_noms_4	数值	cpn_redeemed_h12
10	flt2_num_var_noms_5	数值	cpn_trans_amt_h12
11	flt2_num_var_noms_6	数值	cpn_trans_amt_h22
12	flt2_num_var_noms_7	数值	delay_pay_amt2
13	flt2_num_var_noms_8	数值	faml_cnt2
14	flt2_num_var_noms_9	数值	lst_purs_interv2
15	flt2_num_var_noms_10	数值	max_cpn_interv_h22
16	flt2_num_var_noms_11	数值	paypal_amt2
17	flt2_num_var_noms_12	数值	paypal_cnt2
18	flt2_num_var_noms_13	数值	trans_amt_h12
19	flt2_num_var_noms_14	数值	trans_amt_h22
20	location	字符	location
21	Miss_1	数值	CC2
22	Miss_2	数值	Phone2
23	Miss_3	数值	crd_amt2
24	Miss_4	数值	crd_purs2
25	Miss_5	数值	duration2
26	redm_flag	数值	redeemer flag
27	sex	字符	sex
28	weight	数值	

3. 划分与转换

在模型开发之前，对表 14-7 最终确认的变量仍然需要做一些函数转换，以便找到最佳的预测变量组合。所谓划分是指对连续变量做分位数指示器转换。一般情况下，只对连续变量的特定分位数做指示器转换（10 分位到 90 分位并间隔 10 个分位），函数变换包括三角变换、对数变换等能够降低预测变量方差波动的所有变换。

由于表 14-7 中不含缺失值的连续变量一共有 14 个，而含缺失值的变量共 5 个，下面的宏将实现寻求每个变量的最佳转换。

创建含有缺失值变量的宏，代码如下：

```
%macro var_chi2();
%do i=1 %to 5;
```

```
ods results off;
ods listing close;
proc univariate data=lg.develop_final4;
weight weight;
var flt2_num_var_miss_&i.;
output out=quatile pctlpts=10 to 90 by 10 pctlpre=deci_;
run;

data logistic2_miss_&i.;
set lg.develop_final4(keep=redm_flag weight flt2_num_var_miss_&i. miss_&i.);
if _n_=1 then set quatile;
flt2_num_miss_&i._10=(flt2_num_var_miss_&i.<deci_10);
flt2_num_miss_&i._20=(flt2_num_var_miss_&i.<deci_20);
flt2_num_miss_&i._30=(flt2_num_var_miss_&i.<deci_30);
flt2_num_miss_&i._40=(flt2_num_var_miss_&i.<deci_40);
flt2_num_miss_&i._50=(flt2_num_var_miss_&i.<deci_50);
flt2_num_miss_&i._60=(flt2_num_var_miss_&i.<deci_60);
flt2_num_miss_&i._70=(flt2_num_var_miss_&i.<deci_70);
flt2_num_miss_&i._80=(flt2_num_var_miss_&i.<deci_80);
flt2_num_miss_&i._90=(flt2_num_var_miss_&i.<deci_90);
flt2_num_miss_&i._sin=sin(flt2_num_var_miss_&i.);
flt2_num_miss_&i._cos=cos(flt2_num_var_miss_&i.);
drop deci:;
run;

ods
output ParameterEstimates=var_chisq_&i.(keep=variable where=(variable<>"Intercept"));
proc logistic data=logistic2_miss_&i. desc;
weight weight;
model redm_flag=flt2_num_var_miss_&i. miss_&i.
flt2_num_miss_&i._10
flt2_num_miss_&i._20
flt2_num_miss_&i._30
flt2_num_miss_&i._40
flt2_num_miss_&i._50
flt2_num_miss_&i._60
flt2_num_miss_&i._70
flt2_num_miss_&i._80
flt2_num_miss_&i._90
flt2_num_miss_&i._cos
flt2_num_miss_&i._sin
/selection=stepwise maxstep=1;
run;

ods output close;
ods results on;
```

```
ods listing;
%end;
%mend var_chi2;
%var_chi2;

%macro miss_var_mg();
data lg.flt2_num_miss_var_final;
set %do i=1 %to 5;var_chisq_&i. %end;;
run;
%mend miss_var_mg;
%miss_var_mg;
```

创建不含有缺失值变量的宏，代码如下：

```
%macro var_chi3();
%do i=1 %to 14;
ods results off;
ods listing close;
proc univariate data=lg.develop_final4;
weight weight;
var flt2_num_var_noms_&i.;
output out=quatile pctlpts=10 to 90 by 10 pctlpre=deci_;
run;

data logistic2_noms_&i.;
set lg.develop_final4(keep=redm_flag weight flt2_num_var_noms_&i.);
if _n_=1 then set quatile;
flt2_num_noms_&i._10=(flt2_num_var_noms_&i.<deci_10);
flt2_num_noms_&i._20=(flt2_num_var_noms_&i.<deci_20);
flt2_num_noms_&i._30=(flt2_num_var_noms_&i.<deci_30);
flt2_num_noms_&i._40=(flt2_num_var_noms_&i.<deci_40);
flt2_num_noms_&i._50=(flt2_num_var_noms_&i.<deci_50);
flt2_num_noms_&i._60=(flt2_num_var_noms_&i.<deci_60);
flt2_num_noms_&i._70=(flt2_num_var_noms_&i.<deci_70);
flt2_num_noms_&i._80=(flt2_num_var_noms_&i.<deci_80);
flt2_num_noms_&i._90=(flt2_num_var_noms_&i.<deci_90);
flt2_num_noms_&i._sin=sin(flt2_num_var_noms_&i.);
flt2_num_noms_&i._cos=cos(flt2_num_var_noms_&i.);
drop deci:;
run;

ods
output ParameterEstimates=var_chisq_&i.(keep=variable where=(variable<>"Intercept"));
proc logistic data=logistic2_noms_&i. desc;
weight weight;
model redm_flag=
flt2_num_var_noms_&i.
```

```
flt2_num_noms_&i._10
flt2_num_noms_&i._20
flt2_num_noms_&i._30
flt2_num_noms_&i._40
flt2_num_noms_&i._50
flt2_num_noms_&i._60
flt2_num_noms_&i._70
flt2_num_noms_&i._80
flt2_num_noms_&i._90
flt2_num_noms_&i._cos
flt2_num_noms_&i._sin
/selection=stepwise maxstep=1;
run;

ods output close;
ods results on;
ods listing;
%end;
%mend var_chi3;
%var_chi3;

%macro noms_var_mg();
data lg.flt2_num_noms_var_final;
length variable $40;
set %do i=1 %to 14;var_chisq_&i. %end;;
run;
%mend noms_var_mg;
%noms_var_mg;
```

经过二次筛选后最终得到的变量见表 14-8。

表 14-8　变量二次筛选最终结果

序　号	变　量	类　型
1	flt2_num_miss_1_70	数值
2	flt2_num_miss_2_70	数值
3	miss_3	数值
4	flt2_num_miss_4_sin	数值
5	flt2_num_miss_5_cos	数值
6	flt2_num_noms_1_40	数值
7	flt2_num_noms_2_40	数值
8	flt2_num_noms_3_sin	数值
9	flt2_num_noms_4_20	数值
10	flt2_num_var_noms_5	数值
11	flt2_num_noms_6_cos	数值
12	flt2_num_noms_7_cos	数值

（续）

序　号	变　量	类　型
13	flt2_num_noms_8_30	数值
14	flt2_num_noms_9_20	数值
15	flt2_num_noms_10_20	数值
16	flt2_num_noms_11_90	数值
17	flt2_num_noms_12_60	数值
18	flt2_num_var_noms_13	数值
19	flt2_num_var_noms_14	数值
20	location	字符
21	redm_flag	数值
22	sex	字符
23	weight	数值

接下来，把这些来自不同表的变量汇总到一张表里面去。要注意下面的程序使用了硬代码编程，因此要小心不能搞错要建模的变量。代码如下：

```
Data lg.develop_final5;
merge lg.develop_final4(keep=location redm_flag sex weight)
logistic2_noms_1(keep= flt2_num_noms_1_40)
logistic2_noms_2(keep= flt2_num_noms_2_40)
logistic2_noms_3(keep= flt2_num_noms_3_sin)
logistic2_noms_4(keep= flt2_num_noms_4_20)
logistic2_noms_5(keep= flt2_num_var_noms_5)
logistic2_noms_6(keep= flt2_num_noms_6_cos)
logistic2_noms_7(keep= flt2_num_noms_7_cos)
logistic2_noms_8(keep= flt2_num_noms_8_30)
logistic2_noms_9(keep= flt2_num_noms_9_20)
logistic2_noms_10(keep= flt2_num_noms_10_20)
logistic2_noms_11(keep= flt2_num_noms_11_90)
logistic2_noms_12(keep= flt2_num_noms_12_60)
logistic2_noms_13(keep= flt2_num_var_noms_13)
logistic2_noms_14(keep= flt2_num_var_noms_14)
logistic2_miss_1(keep= flt2_num_miss_1_70)
logistic2_miss_2(keep= flt2_num_miss_2_70)
logistic2_miss_3(keep= miss_3)
logistic2_miss_4(keep= flt2_num_miss_4_sin)
logistic2_miss_5(keep= flt2_num_miss_5_cos);
proc contents data=lg.develop_final5;run;
```

上面的代码将产生建模数据集 develop_final5，一共包含了 23 个变量。其中预测变量一共 21 个，权重变量为 weight，目标变量为 redm_flag。具体参见表 14-8。

14.2.6　变量三次筛选

截止到上节，已经完成对数值型变量的首次筛选和字符型变量的全部筛选工作，数值型变量首次筛选只是排除那些对目标变量影响较小的因素变量 X，但是预测变量 X 之间仍然有可能存在共线性关系，所以还必须对数值型变量进行再次筛选。这里要强调一点，从理论上说，预测变量之间除了存在共线性关系之外，完全有可能存在其他各种各样的非线性关系，但是不可能穷尽这种非线性关系，所以只能以考察它们之间的线性关系为基础来排除一些彼此具有高度线性关系的变量。

事实上，在商业实践中，很难发现存在两个彼此完全独立或完全共线性的变量。用概率术语来说，绝大部分变量彼此的相关系数都是介于 0 和 1 之间的。而考察这种线性关系可以通过相关系数或主成分分析。在 SAS 里面有对应的 CORR 过程、PRINCOMP 过程和 VARCLUS 过程。下面以 VARCLUS 过程为例来讲解如何处理预测变量 X 之间的共线性问题。一共包含四个步骤：

- 查看建模数据集 develop_final5 数据结构。
- 确定聚类数。
- 输出在指定聚类阈值下变量组裂变后的聚类结果。
- 输出最终筛选的变量列表。

代码如下：

```
proc contents data=lg.develop_final5 noprint short
out=lg.develop_final5_var;
run;
proc sql noprint;
select name into: m6_num_var_filt3 separated by " "
from lg.develop_final5_var
where name not in('redm_flag','weight')
and type=1
;
quit;
%put &m6_num_var_filt3.;

ods listing close;
ods output clusterquality=summary
               rsquare=var_clusters;
proc varclus data=lg.develop_final5
                    maxclusters=8
                  short;
    var &m6_num_var_filt3.;
run;
ods listing;

data _null_;
if 0 then set summary nobs=obs;
call symput('nvar',compress(obs));
run;
%put &nvar.;
data clusters_&nvar;
```

```
        set var_clusters;
        where NumberOfClusters=&nvar;
    run;

    data lg.var_clusters_&nvar.;
    length Cluster2 $40;
    set clusters_&nvar;
    retain Cluster2 "";
    if Cluster ne "" then Cluster2=Cluster;
    keep Cluster2 RSquareRatio Variable;
    run;
    proc sort data=lg.var_clusters_&nvar.;;by cluster2 RSquareRatio;run;

    data lg.flt3_num_var;
    set lg.var_clusters_&nvar.;
    by cluster2 RSquareRatio;
    if first.cluster2;
    run;
    proc sql noprint;
    select Variable into: m7_num_var_filt3 separated by " "
    from lg.flt3_num_var;
    quit;
    data lg.develop_final6;
    set lg.develop_final5(keep=&m7_num_var_filt3. redm_flag weight location sex);
    run;
    proc contents data= lg.develop_final6;run;
```

观察最后得到的数据集 clusters_8 可知，原来的 19 个预测变量已经分成 8 组，各组内各变量离差平方和最小。接下来的问题是：如何从这 8 组变量中筛选分析所需的变量？一般情况下，有两个标准可供选择：首要的标准是商业标准，即如果商业人员认为某一个组内最重要的变量是 A，那么分析人员就必须听从商业人员的决定，因为商业人员比分析人员更清楚哪个变量在实际应用中最重要。二是技术标准，如果商业人员对某些组别内的变量无法区分重要性时，分析人员可以用数据集 clusters_8 中的变量 RSquareRatio 来决定。由于 RSquareRatio=（1- OwnCluster）/（1- NextClosest），且 OwnCluster 越大越好，因为 OwnCluster 值越大，说明该变量在相应的组内解释的离差就越多，就越具有代表性。同样，NextClosest 越小越好，所以 RSquareRatio 应该是越小越好。此处采用技术标准，最终得到的 8 个预测变量见表 14-9。

表 14-9　变量三次筛选最终结果

flt2_num_noms_1_40	flt2_num_var_noms_13	miss_3
flt2_num_noms_11_90	flt2_num_miss_4_sin	flt2_num_var_noms_14
flt2_num_noms_3_sin	flt2_num_noms_10_20	

注意几点：

- 在 VARCLUS 过程中，分析师往往喜欢用 maxclusters=选项来自行决定最终所要聚类的组数，但是必须同时注意另外两个选项 MAXEIGEN 和 PROPORTION。在 SAS 中，MAXEIGEN 的含义是第二大特征根（注意不是最大特征根），由于第一主成分对应的特征根是最大的，而且大于 1，所以如果用第一特征根作为变量分组的条件，最终有多少个变量会分成多少组，这显然不是分析人员需要的结果。所以 SAS 采用第二大特征根作为阈值，如果 VARCLUS 在变量分组过程中，一旦第二大特征根小于规定的阈值，则系统停止分组。同样，PROPORTION 表示在同一分组内所有变量方差解释量占总体变量方差波动比例取最小。如果给定阈值小于最小值，则系统停止分组。在上面代码中的数据集 summary 汇总了 VARCLUS 分组过程特征根和方差解释比例等重要信息。
- 一般情况下，从商业分析角度，要求最终需要聚类的个数要维持在一定数目之内，这个数目显然由 maxclusters=选项决定。但是从专业分析的角度，如果在指定数目内，最终分组所解释的累积方差比例不能达到一个公认的阈值（比如 70%），显然这种分组数目是不合适的，因为这样会损失大量的信息。需要继续分组。这样在商业分析和专业分析之间就产生矛盾。到底以哪个为准呢？显然这里没有标准答案。一个折中的方案是在两者之间取得平衡。即适当提高分组数目，同时适当降低方差解释比例标准。这样，一个 VARCLUS 过程可能就需要不断进行调整，而不会像上面的程序代码那样简单了。

14.2.7 字符变量压缩㊀

在 SAS 的 LOGISTIC 模型中，对字符型变量的处理有两种方式：一种是通过 CLASS 语句，系统在执行该语句时会自动把 CLASS 语句后面的所有变量变成哑变量。换句话说，如果一个字符变量有 M 个类别，则系统会自动生成 M-1 个哑变量。另外一种处理方式是人工处理，把字符变量转成哑变量。但是无论用哪种方法，在哑变量个数非常多的情况下，自由度会损失很多，从而造成预测有可能失真。所以在字符型变量类别很多的情况下（一般在三个以上），就需要压缩该变量，压缩的思想是把原有类别进行聚合，使得聚合后的类别之内相对于预测变量的离差平方和最小，而类别之间达到最大，所用到的统计思想就是聚类分析。由于需要处理的字符型变量只有 location，对该变量处理过程主要包含以下几个步骤：

- 对变量 location 计算相对于目标变量的响应概率。
- 进行聚类分析。
- 计算 location*redm_flag 的 Pearson Chi 的平方。
- 计算最好的分类。

代码如下：

```
proc means data=lg.develop_final6 noprint nway;
    class location;
    var redm_flag;
    output out=level mean=prop;
```

㊀ 对有些建模来说，该节可能省略。

```
run;
proc print data=level;run;

ods listing close;
ods output clusterhistory=cluster;
proc cluster data=level method=ward
        outtree=fortree;
    freq _freq_;
    var prop;
    id location;
run;
ods listing;
proc print data=cluster;
run;

proc freq data=lg.develop_final6 noprint;
    tables location*redm_flag / chisq;
    output out=chi(keep=_pchi_) chisq;
run;
proc print data=chi;run;

data cutoff;
    if _n_ = 1 then set chi;
    set cluster;
    chisquare=_pchi_*rsquared;
    degfree=numberofclusters-1;
    logpvalue=logsdf('CHISQ',chisquare,degfree);
run;
proc plot data=cutoff;
    plot logpvalue*numberofclusters/vpos=30;
run; quit;
proc sql;
    select NumberOfClusters into :ncl
    from cutoff
    having logpvalue=min(logpvalue);
quit;
%put &ncl;
proc tree data=fortree h=rsq
            nclusters=&ncl out=clus;
    id location;
run;
proc sort data=clus;by clusname;run;
proc print data=clus;
    by clusname;
    id clusname;
run;
```

```
data lg.develop_final7(drop=location sex);
set lg.develop_final6;
lc1=(location in('B2','B14','B15','B16'));
lc2=(location in('B7','B11','B18'));
lc3=(location in('B1','B3','B4','B5','B6','B7',
'B8','B9','B10','B12','B13','B17'));
Sex_flag=(sex='M');
run;
proc contents data=lg.develop_final7;run;
```

最终，location 由原来的 17 个值压缩为 3 个值。至此，完成所有模型开发前的数据处理工作，并产生最终需要建模的建模数据集 develop_final7，接下来将正式进入模型开发阶段。

14.3 模型开发

在完成一系列数据处理和变量处理后，接下来正式进入模型开发阶段。模型开发阶段主要完成以下任务：

- 选择合适的建模方法：主要包括前向法、后向法、逐步法和全模型法四种方法。
- 产生若干备选模型，并依据 C 统计量按照降序取前几个候选模型。
- 对每一个候选模型计算 LIFT。
- 创建两个重要数据集：一个是计算 LIFT 图的数据集；另一个是创建评分卡文件的数据集。

14.3.1 全模型法选择所有候选模型

在第 13 章已经讲解了四种建模方法之间的区别。在具体的商业环境中，一般比较倾向于选择逐步回归法，但是逐步法最大的缺点是只能对训练数据集选择一个备选模型。换句话说，最终选择的变量个数不是由开发者决定，而是由系统自动产生。这样一来，开发者在建模阶段实际上就失去了对最终选择变量个数的控制，而全模型方法能比较好地解决这个问题。但是全模型法也同样有自己的缺点，最大的缺点就是耗时太长，如果面对一个百万级的数据使用全模型方法，程序运行的时间有可能以天为单位计算。不过由于全模型方法能够产生可以由开发者控制的变量个数，因此在项目时间允许的情况下，更受分析师的青睐。值得再次强调的是，全模型方法只是可以选择不同的变量组合，而要获取变量系数以及其他重要统计量如 C 统计量还需要最终选择另外三种方法之一。

运行一个全模型方法的 LOGISTIC 代码如下：

```
Proc contents data=lg.develop_final7;run;
%let dev_var=
flt2_num_miss_4_sin
flt2_num_noms_10_20
flt2_num_noms_11_90
flt2_num_noms_1_40
```

```
flt2_num_noms_3_sin
flt2_num_var_noms_13
flt2_num_var_noms_14
lc1
lc2
lc3
miss_3
Sex_flag
;
ods output bestsubsets=lg.develop_all_model_subsets;
proc logistic data=lg.develop_final7 desc;
weight weight;
        model redm_flag=&dev_var
      /selection=SCORE BEST=1 start=3;
run;
ods output close;
```

上面代码产生至少 3 个备选模型变量组合，并全部包含在数据集 develop_all_model_subsets 中。

14.3.2 逐步回归法筛选候选模型

接下来，对上面备选变量组合使用逐步回归法计算对应的 C 统计量，排序并筛选候选模型，代码如下：

```
options mlogic mprint;
%macro c_stat();
   %let dsid=%sysfunc(open(lg.develop_all_model_subsets));
   %if &dsid gt 0 %then %do;
   %let nobs=%sysfunc(attrn(&dsid,nobs));
   %do i=1 %to &nobs;
          %let rc=%sysfunc(fetchobs(&dsid,&i));
          %let varnume1=%sysfunc(varnum(&dsid,NumberOfVariables));
          %let variable1=%sysfunc(getvarn(&dsid,&varnume1));
          %let varnume2=%sysfunc(varnum(&dsid,VariablesInModel));
          %let variable2=%sysfunc(getvarc(&dsid,&varnume2));
          %put &variable2.;
ods output
Association=C_STAT_&variable1.(keep=label2 cvalue2);
proc logistic data=lg.develop_final7 desc;
weight weight;
model redm_flag=&variable2.
      /selection=stepwise RSQ LACKFIT STB;
run;
data C_STAT_&variable1.;
length number_var 8;
set C_STAT_&variable1. nobs=obs point=obs;
```

```
number_var=&variable1.;
output;
stop;
run;
ods output close;
    %end;
    %let dsid=%sysfunc(close(&dsid));
    %end;
%mend c_stat;
%c_stat;

%macro max_c_stat(candidate=);
data lg.C_STAT_ALL;
set %do i=3 %to 12; C_STAT_&i. %end;;
run;
proc sort data=lg.C_STAT_ALL;by descending cValue2 number_var ;run;
data lg.C_STAT_MAX;
set lg.C_STAT_ALL(obs=&candidate.);
run;

proc sql;
create table lg.C_STAT_FST&candidate._VAR as
select
a.number_var
,b.VariablesInModel
from lg.C_STAT_MAX as a
join lg.Develop_all_model_subsets as b
on a.number_var=b.NumberOfVariables
;
quit;
%mend max_c_stat;
%max_c_stat(candidate=3);

Data lg.C_STAT_FST3_VAR;
Length idx 8;
Set lg.C_STAT_FST3_VAR;
Idx=_n_;
Run;
```

上面的代码中，宏程序 C_STAT 对每一个候选模型计算 C 统计量，并导出成数据集。接下来宏程序 MAX_C_STAT 对所有候选模型的 C 统计量进行排序，并取 C 统计量最大的前三个模型，最终的数据集 C_STAT_FST3_VAR 是三个具有最大 C 统计量的候选模型。

14.3.3 创建两个重要数据集

接下来分别对每一个候选模型再次运行 LOGISITC 模型，产生两个重要的数据集：第一个是包含预测概率变量 PRED 的数据集，其主要用途是创建 LIFT 图；第二个是包含模型参数（截距和变量系数）的数据集，其主要用途是创建评分卡文件。代码如下：

```
%macro parm_lift_set();
    %let dsid=%sysfunc(open(lg.c_stat_fst3_var));
    %if &dsid gt 0 %then %do;
    %let nobs=%sysfunc(attrn(&dsid,nobs));
    %do i=1 %to &nobs;
            %let rc=%sysfunc(fetchobs(&dsid,&i));
            %let varnume2=%sysfunc(varnum(&dsid,VariablesInModel));
            %let variable2=%sysfunc(getvarc(&dsid,&varnume2));
            %put &variable2.;
ods output ParameterEstimates=lg.develop_score_coef_&i.;
proc logistic data=lg.develop_final7 desc;
weight weight;
model redm_flag=&variable2.
      /selection=stepwise RSQ LACKFIT STB;
output out=lg.develop_score_pred_&i. p=pred;
run;
ods output close;
    %end;
    %let dsid=%sysfunc(close(&dsid));
    %end;
%mend parm_lift_set;
%parm_lift_set;
```

上面的代码中，宏程序 parm_lift_set 实现对三个候选模型创建各自的预测变量概率的数据集和模型参数数据集。

14.3.4 创建 LIFT 图

下面的宏创建了 LIFT 图所需要的数据。

```
%macro lift(dep=,pred=);
%do i=1 %to 3;
data for_rank;
set lg.develop_score_pred_&i.(keep=&dep &pred weight);
do i=1 to weight;
output;
end;
run;
proc rank data=for_rank groups=20 out=rankd descending;
var &pred;
ranks decile;
run;
proc sort data=rankd;
```

```
by decile;
label
decile='decile'
&dep="&dep"
&pred="&pred"
;
run;

proc means data=rankd noprint;
var &dep &pred;
class decile;
output out=sumout mean=amn pmn n=count sum=asum psum;
run;

data sumout_final;
set sumout(keep=decile amn pmn count asum psum);
where decile ne .;
label decile='decile' amn='amn'
pmn='pmn' count='count'
asum='asum' psum='psum'
;
run;
proc sql noprint;
select sum(count),sum(asum) into: total_cnt,:total_event
from sumout_final;
quit;

data lg.develop_lift_var&i.;
set sumout_final ;
cum_n+count;
cum_event+asum;
decile_pct=round((count/&total_cnt),.0001);
cum_decile_pct=round((cum_n/&total_cnt),.0001);
decile_asum_count_rate=round((asum/count),.0001);
decile_asum_tot_event_rate=round((asum/&total_event),.0001);
cum_event_cum_count_rate=round((cum_event/cum_n),.0001);
cum_event_tot_event_rate=round((cum_event/&total_event),.0001);
cum_lift=round((cum_event_tot_event_rate/cum_decile_pct),.01);
format decile_pct cum_decile_pct decile_asum_count_rate decile_asum_tot_event_rate
cum_event_cum_count_rate cum_event_tot_event_rate percent10.2;
run;

proc print data=lg.develop_lift_var&i. noobs label split=',';
var decile count cum_n decile_asum_count_rate
cum_event_cum_count_rate cum_event_tot_event_rate cum_lift;
```

```
label
decile='Decile' count=',,N'
cum_n=',Cum,N' cum_lift=',Model,Lift' ;
title2 "Lift Table For %sysfunc(propcase(&pred))" ;
run;
title2 ;
run;
%end;
%mend lift;
%lift(dep=redm_flag,pred=pred)
```

程序解读：

该程序为创建最终的 LIFT 图准备数据。

1）第一个 DATA 步创建了一个数据集，该数据集只需要保留目标变量 redm_flag，预测概率变量 pred 和权重变量 weight。并在权重变量上展开数据集，目的是近似恢复原数据集的记录个数，以确保下面的数据集分区。

2）接下来的 RANK 过程对扩展后的数据集 for_rank 进行分区，商业实践中，一般设定的分区数为 20 个。并且要注意习惯上都是按照预测概率变量 pred 的值降序排序，确保高概率观测对象在前分区，低概率对象在后分区。

3）对分区后产生的数据集 rankd 按照分区变量 decile 升序排序，显然 decile 有 20 个值，且 decile 越小，对应的平均 pred 越大。

4）接下来的 MEAN 过程步和紧接着的 DATA 步分别计算实际响应变量 redm_flag 和预测响应概率变量 pred 的 平均值和总和。显然理想状况是在每一个 decile 里面平均值和总和对应的值越接近越好。

5）最后一个 DATA 步为创建 LIFT 图准备了所有可能需要使用的变量，各变量含义见表 14-10。

表 14-10　LIFT 图所有变量含义

变 量 名	变 量 含 义
cum_n	累积观测数
cum_event	事件累积实际响应数
decile_pct	每个分区观测数占总观测数比例
cum_decile_pct	累积分区观测数占总观测数比例
decile_asum_count_rate	每个分区事件实际响应数占该分区总观测数比例
decile_asum_tot_event_rate	每个分区事件实际响应数占总响应数比例
cum_event_cum_count_rate	累积实际响应数占累积观测数比例
cum_event_tot_event_rate	累积实际响应数占总响应数比例
cum_lift	累积实际响应数占总响应数比例/累积分区观测数占总观测数比例

下面以第一个候选模型为例讲解如何创建 LIFT 图。首先，将数据集 Develop_lift_var1 转成 Excel 形式，可以用 EXPORT 过程步，也可以手工导出，结果如图 14-1 所示。

decile	amn	pmn	count	asum	psum	cum_n	cum_event	cum_decile_pct	decile_asum_tot_event_rate	cum_event_cum_count_rate	cum_event_tot_event_rate	cum_lift
0	0.19	0.21	11103	2063	2310	11103	2063	5%	18.46%	18.58%	18.46%	3.69
1	0.15	0.13	11103	1643	1391	22206	3706	10%	14.70%	16.69%	33.16%	3.32
2	0.09	0.07	11106	946	767	33312	4652	15%	8.47%	13.96%	41.63%	2.78
3	0.06	0.05	11104	684	583	44416	5336	20%	6.12%	12.01%	47.75%	2.39
4	0.03	0.05	11100	350	549	55516	5686	25%	3.13%	10.24%	50.88%	2.04
5	0.02	0.05	11104	254	539	66620	5940	30%	2.27%	8.92%	53.15%	1.77
6	0.07	0.05	11100	790	536	77720	6730	35%	7.07%	8.66%	60.22%	1.72
7	0.07	0.05	11104	734	507	88824	7464	40%	6.57%	8.40%	66.79%	1.67
8	0.04	0.04	11101	401	426	99925	7865	45%	3.59%	7.87%	70.38%	1.56
9	0.06	0.04	11104	694	408	111029	8559	50%	6.21%	7.71%	76.59%	1.53
10	0.04	0.03	11109	439	374	122138	8998	55%	3.93%	7.37%	80.52%	1.46
11	0.03	0.03	11097	357	362	133235	9355	60%	3.19%	7.02%	83.71%	1.40
12	0.02	0.03	11106	246	357	144341	9601	65%	2.20%	6.65%	85.91%	1.32
13	0.02	0.03	11107	187	354	155448	9788	70%	1.67%	6.30%	87.59%	1.25
14	0.01	0.03	11103	133	351	166551	9921	75%	1.19%	5.96%	88.78%	1.18
15	0.03	0.03	11106	356	339	177657	10277	80%	3.19%	5.78%	91.96%	1.15
16	0.03	0.03	11096	336	294	188753	10613	85%	3.01%	5.62%	94.97%	1.12
17	0.02	0.02	11102	212	277	199855	10825	90%	1.90%	5.42%	96.87%	1.08
18	0.02	0.02	11109	189	255	210964	11014	95%	1.69%	5.22%	98.56%	1.04
19	0.01	0.02	11101	161	196	222065	11175	100%	1.44%	5.03%	100.00%	1.00

图 14-1　模型开发阶段的 LIFT 表

下面对图 14-1 中的数据进行逐列解释：

第 1 列：对建模数据集 develop_final7 所有观测按照预测概率降序排列后创建的分位数。

第 2 列：每一个分区的实际平均响应率。对一个好的预测模型，此列值应该单调不增。

第 3 列：每一个分区的预测平均响应率。对一个好的预测模型，此列值应该单调不增。并且第 3 列在每一个分区对应值和第 2 列对应值差别不应该太大。

第 4 列：每一个分区的观测数。一般情况下，观测数应该相等或者近似相等。

第 5 列：每一个分区实际响应事件总数（redm_flag=1）。对一个好的模型，此列应该单调不增。

第 6 列：每一个分区预测响应事件总数。对一个好的模型，此列应该单调不增。

第 7 列：按照分区计算累积观测总数。显然累积到最后一个分区值应该是数据集观测总数（注意权重）。此列应该单调不减。

第 8 列：按照分区计算累积响应总数。同样累积到最后一个分区值应该是数据集响应总数（注意权重）。此列应该单调不减。

第 9 列：累积分区占比。对分区分位数进行累计，实际上就是按照第 1 列进行累计。此列应该单调不减。

第 10 列：每一个分区实际事件响应数占总响应数比例。实际上就是第 5 列除以总响应数 11175。此列应该单调不增。

第 11 列：累积响应数占累积观测数比例。实际上就是第 8 列除以第 7 列。此列应该单调不增。

第 12 列：累积响应数占总响应数比例。实际上就是第 8 列除以总响应数 11175。此列应该单调不减。

第 13 列：计算累积 LIFT。实际上就是第 12 列除以第 9 列。

最后，以第 9 列和第 12 列分别作为横轴和纵轴，得到 LIFT 图，如图 14-2 所示。

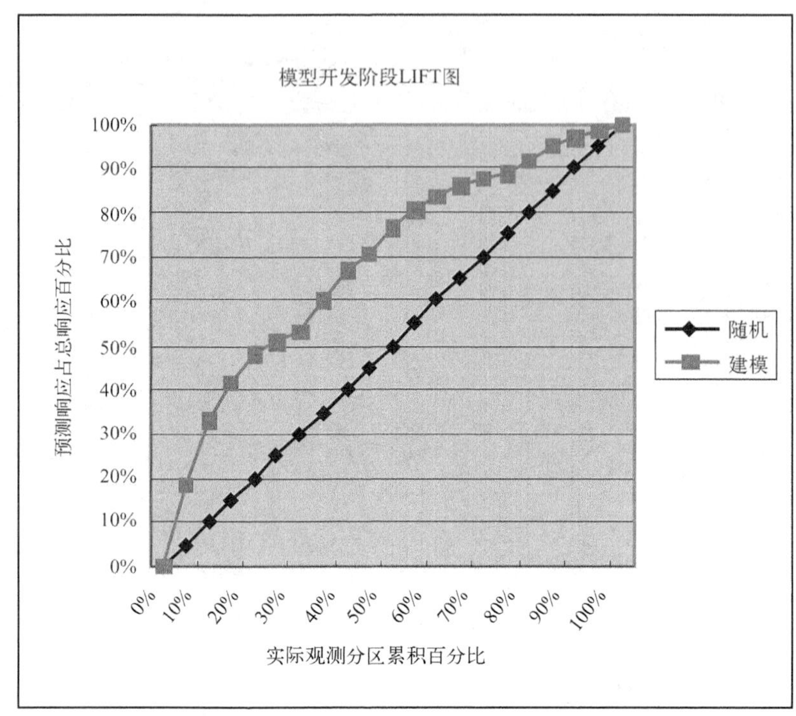

图 14-2　模型开发阶段 LIFT 图

从上图可以看出，在数据集的 5%分位数处，LIFT 值高达 3.69，这意味着前 5%的数据就可以捕捉 18.46%的响应客户；而在数据集的 50%分位数处，就可以捕捉近 77%的响应客户。说明该模型至少在训练数据集上还是一个不错的模型。

以上对第一个开发模型结果进行了详细的解释说明，对第二和第三个模型的理解完全类似于第一个模型，不再赘述。直观上看 LIFT，这三个模型没有明显的差异，第一个模型略显优势，但是仍然需要在后面的模型验证阶段加以验证。

14.3.5　创建评分卡文件

LIFT 图只是为了说明建模效果而做的一个可视化展现工具，但是真正做打分预测仅有 LIFT 图是不够的。通过建模所得到的模型参数来创建评分卡文件才是后期模型验证和模型实施的关键。所谓评分卡文件就是把建模过程得到的参数（在 LOGISTIC 建模中实际上就是预测变量系数）输出到一个文件（比如文本文件），以便在模型验证和模型实施阶段直接导入该文件，然后对预测目标变量进行打分。

创建评分卡文件的代码如下：

```
%macro score_set();
%do i=1 %to 3;
data develop_score_coef_&i.;
set lg.develop_score_coef_&i.;
flag=1;
run;
```

```
data lg.develop_score_coef_&i._final;
set develop_score_coef_&i. lg.develop_score_coef_&i.;
if flag=. then flag=0;
run;
%end;
%mend score_set;
%score_set;

%macro score_file_out();
%do i=1 %to 3;
filename score "F:\Data_Model\Book_data\chapt14\score_&i.";
proc sort data=lg.Develop_score_coef_&i._final
(keep=variable estimate flag) out=Develop_score_coef_&i._final;
by flag;
run;
data _null_;
set Develop_score_coef_&i._final end=last;
by flag;
file score ;
if _n_=1 then do;put @1 "pred_&i.=";put "exp(";end;
if flag=0 then do;
if variable ='Intercept' then do;put @1 "+" @;put @5 "(" estimate 10.5 ")";end;
else do; put @1 "+" @;put @5 '(' estimate best10. @20 '*' variable $32. ')';end;
if last.flag then do;put ")";put "/";end;
end;
else do;
if first.flag then do;put "(";put "1+exp(";end;
if variable ='Intercept' then do;put @1 "+" @;put @5 "(" estimate 10.5 ")";end;
else do; put @1 "+" @;put @5 '(' estimate best10. @20 '*' variable $32. ')';end;
if last.flag then do;put ")";put ")";end;
end;
if last then put @1 ';';
run;
%end;
%mend score_file_out;
%score_file_out;
```

上面的代码首先复制建模得到的系数数据集，复制的原因是由 LOGISTIC 的数学公式决定的。接下来通过 PUT 语句输出评分卡文件。需要说明的是，上面的代码也许并不是最简洁的，读者完全可以根据自己的理解开发出更好的代码。

14.4 模型验证

在模型开发阶段，已经开发出 3 个备选模型，如果以 LIFT 为指标进行衡量的话，第一个模型（含有 6 个预测变量）无疑是最佳候选，但是还是需要把这三个模型放在实际的商业环境中进行测试，这就是模型验证阶段。往往在模型开发阶段拟合非常好的模型在模型验证阶段却比不过那些拟合程度一般的模型，最终确认的模型必须以模型验证阶段的效果为准。

对模型验证，大部分分析师都习惯把原来的建模数据集拆分成两部分，但是如果拆分的过程是一个随机分层抽样的过程，那么在模型开发和模型验证阶段，所有的指标几乎都是近似的，这无论是在理论上（由于建模数据集分布相似）还是在实践中都已经被证明。那么有人会问：这样的模型验证还有什么意义？的确是这样。在作者看来，这其实就是一次重复的劳动。但是模型终究还是需要验证的，而把另外一个不是来自建模数据集的商业数据作为验证的对象无疑是非常不错的选择，这在一些 SAS 培训教程里面是作为模型测试部分出现的。因此，本书拟把模型测试部分作为模型验证部分，而真正的模型验证部分将予以忽略。

那么，模型验证部分的数据集从何而来呢？一句话，还是包含历史数据，其数据结构仍然需要和建模数据集一样，只是其发生的时间可能和建模数据集的变量时间窗口不一样，现在由于时间窗口不同会造成市场环境不同，因而所有影响因素（预测变量）的分布有可能发生变化，这样在一个可能发生分布变化的数据集上对原来的候选模型进行测试，才能真正看出哪些候选模型适合生存，而那些有可能存在过度拟合的模型将会被淘汰。

模型验证阶段主要完成以下任务：

- 数据获取和处理。
- 导入备选模型的评分卡，得到目标变量的预测概率。
- 创建 LIFT 图。
- 比较候选模型。
- 确认最终模型。

由于数据获取和处理的流程和模型开发大部分类似，唯一一个比较大的不同是由于现在已经知道了哪些因素或变量影响目标变量，因此不会再像模型开发阶段那样经过非常复杂的变量筛选过程，但是一些数据探索和数据清洗仍然是必须的。故本文将不再重复，最终一定会得到一个和数据集 develop_final7 数据结构完全一样的数据集。而这个数据集的来源一定是历史上 develop_final7 的数据来源不同的市场营销活动所产生的历史数据。在这里是数据集 develop_valid。

14.4.1 评分卡文件导入

在模型开发阶段，产生了三个候选模型以及对应的评分卡，这里将导入这三个评分卡文件，以便能够给验证数据集 develop_valid 进行打分。代码如下：

```
%macro score_valid();
data lg.develop_valid1(keep=redm_flag weight %do i=1 %to 3;pred_&i. %end;);
set lg.develop_valid;
%do i=1 %to 3;
%include "F:\Data_Model\Book_data\chapt14\score_&i.";
%end;
;
run;
%mend score_valid;
%score_valid;
```

上面的代码将三个候选模型评分卡文件导入到 develop_valid，产生三个预测目标概率。

14.4.2 LIFT 图比较

在模型验证阶段，将第二次对候选的三个模型创建 LIFT 图，代码如下：

```
%macro score_lift(dep=,pred=);
data for_rank;
set lg.develop_valid1(keep=&dep. &pred. weight);
do i=1 to weight;
output;
end;
run;
proc rank data=for_rank groups=20 out=rankd descending;
var &pred.;
ranks decile;
run;
proc sort data=rankd;
by decile;
label
decile='decile'
&dep="&dep" &pred="&pred";
run;
proc means data=rankd noprint;
var &dep &pred;
class decile;
output out=sumout mean=amn pmn n=count sum=asum psum;
run;
data sumout_final;
set sumout(keep=decile amn pmn count asum psum);
where decile ne .;
label
decile='decile' amn='amn'
pmn='pmn' count='count'
asum='asum' psum='psum';
run;
proc sql noprint;
select sum(count),sum(asum) into: mc_cnt,:mc_event
from sumout_final
;
quit;
%put &mc_cnt &mc_event;

data lg.valid_lift_&pred.;
set sumout_final ;
cum_n+count;
cum_event+asum;
```

```
decile_pct=round((count/&mc_cnt),.0001);
cum_decile_pct=round((cum_n/&mc_cnt),.0001);
decile_asum_count_rate=round((asum/count),.0001);
decile_asum_tot_event_rate=round((asum/&mc_event),.0001);
cum_event_cum_count_rate=round((cum_event/cum_n),.0001);
cum_event_tot_event_rate=round((cum_event/&mc_event),.0001);
cum_lift=round((cum_event_tot_event_rate/cum_decile_pct),.01);
format decile_pct cum_decile_pct decile_asum_count_rate decile_asum_tot_event_rate
cum_event_cum_count_rate cum_event_tot_event_rate percent10.2;
run;

proc print data=lg.valid_lift_&pred. noobs label split=',';
var decile count cum_n decile_asum_count_rate
cum_event_cum_count_rate cum_event_tot_event_rate cum_lift;
label decile='Decile' count=',,N'
cum_n=',Cum,N' cum_lift=',Model,Lift' ;
title2 "Lift Table For %sysfunc(propcase(&pred))" ;
run;
title2 ;
run;
%mend score_lift;
%score_lift (dep=redm_flag,pred=pred_1)
%score_lift (dep=redm_flag,pred=pred_2)
%score_lift (dep=redm_flag,pred=pred_3)

options noxwait;
x "del F:\Data_Model\Book_data\chapt14\ score_lift.xls";
ods results off;
ods listing close;
libname test excel "F:\Data_Model\Book_data\chapt14\score_lift.xls" scan_text=no ;
%macro lift_exl;
%do i=1 %to 3;
data test.valid_lift_pred_&i.(dblabel=yes);
    set lg.valid_lift_pred_&i.(keep= cum_decile_pct cum_event_tot_event_rate);
    label cum_decile_pct='随机';
    label cum_event_tot_event_rate='建模';
run;
%end;
%mend lift_exl;
%lift_exl;
libname test clear;
ods results on;
ods listing;
```

上面代码的含义请参见模型开发部分有关说明。可以把最终产生的三个 LIFT 图放在一个展示界面中，结果如图 14-3 所示。

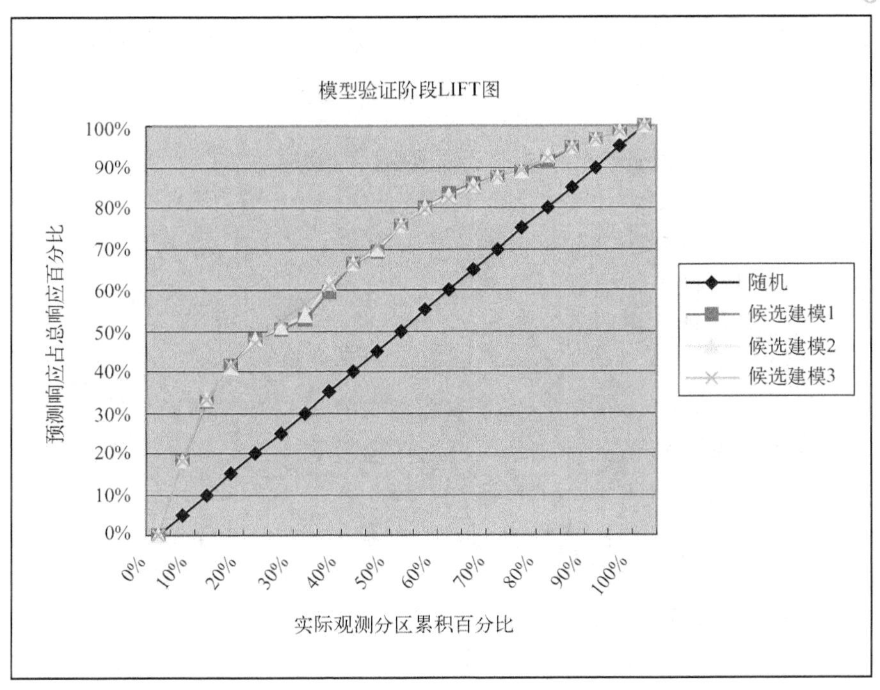

图 14-3　模型验证阶段 LIFT 图比较

观察上面的 LIFT 图，发现三个候选模型都比较接近。接下来将决策如何选用最终的候选模型。

14.4.3　模型确认

接下来通过比较三个候选模型最终确认模型。模型比较与确认主要基于以下两个指标：

- LIFT 值：越大越好。
- 预测变量数：越少越好。

通过对模型开发阶段和模型验证阶段三个候选模型的综合比较，发现模型 1 是相对最好的选择。

最终确认的模型一般（但不是绝对）是模型比较阶段所选择的模型，但是分析师还需要把候选的其他模型作为参照，一并提交市场部，在得到市场部的进一步确认后，才能最终决定选择哪个模型。对一个优秀的分析师而言，市场部会相信他的判断。

另外，如果对该需求项目存在并发分析，不同的建模师之间可能还需要进一步比较模型，不过这种比较可能更多地发生在模型实施阶段。

14.5　模型实施与监控

14.5.1　模型实施

在多数情况下，模型实施阶段已经进入到市场运营环节，也是真正考验模型实际效果的重要阶段。此时市场部一般会给出一个新的客户 ID 名单，而分析部要做的事情就是给这些新客户进行打分，并把打分结果提交给市场部，市场部将依据财务预算和营销目标最终决定目标客户名单。 具体步骤如下：

1）分析部得到来自市场部的客户 ID 名单。

2）分析部按照最终模型确认的变量从公司数据库获取数据。

3）分析部导入评分卡文件对每一个客户进行打分。

4）分析部对打分结果进行由高到低排序。

5）分析部提交最终排序表给市场部。

6）市场部给出营销预算和营销目标。

7）分析部根据营销预算和营销目标抽取最终市场部需要的客户名单，并预测该总体客户的响应率。比如抽取 100 名客户，则预测响应率=100 名客户预测概率的均值。

8）市场部根据分析部提供的客户名单进行营销活动，并将最终得到的真实响应率和预测响应率进行比较，以确定模型预测的准确性。

在上面模型实施流程中的关键是如何决定目标客户名单。通常情况下，目标客户名单都是由营销预算和营销目标决定的。营销预算就不用说了，所谓“有多少钱办多少事”。另外一个就是营销目标：如果营销目标是获取高的反应率，则需要对排序较高的客户做营销，因为这些客户对活动反应的可能性相对比较大；如果营销目标是刺激新客户，而不关注反应率，则需要对排序在中间地带的客户做营销，因为排序高的客户即便不对其做营销，他们仍然有可能会有反应，但是处于中间地带的客户只有在对他们做促销活动时他们才有更高的反应，反之可能没有反应。无论哪种情况，对排序较低的客户一般是不做营销的，因为这些客户既不会带来高的反应率，在总体上也很难对促销活动有很好的反应。

14.5.2 模型监控

模型监控是执行一个长期寿命模型的重要一环，一个开发好的模型不是一劳永逸的模型，需要随时对该模型进行监控，并给出科学的监控报告。模型监控的任务主要包括：

1. 数据源的同步验证

一个建好的模型在投入运营的过程中可能被多次使用，而每一次使用都会需要更新输入的数据源，因此必须对每一次输入的数据源进行同步验证。验证的内容主要包括输入变量的分布变化、异常值变化和缺失值变化。理想的状况是每一次运行模型时所有的输入数据源对应的分布是相似的，但是这种情况几乎很少发生，因此确保输入数据源不出现大的偏差就显得非常必要。

2. 预测响应和实际响应的差异

响应模型最终的市场目标是预测未来某个点或某时段目标变量所发生的概率，并依据此概率进行相应的营销活动，而每一次营销活动最终一定会产生一个实际响应的目标群体。一个持续健壮的模型在预测响应和实际响应之间不应该有大的差异，因此每次营销活动后就必须验证预测和实际响应之间的差异，如果差异超过商业阈值，就应该是考虑模型更新换代的时候了。

3. 预测变量和实际市场环境的逻辑一致性

揭开任何一个预测模型的面纱，无非就是输入若干预测变量以及对应的评分文件（可能是系数，也可能是规则），而输出就是目标变量。在 LOGISTIC 模型中，一个正的系数意味着该系数对应的预测变量对目标变量产生正的影响，但是如果实际市场商业环境和理论建模结果不一致，分析师该何去何从？例如，在建模数据集里面有一个变量 BBE，该变量的全称是 bad bought experience（坏的购买体验）。假如最终确认的模型包含该变量，并且系数为正，这就让市场人员非常不理解：因为商业经验告诉他们，一个存在 BBE 的客户很难有高的响应率。分析师此时唯一要做的就是从头验证，比如，对 BBE 变量单独和目标变量做一个 LOGISTIC 模型，看系数是否为正：如果为正，则说明输入数据源有问题；如果为负，则说明 BBE 变量和其他某个变量之间存在很强的交互作用，需要找到那个变量，然后重新衡量那个变量和 BBE 变量在商业意义上的重要性，最终确认保留哪个变量。

4. "卫冕者"与"挑战者"

所谓"卫冕者"是指现在已经投入生产的模型，所谓"挑战者"是指虽然没有投入生产，但是时刻对现有模型产生一定竞争压力的候选模型。一旦"卫冕者"不能胜任现有市场环境需求，"挑战者"将迅速接替"卫冕者"的工作。

5. 避免从模型开发到模型实施的一切风险

从建模到运营的每一个环节都会存在风险，而这种风险有些是系统的，有些是人为的。比如数据源的分布误差是系统的，而市场人员在最终的评分数据集上采用了不正确的排序以至于把低响应概率人群当成高响应概率人群，这种情况则是人为的，但是这种人为的状况有时候对分析师而言却又是不可控的，因为分析师和市场人员日常的工作不可能时刻都有交集。因此避免一切存在的风险的重要举措是建立一个运营模型"end to end"（端对端）的机制，确保机制内所有的人员能够对整个运营流程都非常了解，尤其是分析师必须了解自己的模型是如何被市场部使用的。

14.6 小结

本章比较详细地介绍了一个商业响应模型是如何建立和实施的，通过对本章的学习，读者将会认识到一个真正的商业模型绝不是一个人在一个星期用一段 LOGISTIC 过程步就解决了商业需求，而是一个团队在一个较长的周期内，持续地和市场人员进行沟通，不断调整模型参数，最终建立一个能够适应市场环境变化的动态的模型参数系统。并且一个真正的预测模型必须不断否定自己，并逐步升级换代。永远记住一条：所有的模型最终是为商业目标服务的，而不是为技术服务的。

第 15 章　行为建模：客户行为属性分析

在商业实践中，对客户消费行为的研究可以说层出不穷，但是总体上大致分为两类：一类是注重客户“行为过程”，另一类是注重客户“行为结果”。对客户消费过程的研究主要包括了从购买动机、购买愿望、刺激需求、实现需求等一系列和心理因素有着密切关联的分析。而注重消费结果的研究则是从客户最终购买的产品出发，倒推客户可能存在的消费特征。例如，某一客户在一个电子商务网站注册时用了男性，网站跟踪他所有的历史消费记录后发现他所消费的商品几乎都和女性有关，为了能够研究客户特征，把所有客户注册时所声明的属性（如性别、年龄、种族等）称为“自然属性”，与之对应，把所有客户在消费过程中所表现出来的属性称为“行为属性”。在商业领域，商家更关注后者，因为只有后者才是客户消费意愿的真实反应。由于个人隐私等原因，并非所有客户在注册时都如实填写真实身份，但是商家可以通过其消费行为对他的属性进行判别，而这种判别并不是基于客户的“自然属性”，而是“行为属性”，这样既保护了客户的个人隐私，又能够对客户的消费趋势做一个预测。

由于一个“自然属性”对应一个“行为属性”，因此本文将以性别为例进行讲解。更多属性研究在方法论上都是类似的。读者在学习完本章后可以自行模拟。

15.1　前期准备

和第 14 章一样，分析师在做任何建模分析之前，都需要做好充分的准备工作，包括从商业需求开始到建模方法论确认为止。下面逐一介绍。

15.1.1　商业需求

某电子商务公司在以往的营销过程中，发现一个非常有意思的现象：有些客户在注册时的性别和其在网上购物所表现的性别有非常大的差异，但是公司市场部无法验证这种差异的真实性，现在欲对一批现有客户做比照营销测试，即随机抽取一批注册客户，把一部分客户注册性别作为控制组，而把剩余部分客户的网上购物表现的性别作为测试组，为方便起见，把控制组的注册性别称为“注册性别”，而网上购物表现的性别称为“行为性别”。现在市场部要求分析部对“行为性别”做预测，并提交最终预测的结果名单。

15.1.2　定义目标

分析部在接到市场部的需求后，首先要理解市场部提出的“行为性别”概念，并和市场部进一步沟通以确定具体的商业目标。由于很多时候市场部可能只是提出一个营销理念，有些理念具有价值（能给公司带来客户或利润），并具有可操作性（现有的数据或技术能够支持）；而大部分理念可能没有价值或可操作性。分析部必须就市场部提出的理念和市场部做进一步沟通，以引导市场部进一步明确其理念或需求。

1. 商业目标

分析部在和市场部做进一步沟通后，最终确定的商业目标如下：

对商业需求中提及的“注册性别”和“行为性别”分别进行网上购物促销，比如对“注册性别”为男性但是“行为性别”为女性的客户分别进行男性购物促销（控制组）和女性购物促销（测试组），并比较两组最后的促销效果。关于如何评价促销效果，市场部有一套独立的评价体系，现在市场部提供给分析部的数据是一套随机抽取的客户 ID 和性别名单，而要求分析部做的工作就是对这部分名单做“行为性别”预测，并给出格式类似于表 15-1 的交叉表。

表 15-1 注册性别和行为性别交叉表

注册性别 \ 行为性别	男	女
男		
女		

2. 技术目标

能够准确预测“行为性别”，检验这种准确性的定性标准有两个：一个是对表 15-1 最终产生的结果在对角线上的占比相对最大，但是理想状态是仍然有一部分占比不在对角线上分布，比如表 15-2 的结果是比较理想的（命中率）：

表 15-2 注册性别和行为性别交叉表演示

注册性别 \ 行为性别	男	女
男	70%	30%
女	20%	80%

但是对角线上的比例又不能达到 100%（实际上也是不可能的），因为这样一来就没有“行为性别”客户了。

另外一个定性标准是看项目实施结果，如果测试组比控制组有一个明显的 LIFT 值，则说明预测结果是比较理想的。

这里没有提到定量标准，因为本章的需求项目和第 14 章的响应模型有所不同。响应模型有一个非常准确的事后客户响应率，看预测模型准不准，就看预测模型预测的客户响应率和真实的事后客户响应率是否接近：接近则好，不接近则差。而本章的实施项目则需要通过测试组/控制组的结果来验证，当然如果市场部给出一个 LIFT 值的标准也是可以的，但是实际操作有非常大的难度，比如多大的 LIFT 才能认为某些预测准确？这是没有答案的。

3. 目标变量

该需求项目的目标变量是“注册性别”，是一个类别标识变量。特别值得注意的是，在模型训练阶段的“注册性别”必须都是真实的客户性别，否则将会导致对最终的模型预测产生很大的误差。由于该需求项目实际上需要使用判别分析或者类似的技术手段，从理论上，一个正确的分类标识训练集一定会产生一个好的分类函数或者分类器，反之则不然。实践中，本文作者也曾遇到差的训练集而无法获得好的分类函数的案例。那么问题来了，怎样才能获得真实的客户性别呢？由于很多注册客户在注册时填写的随意性非常大，因此商业实践中，有两个可供选择的方法：一个方法是使用截面数据，即通过技术或者商业手段获取一部分客户的真实性别，或者使用“种子客户”作为训练数据集对象，然后结合使用将在第 16 章讲到的 EM 迭代方法，最终得到一个比较接近真实性别的训练数据集。另外一个方法是使用时序数据，即对同一批客户在起始时间段做一次模型，然后利用模型预测目标变量结果滚动进入下一个时间段，并把上次预测目标变量的结果作为本次目标变量的输入值，然后再次使用同样的建模方法做一次模型。如此下去，直到最终的预测目标变量收敛至事先设定的阈值。第一种方法要求数据量非常大，因此耗时很长；第二种方法对数据量的要求不大，但是对时间跨度要求很长，否则很难达到收敛效果。

15.1.3 选择建模方法

由于目标变量是一个类别变量，因此 LOGISTIC 是一个备选的模型。但是由于建立和维护 LOGISTIC 模型时间代价较大，本章拟采用一个比较快捷并行之有效的替代方法来解决这个商业问题，这个方法就是朴素贝叶斯。朴素贝叶斯方法实际上是一个归类方法，其父系是判别分析法。使用朴素贝叶斯方法目的就是在训练数据集的时候找到一个相对准确的分类器（在其他的判别分析法中被称为判别函数），以便在新的观测数据出现的时候，能够利用该分类器对观测数据进行目标变量的概率预测。

1. 定义先验事件

朴素贝叶斯方法要求研究对象具备先验事件(此处是目标变量)和条件事件（此处指客户行为和属性）。由于目标变量是“注册性别”，因此从统计角度，完备组元素应该有 2 个：男性和女性。

2. 定义条件事件

条件事件从理论上说有无数个，从商业角度，可以选择与目标变量紧密相关的事件。此项目中，根据商业需求定义了两类事件：一类是客户活动的商品目录（leaf_id），商业实践经验告诉我们，客户在哪个商品目录中活动与其性别有很大关系，如女性喜欢浏览衣服、珠宝等商品目录，而男性更关注运动类商品。但这不是绝对的，有些商品目录如电子消费类会同时收到男性和女性的青睐。还有一类是客户所在地点，这是个属性事件，说明客户地点和客户性别有着一定相关性。

注意：作者在这里只是为了演示实施朴素贝叶斯方法的技术流程，不同的项目会有完全不同的事件定义。因此请读者不必过分关注为什么在这里只定义商品目录和客户地点事件而不定义其他事件。

15.2 数据获取与处理

商业数据挖掘所需要的数据一般都需要从公司数据库获取，为避免商业纠纷，本文拟采样虚拟数据讲解建模流程。真实商业环境除数据不同外，其他如数据结构等都是完全一样的。先来熟悉数据，有三张建模数据表：

- user_gender_test：这是客户“注册性别”表。性别作为一个先验事件，记录了客户在注册公司网站时所填入的信息。另外作为“行为性别”的来源，“注册性别”在训练数据集中务必要求尽可能准确，否则在后续的模型训练过程中将产生很大的偏差。

- user_behavior_test：这是客户行为表。行为表作为一个条件事件，记录了客户自注册之日起的一个历史时间窗口内在电子商务网站上的消费活动。这张表只记录了客户是否在某一个 leaf 里面活动，而对于在该 leaf 里面活动多少次并没有关注。
- user_attrib_test：这是客户属性表。属性作为另外一个条件事件，记录了客户所在地点。

在有数据访问的权限下，这三张表很容易从公司数据集直接获取。接下来需要对这些表进行一些处理，以获取建模所需的一些数据集。

在现有数据挖掘书籍中，对朴素贝叶斯的算法在应用举例时多使用如下数据结构：

事件 1	事件 2	……	事件 N	目标类别变量

但是这种教材上的案例在商业实践中是行不通的。实践中的事件数可能在几十万甚至百万级以上，如果把这些事件都作为列或者变量来处理，会大量消耗内存而导致程序无法运行。

因此一般情况下，都需要把这些事件作为行来处理，也就是把上面的数据结构当中的所有列转置成行，并定义一个事件变量。客户行为表和客户属性表就是依据这个原则产生的。另外转置也不能使用 SAS 的 TRANSPOSE 过程，因为该过程对于大数据量的转置效率非常低下，而应该使用 DATA 步和 DO 循环语句，具体代码请参考本书相关内容。

由于不同的商业环境下商业规则各不相同，另外在建模之前还需要对原始数据集进行符合商业规则的处理和整合，因此本节将完成一些比较繁琐的建模前期的数据处理工作，主要包括：

1）计算先验概率（这里是表 user_gender_test）。

2）合并所有条件事件表（这里是表 user_behavior_test 和 user_attrib_test）。

3）导入商业规则，排除不符合商业需求的事件。

4）关联客户“注册性别”表和整合后的条件事件表，得到一张基表。

5）创建条件频数表（此时未计算条件概率）。

6）创建条件事件笛卡儿表。

7）关联笛卡儿表和条件频数表，得到笛卡儿条件频数表。

8）合并先验概率表和笛卡儿条件频数表,计算条件概率。对先验类别中未发生的事件，以简单的拉普拉斯平滑值填充，以避免条件概率中的零概率问题。

9）关联基表，得到最终的建模数据集。

下面逐一建立所需要的表。

1）计算先验概率。

先验概率可以用训练数据集 user_gender_test 中 gender 所发生的频率替代，代码如下：

```
Proc freq data=nb.user_gender_test;
Table gender/out=nb.gender_prior(rename=(PERCENT=prior_prob COUNT=prior_cnt));
Run;
```

```
data nb.gender_prior2(drop=prior_prob rename=(prior_prob2=prior_prob));
set nb.gender_prior;
class_idx=_n_;
prior_prob2=prior_prob/100;
run;
```

上面的第二个程序段创建了一个先验事件的索引 class_idx，这是为了后期代码开发能够用宏实现，而不是用硬代码实现。

2）合并所有包含客户 ID 的条件事件表。

由于这里只有两张事件表，所以可以通过 APPEND 的方式进行简单合并。但是要注意第一个事件行为变量 leaf 是数值型，而第二个事件属性变量 location 是字符型，所以在 APPEND 的时候需要对数值型进行转换。代码如下：

```
data nb.user_behavior_test2;
set nb.user_behavior_test;
event=put(leaf_id,10.);
drop leaf_id;
run;
proc datasets lib=nb nolist;
modify user_attrib_test;
rename location=event;
quit;
data nb.event_merge;
set nb.user_behavior_test2 nb.user_attrib_test;
run;
```

上面的代码实现将客户发生的所有事件合并，并更改原有的事件名为 EVENT。

3）导入商业规则，排除不符合商业需求的事件。

对于事件 leaf，如果某一段时间内活动人数非常少，以至于不论在实际含义还是在统计理论上都没有太大的意义，就需要删除该 leaf。对于事件 location 同样如此。这里暂定事件发生数为 1 将被删除。代码如下：

```
Proc sql;
Create table nb.event_group as
Select
Event
,count(*) as event_cnt
From nb.event_merge
Group by 1
;
Quit;
```

观察表 event_group 发现，只有事件 99 和 S4 满足删除条件，下面的代码会删除 99 和 S4，在最终的建模数据集中不会再出现这两个事件。

```
Data nb.event_group;
Modify nb.event_group;
If event_cnt=1 then remove;
Run;
```

接下来创建一个条件事件名单，作为新数据预测的过滤依据。

```
proc sort data=nb.event_group(keep=event rename=(event=event_key))
out=nb.event_group_list;
by event_key;
run;
proc datasets lib=nb nolist;
modify event_group_list;
index create event_key/unique;
quit;
```

在不同事件类别里面，删除条件不同，上面的代码会有变动。

4）关联客户"注册性别"表和整合后的条件事件表，得到一张基表。

接下来，整合三张表：未导入商业规则的合并条件事件表 event_merge，导入商业规则后整合的条件事件汇总表 event_group 以及客户"注册性别"表 user_gender_test，代码如下：

```
proc sql;
create table nb.user_basic as
select
a.user_id
,a.event
,d.class_idx
from nb.event_merge as a
join nb.event_group as b
on a.event=b.event
join nb.user_gender_test as c
on a.user_id=c.user_id
join nb.gender_prior2 as d
on c.gender=d.gender
;
quit;
```

上面的代码产生一张非常重要的基表。包含的信息有客户 ID、事件和性别。

5）创建条件频数表。

根据产生的基表 user_basic 计算每一个事件发生的条件频数，代码如下：

```
proc sql;
create table nb.event_condi_count as
select
event
,class_idx
```

```
,count(*) as condi_cnt
from nb.user_basic
group by 1,2
;
quit;

proc sql;
create table nb.event_class_count as
select
class_idx
,count(*) as condi_class_cnt
from nb.user_basic
group by 1
;
quit;

proc sql;
create table nb.event_condi_class_count as
select
a.event
,a.class_idx
,a.condi_cnt
,b.condi_class_cnt
from nb.event_condi_count as a
join nb.event_class_count as b
on a.class_idx=b.class_idx
;
quit;
```

上面代码中的三个 SQL 过程实际上是依据多项分布理论而产生的。变量 condi_cnt 表示每一个事件在每一个类中发生的次数；变量 condi_class_cnt 表示每一个类中发生的所有事件次数。

6）创建条件事件笛卡儿表。

由于条件频数表的每一个事件并不都在先验事件中发生，如事件 event=60 只在 gender=M 中发生，而未在 gender=F 中发生，所以 P(event=60|gender=F)=0，为避免在实施朴素贝叶斯算法过程中条件事件相乘出现的零概率问题，需要赋给 event=60 在 gender=F 中一个值，这被称为拉普拉斯平滑，为简便起见，把这个值定为 0.1。但是在平滑之前，需要建立一张条件事件笛卡儿表，代码如下：

```
Data nb.condi_dkr;
Set nb.event_group(keep=event);
Do class_idx=1 to 2;
Output;
End;
Run;
```

上面代码定义了一个包含所有条件事件和每一个条件事件对应所有的先验事件的笛卡儿表，由于先验事件只有 2 个类，因此在 DO 循环中只循环到 2 即可。

7）关联笛卡儿表和条件频数表。

在完成定义条件事件笛卡儿表和已创建的条件频数表后，接下来关联上面三张表。代码如下：

```
Proc sort data= nb.condi_dkr;by event class_idx;run;
Proc sort data=nb.event_condi_class_count;by event class_idx;run;
Data nb.condi_dkr_basic0(drop=condi_class_cnt);
Merge nb.condi_dkr(in=a) nb.event_condi_class_count(in=b);
By event class_idx;
If a;
Run;

proc sort data=nb.condi_dkr_basic0;by class_idx;run;
proc sort data=nb.event_class_count;by class_idx;run;
data nb.condi_dkr_basic;
merge nb.condi_dkr_basic0 nb.event_class_count;
by class_idx;
run;
```

上面的代码中，必须以条件笛卡儿表为主表，这样会把那些在某一个类发生而在另一个类没有发生的所有事件显现出来。

8）合并先验概率表和笛卡儿条件频数表。

截至到第 7 步，已经完成计算条件概率前的所有准备工作，接下来只需要关联先验概率表就可以计算条件概率了。代码如下：

```
%let LPLS=0.1;
proc sql noprint;
select sum(condi_cnt) into: m_total_event_cnt
from nb.condi_basic
;
quit;
%let m_total_event_cnt=&m_total_event_cnt.;
%put &m_total_event_cnt.;

Proc sort data= nb.condi_dkr_basic;by class_idx;run;
Proc sort data=nb.gender_prior2;by class_idx;run;
Data nb.condi_prior_prob;
Merge nb.condi_dkr_basic nb.gender_prior2(keep= prior_cnt prior_prob class_idx);
by class_idx;
condi_cnt=sum(&LPLS.,condi_cnt);
condi_prob=condi_cnt/(&LPLS.*&m_total_event_cnt.+condi_class_cnt);
Run;
```

注意上面代码使用了拉普拉斯平滑。

9）关联基表，得到最终的建模数据集。

有了条件概率和先验概率之后，最后一步要做的工作是关联包含有客户 ID 的基表，对每一个客户计算后验概率。如果使用 SQL 过程，代码如下：

```
Proc sql;
Create table nb.nb_basic as
Select
a.user_id
,b.class_idx
,b.condi_prob
,b.prior_prob
From nb.user_basic as a
Join nb. condi_prior_prob as b
On a.event=b.event
;
Quit;
```

但是在实际商业环境中，由于以上 SQL 过程关联的两个数据集一般非常大，并且细心的读者会发现这里是多对多的关联（这在 SQL 过程中比较罕见），因此会进一步影响程序的效率。为了解决这个问题，这里采取另外一种方法，代码如下：

```
data nb.user_basic_expand;
set nb.user_basic(drop=gender);
do class_idx=1 to 2;
output;
end;
run;

proc sort data=nb.user_basic_expand;by class_idx event;run;
proc sort data=nb.condi_prior_prob;by class_idx event;run;
data nb.nb_basic(drop=event);
merge nb.user_basic_expand
nb.condi_prior_prob(keep=class_idx event condi_prob prior_prob);
by class_idx event;
run;
proc sort data=nb.nb_basic;by user_id class_idx;run;
```

至此，已经完成建模前所有的数据集准备工作，最终产生的数据集 nb_basic 包含了客户 ID，每一个客户经历所有事件的条件概率、先验事件概率。建模阶段就根据这些信息计算每一个客户在每一个先验类别下的后验概率。

15.3 模型开发

本节主要完成朴素贝叶斯方法的 SAS 代码实现。由于朴素贝叶斯方法有一个很好的前提假设，即事件之间的条件独立性，因此可以把所有事件的联合条件概率分布简化成独立事件的条件概率乘积，由此极大地简化了算法代码。

```
data nb.nb_basic0(drop=denominator_prob log_post_prob)
nb.nb_post_smy(keep=user_id denominator_prob);
set nb.nb_basic;
retain   denominator_prob log_mult_indepn_prob 0;
by user_id    class_idx;
if first.user_id then denominator_prob=0;
   if first.class_idx then log_mult_indepn_prob=log(condi_prob);
   else log_mult_indepn_prob=log_mult_indepn_prob+log(condi_prob);
   if last.class_idx then do;
      log_post_prob=log(prior_prob)+log_mult_indepn_prob;
      numerator_prob=exp(log_post_prob);
   end;
denominator_prob=sum(denominator_prob,numerator_prob);
output nb.nb_basic0;
if last.user_id then output nb.nb_post_smy;
run;
proc sort data=nb.nb_post_smy;by user_id;run;
data nb.nb_post;
merge nb.nb_basic0 nb.nb_post_smy;
by user_id ;
true_post_prob=numerator_prob/denominator_prob;
run;

proc sort data=nb.nb_post;by user_id class_idx;run;
data nb.nb_final;
set nb.nb_post(keep=user_id class_idx true_post_prob);
by user_id class_idx;
if last.class_idx;
run;
```

上面的代码中，第一个 DATA 步程序段是整个项目实施算法的核心，由于条件概率在实际商业环境中非常小，因此这里采用了先取自然对数，然后累积先验概率的方法来实现。

接下来求每一个客户的最大化后验概率以及对应的先验类别。

```
proc sort data= nb.nb_final;by user_id true_post_prob;run;
data nb.nb_max_post;
set nb.nb_final;
by user_id true_post_prob;
if last.user_id;
run;

proc sort data=nb.nb_max_post;by class_idx;run;
proc sort data=nb.gender_prior2;by class_idx;run;
```

```
data nb.nb_max_post_class(drop=class_idx);
merge nb.nb_max_post(keep=user_id class_idx) nb.gender_prior2(keep=class_idx gender);
by class_idx;
run;
```

上面代码中，表 nb_max_post_class 将产生每一个客户 ID 的预测类别。

15.4 模型验证

在模型开发阶段，已经完成对训练数据集的“行为性别”预测，接下来需要验证预测结果。在训练数据集对应的先验类别标识非常准确的情况下，判断一个模型开发好坏的标准做法是产生一个“真实类别-预测类别”的交叉频数表。代码如下：

```
Proc sort data=nb.nb_max_post_class;by user_id;run;
Proc sort data=nb.user_gender_test;by user_id;run;
Data nb.user_true_pred_class;
Merge nb.user_gender_test(rename=(gender=true_gender))
nb.nb_max_post_class(rename=(gender=pred_gender));
run;
proc freq data= nb.user_true_pred_class;
table true_gender* pred_gender/ NOPERCENT NOFREQ;
Run;
```

通过交叉验证，得到训练数据集最终的预测结果见表 15-3。

表 15-3　训练数据集注册性别和行为性别交叉表

注册性别 \ 行为性别	男	女
男	83.33%	16.67%
女	0%	100%

从上表可以看出，模型在训练数据集上预测的效果直观上看是非常好的，因此可以利用上述建模结果对测试数据集进行打分。对于更科学严格的交叉数据验证，将在第 16 章详解。

15.5 模型打分

模型打分必须建立在模型验证通过的基础上。模型打分的目的是对训练数据集产生的知识（这里就是先验概率和条件概率），在一个新的数据进来的时候，能够对新数据进行预测打分，并根据打分结果把它归类到指定的类别中去。

对模型打分有两种方法：一种是将条件概率表和先验概率表导成外部文件，然后在新的数据集上使用 SAS 的%INCLUDE 语句导入外部文件。这种方法的优点在于导出外部文件后可以展现给所有使用它的客户，缺点在于如果条件事件数过多，会在使用%INCLUDE 语句时消耗大量的内存空间，原因是外部文件其实是由一个 IF 判断语句构成的。另外一种是直接将新的数据集和建模产生的条件先验概率表关联，并在此基础上再计算后验概率。这种方法优势很明显，就是直接通过 SAS 本身的数据集进行操作，但这也正是它的劣势，打分文件以 SAS 数据集的方式存储，无论在安全性还是在用户共享性上都不是很好。那么实际应用中到底选择哪种方法呢？一般而言，如果事件数不大（如不超过 100 个），使用第一种方法，反之则使用第二种方法。第一种方法代码实现如下：

```
Proc sort data= nb.Condi_prior_prob(keep=event class_idx condi_prob)
Out=nb.score_condi_prob nodupkey
;by event class_idx;
run;
Proc sort data= nb.Condi_prior_prob(keep=class_idx prior_prob)
Out=nb.score_prior_prob nodupkey
;by class_idx;
run;

filename nb_condi " F:\Data_Model\Book_data\chapt15\condi_score";
filename nb_prior " F:\Data_Model\Book_data\chapt15\prior_score";
Proc sql noprint;
select min(condi_prob) into: min_condi_prob
from nb.score_condi_prob;
Quit;
%let min_condi_prob=&min_condi_prob.;

data _null_;
set nb.score_condi_prob end=eof;
file nb_condi;
temp='"';
if _n_=1 then do;
put "if event =" @;
put temp @ +(-1);
put event @ +(-1);
put temp @;
put " and class_idx=" class_idx "then condi_prob=" condi_prob ";";
end;
else do;
put "else if event =" @;
put temp @ +(-1);
put event @ +(-1);
put temp @;
put " and class_idx=" class_idx "then condi_prob=" condi_prob ";";
end;
if eof then do;
lp=&min_condi_prob.;
put "else" @+2;
put "condi_prob=" lp ";";
```

```
end;
run;

data _null_;
set nb.score_prior_prob end=eof;
file nb_prior;
temp="";
if _n_=1 then do;
put "if    class_idx=" class_idx "then prior_prob=" prior_prob ";";
end;
else if not eof then do;
put "else if    class_idx=" class_idx "then prior_prob=" prior_prob ";";
end;
else do;
put "else prior_prob=" prior_prob ";";
end;
run;
```

程序解读：

一开始的两个 SORT 过程产生条件概率表和先验概率表，接下来定义两个 FILENAME 文件指向最终的输出文件，然后第一个 DATA 步输出条件概率分类器，第二个 DATA 步输出先验概率分类器。注意在第一个 DATA 步之前创建了一个宏，求出条件概率表的最小条件概率，目的是为了在做预测的时候，对于预测数据集中出现的事件而在条件概率表中没有出现的事件用宏变量值代替，这其实就是拉普拉斯平滑。

15.6 模型预测

一般情况下，对新数据预测属于哪个先验类别需要以下几个步骤：

1）数据处理：这是任何建模过程都必须经历的步骤。

2）或者导入打分文件，或者与条件概率表及先验概率表做关联，导入条件概率和先验概率，并整合成一个 SAS 数据集。

3）计算预测类别概率（后验概率）。

下面以数据集 user_valid 为例讲解如何预测类别。

1）数据处理

```
data nb.user_valid_final;
set nb.user_valid;
do class_idx=1 to 2;
output;
end;
proc sort data=nb.user_valid_final;by user_id class_idx;run;
```

上面代码将数据集 user_valid 扩展到对每一个类别都包含所有事件，目的是为了预测每一个客户在经历了若干事件后，他属于每一个类别的概率（后验概率）。

2）导入打分文件或关联条件概率与先验概率表

该步骤需要把建模阶段产生的打分文件导入到验证数据集中，如果打分文件来自外部文件，就用%INCLUDE 语句导入；如果打分文件就是 SAS 数据集，就用 JOIN 或 MERGE 方式获取模型参数（条件概率和先验概率）。

使用%INCLUDE 语句的代码如下：

```
filename nb_condi " F:\Data_Model\Book_data\chapt15\condi_score";
filename nb_prior " F:\Data_Model\Book_data\chapt15\prior_score";
data nb.user_scoring_basic(drop=denominator_prob log_post_prob)
nb.user_scoring_post_smy(keep=user_id denominator_prob);
set nb.user_valid_final;
%include nb_condi ;
%include nb_prior ;
retain   denominator_prob log_mult_indepn_prob 0;
by user_id   class_idx;
if first.user_id then denominator_prob=0;
   if first.class_idx then log_mult_indepn_prob=log(condi_prob);
   else log_mult_indepn_prob=log_mult_indepn_prob+log(condi_prob);
   if last.class_idx then do;
      log_post_prob=log(prior_prob)+log_mult_indepn_prob;
      numerator_prob=exp(log_post_prob);
   end;
denominator_prob=sum(denominator_prob,numerator_prob);
output nb.user_scoring_basic;
if last.user_id then output nb.user_scoring_post_smy;
run;
```

使用关联方式导入模型参数代码如下：

```
proc sort data=nb.user_valid_final;by event class_idx;run;
proc sort data=nb.score_condi_prob;by event class_idx;run;
data nb.user_valid_final1;
merge nb.user_valid_final(in=a) nb.score_condi_prob(in=b);
by event class_idx;
if condi_prob=. then condi_prob=&min_condi_prob.;
if a;
run;

proc sort data=nb.user_valid_final1;by class_idx;run;
proc sort data=nb.score_prior_prob;by class_idx;run;
data nb.user_valid_final2;
merge nb.user_valid_final1 nb.score_prior_prob;
by class_idx;
run;

proc sort data=nb.user_valid_final2;by user_id class_idx;run;
```

```
data nb.user_scoring_basic(drop=denominator_prob log_post_prob)
nb.user_scoring_post_smy(keep=user_id denominator_prob);
set nb.user_valid_final2;
retain  denominator_prob log_mult_indepn_prob 0;
by user_id class_idx;
if first.user_id then denominator_prob=0;
   if first.class_idx then log_mult_indepn_prob=log(condi_prob);
   else log_mult_indepn_prob=log_mult_indepn_prob+log(condi_prob);
   if last.class_idx then do;
      log_post_prob=log(prior_prob)+log_mult_indepn_prob;
      numerator_prob=exp(log_post_prob);
   end;
denominator_prob=sum(denominator_prob,numerator_prob);
output nb.user_scoring_basic;
if last.user_id then output nb.user_scoring_post_smy;
run;
```

上面的代码首先通过两个 MERGE 语句分别关联条件概率表和先验概率表，注意第一个 MERGE 在关联条件概率表的时候，由于在验证数据集中可能有事件（如 EVENT=90）不在条件概率表中，所以需要以验证数据集为主表进行关联，并对未出现在条件概率表中的事件使用拉普拉斯平滑技术用一个小的概率替代缺失值。最后一个 DATA 步使用贝叶斯算法对验证数据集计算每一个客户属于每一个类别的后验概率做好数据准备。

3）计算预测类别概率（后验概率）

这一步主要把上面两个数据集（user_scoring_basic 和.user_scoring_post_smy）进行合并，然后计算真正的后验概率。

```
proc sort data=nb.user_scoring_post_smy;by user_id;run;
data nb.user_scoring_post;
merge nb.user_scoring_basic nb.user_scoring_post_smy;
by user_id ;
true_post_prob=numerator_prob/denominator_prob;
run;

proc sort data=nb.user_scoring_post;by user_id class_idx;run;
data nb.user_scoring_post2;
set nb.user_scoring_post(keep=user_id class_idx true_post_prob);
by user_id class_idx;
if last.class_idx;
run;

proc sort data=nb.user_scoring_post2;by user_id true_post_prob;run;
data nb.user_scoring_final;
set nb.user_scoring_post2;
by user_id true_post_prob;
if last.user_id;
```

```
run;
```

按照最大概率原则把所有的客户归属到不同的类别之后，最终得到数据集 user_scoring_final，该数据集中的类别就是最终的预测类别，接下来把预测类别和验证数据集 user_valid 真正的类别做一个交叉验证，以检验模型在验证数据集上的准确性。代码如下：

```
proc sort data=nb.user_valid(keep=user_id gender) nodupkey
out=nb.user_valid_true_gender;
by user_id gender;
run;
proc sort data=nb.user_scoring_final;by class_idx;run;
proc sort data=nb.gender_prior2;by class_idx;run;
data nb.user_valid_pred_gender;
merge nb.user_scoring_final(keep=user_id class_idx in=a)
nb.gender_prior2(keep=gender class_idx in=b);
by class_idx;
if a and b;
run;

proc sql;
create table nb.user_valid_true_pred_gender as
select
a.user_id,a.gender as true_gender,b.gender as pred_gender
from nb.user_valid_true_gender as a
join nb.user_valid_pred_gender as b
on a.user_id=b.user_id;
quit;
proc freq data=nb.user_valid_true_pred_gender;
table true_gender*pred_gender/NOPERCENT totpct;
run;
```

观察最终的交叉表发现，预测准确率达 75%，在验证数据集上再次验证了该建模结果的健壮性，因此完全有信心使用模型参数结果，并投入到真正的商业需求中实施模型。

15.7 模型实施

行为建模最重要的商业应用是对目标客户的定位。这里以“性别”为例来详细进行说明。在项目初期的技术目标中已经提到，对预测模型最终的期望结果是类似于表 15-2 的形式，即在对角线上的数据比例相对最大，但是非对角线数据也要有一定的比例，在目标变量非常准确，并且选择了合适的建模方法情况下，预测结果一般都是非常准确的，具体体现就是对角线上的数据比例占主体。但是仍然有一部分数据游离于对角线之外，造成这种状况的原因主要包括预测变量信息不全面，另外就是这些客户确实具有预测目标变量值的特征，比如一个“注册性别”为男性的客户，如果他买的所有东西都是女性喜欢买的，那么无论怎样增加预测变量，最终该男性一定还会以很大概率被预测为“女性”，这在直观上也是很容易理解的。

前面说过，真正的模型考验是在模型实施阶段，之前的建模、验证、打分和预测得到的结果再好也还是“纸上谈兵”，所以在模型实施阶段如何在一个具体的商业环境中来考量模型的效果乃是一个必然的选择。对模型效果的衡量手段有千万种规则，不同的行业有不同的标准，但是在作者看来，有一个标准是不可或缺的，那就是度量的时候一定要有对立统一的测试组/控制组存在。模型的效果就是测试组/控制组的度量差异。下面还是以性别为例来介绍商业领域的实施基本流程：

1）市场部提供分析部一个客户 ID 名单。

2）分析部根据评分文件对所有客户打分，最终得到所有客户目标变量的值，包括“男性行为性别”和“女性行为性别”。这里要注意的是，打分阶段最终得到的目标变量值其实是一个性别概率，如果简单地取最大值，当然最终结果只有两个。但是假如出现下面这种情况：预测男性概率=0.51；预测女性概率=0.49。这时如果简单地取最大值，该客户最终将归类到“行为男性”，但是比较上面的两个数据，显然这样的归类有点勉强。因此在真实的商业实践中，模型预测会存在一个 cutoff（临界点）。临界点就是要把预测目标变量的概率值尽可能分开，从而对应的分布尽可能分开，这样会有更强的实践意义。临界点取多少是恰当的呢？没有标准答案，这要看每一次具体预测的目标变量的结果是如何分布的，但是不管怎么样，临界点取在 0.7 以上是没有错的。

3）分析部在打分后，遴选在临界点以上的所有客户，取那些“注册性别”和“行为性别”不一致的客户，然后按照“行为性别”进行分层抽样，并把抽样的结果名单随机分成两组：一组是在后期的营销活动中按照其“行为性别”进行营销的客户组，该组作为测试组；另外一组是在后期营销活动中按照其“注册性别”进行营销的客户组，该组作为控制组。分组的依据是随机抽样原则，分组目的是检测“行为性别”是否真的影响客户的消费。

4）市场部根据分析部最终提供的名单，对测试组客户按照“行为性别”进行相应的产品促销。例如，对一个“注册性别”是女性而“行为性别”是男性的客户，将促销男性产品。同样，对控制组客户按照“注册性别”进行相应的产品促销。又如，对一个“注册性别”是女性而“行为性别”是男性的客户，将促销女性产品。关于如何界定哪些产品具有男性特征，哪些产品具有女性特征，可以通过定性分析或定量分析的方法解决。一个简单的方法就是看在一个产品目录里面，“行为性别”（注意不是“注册性别”）中男女所占比例，谁占比大就基本可以认为该产品目录具有谁的特征。“谁占比大”中的这个“大”又会涉及临界点问题，显然越高特征越明显，商业实践中一般取 80%。

5）市场部收集促销活动结束后的所有测试组和控制组交易记录，根据内部营销效果评价体系对测试组和控制组进行评价，最终给出评价报告。

15.8 小结

本章重点介绍了行为建模的整个商业开发及应用流程。从中读者可以体会到不同的商业需求会有不同的建模方法来解决，但是无论什么方法或者技术最终都是服务于商业需求的。另外要提醒读者注意的是，在商业领域，在时间和空间抉择中，往往会选择前者，所以服务于商业需求的方法或技术不仅要准确，而且要高效。

第 16 章　文本挖掘：Web 文本分析

在现实世界中，信息存储的方式多种多样，其中包括大家最为熟悉的关系型数据库、数据仓库和事务数据库等。这些存储方式面向的数据对象都是高度结构化的，因此在数据挖掘时可以直接对这类数据进行处理。但是除此之外，还有一类数据是非结构化的，比如网页（半结构化）、电子邮件、各类主题文档等。相比结构化数据对象，非结构化数据对象具有如下几点特点：首先，非结构化数据纷繁复杂；其次，非结构化数据一般都是以文本形式存在，而不是数字；最后，非结构化数据在向结构化数据转换的过程中，可能会产生超级维度，从而形成所谓的“维度灾难”。所有这些特点导致了非结构化数据在数据挖掘过程中远比一般的结构化数据挖掘复杂。

由于文本是非结构化数据的主要载体，因此本章以文本挖掘为重点，介绍其流程，并给出一个具体的商业应用案例。另外，由于文本挖掘涉及领域非常广泛，包括数据挖掘、信息检索、自然语言处理、机器学习等多个领域内容，不同的研究者会从不同领域和角度出发提出自己的理解，因此本章的研究内容可谓“沧海之一粟”，但是作者会力争呈现给读者一个完整的挖掘流程，并结合一个具体的商业案例加深读者对文本挖掘的理解。

16.1　文本挖掘概念与流程

16.1.1　文本挖掘概念

一般而言，文本挖掘是指从大量非结构化的文本数据中提取有用的模式和知识的过程。文本挖掘从数据挖掘演化而来，但是相比传统的数据挖掘，文本挖掘又有独特之处，主要表现在：文本挖掘对象无固定模式，而数据挖掘对象一般以关系数据库为主；文本挖掘的数据量级比一般数据挖掘量级更大，在文本挖掘中出现百万级的维度是非常正常的。文本挖掘通常要比一般数据挖掘多一个文本预处理步骤，而文本预处理的质量高低甚至会直接决定文本挖掘最终的模式识别或知识发现。

16.1.2　文本挖掘流程

文本挖掘流程在主体上和数据挖掘流程比较相似，如图 16-1 所示。

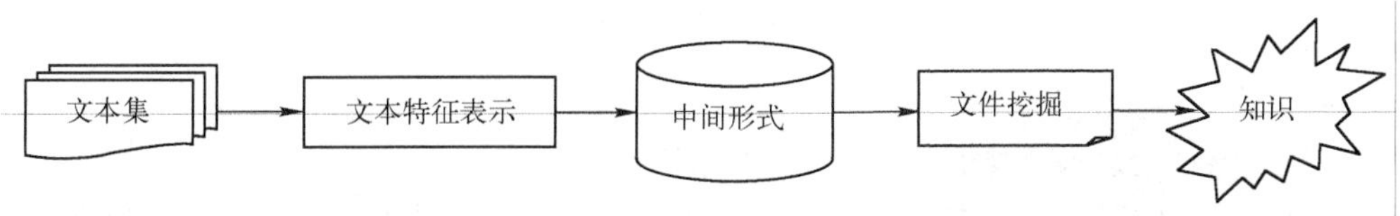

图 16-1　文本挖掘流程

（1）获取文本集

这是文本挖掘第一步。不同于结构化数据可以直接从关系数据库获取数据。文本集获取方式有很多种，如要获取一个网页数据，可以通过抓取页面源代码文件方式获取；再如，要分析若干文档，可以通过读取这些文档方式获取。

一般情况下，获取文本集后的数据存储在硬盘上，并形成一个数据文件。

（2）文本模型表示

这是文本挖掘最关键的一步。由于第一步获取的数据文件并非一般意义上的关系型数据，因此首先需要将该数据文件转换为机器可识别的关系数据，并且能表现文本内容的结构化形式。另外，由于该文本文件包含了大量的文本信息，但是噪音非常巨大，因此还需要剔除这些噪音，同时保留每一个文档的特征。

先来看第一步，如何建立文本的模型表示。为了更好地理解这个问题，先做一些简单的定义：假设有一个文档数据集 D。$V=\left\{t_1,t_2,\cdots,t_{|V|}\right\}$ 是一组各自不同的词，每一个 t_i 代表一个词。集合 V 代表了文档 D 的所有信息，$|V|$ 代表集合 V 中词的个数。每一个文档 D_j 中的词 t_i 对应一个数值权重 ω_{ij}，其中 $D_j \in D$ 且 $\omega_{ij}>0$。这样，每一个文档都可以表示成一个词向量如下：

$$D_j=(\omega_{1j},\omega_{2j},\cdots,\omega_{|V|j})$$

通过这种向量表示，文档数据集就可以表示成一张关系表（或矩阵）。由于 ω_{ij} 计算不同，对应了三种不同的特征表示方法。下面通过一个具体的演示例子说明。

假设有 3 个文档如下：

D1：a b c

D2：a c a

D3：c b d

1）布尔模型：

使用最简单的 0 和 1 表示特征值，即如果第 j 个特征词在某文档中出现，则 ω_{ij}=1，否则 ω_{ij}=0。因此上面的三个文档对应矩阵如下：

$$\begin{array}{c} \\ a \\ b \\ c \\ d \end{array}\begin{array}{c} \begin{array}{ccc} \text{d1} & \text{d2} & \text{d3} \end{array} \\ \begin{pmatrix} 1 & 1 & 0 \\ 1 & 0 & 1 \\ 1 & 1 & 1 \\ 0 & 0 & 1 \end{pmatrix} \end{array}$$

2）向量空间模型：

该模型应该是信息检索中最著名、使用最广泛的模型。

布尔模型无法体现特征词在文本中的作用程度，比如上面的 D2 文档，词 a 出现了两次，但是在布尔模型中对应权重和该文档中另外一个词 c 一样都是 1，这显然是不合理的。因此，在向量空间模型中，文档仍然表示为一个词向量，但是每一个权重通过一种称为 TF-IDF

的归一化技术获得，故而布尔模型中的 1 和 0 将由任意实数替代。

TF-IDF 目前有很多公式变种，这里只介绍其中最基本、最常用的一个。

所谓 TF（Term Frequency），即一个词在某一个文档中出现的频数，如上面的文档 D2，词 a 出现 2 次，故 TF=2。

TF 表示法的缺陷在于，没有考虑如果一个词出现在众多的文档里，那么这个词将失去特征化效率。一个简单的例子，假如在 100 个文档里面有 99 个文档都出现了“好”这个词，那么显然“好”在区别文档之间的差异化特征时几乎没有作用。

而 IDF（Inversed Document Frequency）正好可以弥补 TF 的这个缺陷。IDF 是非常有名的权重，其主要作用是度量特征词在所有文本集中出现的频繁程度，本质上是一个“惩罚因子”。换句话说，如果一个词在所有的文档中出现，通过 IDF 来降低该词的权重，反之，如果一个词只出现在少数的文档中，则 IDF 可以提升该词的权重。公式如下：

$$idf_i = \log\left(\frac{N}{df_i} + 1\right)$$

其中 N 是所有文档数，df_i 是包含第 i 个 term 的文档数。接下来，对任意一个词的权重通过下面公式计算：

$$\omega_{ij} = tf_{ij} \times idf_i$$

但是上面的公式仍然有些问题，比如一个短文档和一个长文档中，词 a 都出现了 2 次，根据上面的公式，在 IDF 相同的情况下，权重是一样的，但是这显然有些不合理。因为在词 a 出现频率相同的情况下，短文档比长文档更能反映词 a 的特征信息。基于这样的理解，上面的公式最终修改为如下公式：

$$\omega_{ij} = \frac{tf_{ij}}{|V|} \times idf_i$$

其中 $|V|$ 是文档集中任一对应文档的长度，即所有词的词频数总和。基于该公式，上面的三个文档对应的矩阵如下：

$$\begin{array}{c} \\ a \\ b \\ c \\ d \end{array} \begin{array}{c} \begin{array}{ccc} d_1 & d_2 & d_3 \end{array} \\ \begin{pmatrix} 0.0663 & 0.0326 & 0 \\ 0.0663 & 0 & 0.0663 \\ 0.502 & 0.0502 & 0.502 \\ 0 & 0 & 0.1003 \end{pmatrix} \end{array}$$

3）概率测度模型：

布尔模型和向量空间模型本质上是把一个文档转换成多维空间的一个点，因此是一种“形”的表示。而概率测度模型是以概率以及统计学为基础的一种模型，本质上是一种“数”的表示。

假设有一个用户查询 q，$q = q_1 q_2 \cdots q_m$，文档集 $D = \{d_1, d_2, \cdots, d_N\}$。记 $\Pr(q \mid d_j)$ 为文档 d_j 发生的情况下出现查询 q 的概率。为计算查询 q 归类到文档 d_j 的概率，根据贝叶斯公式：

$$\Pr(d_j \mid q) = \frac{\Pr(q \mid d_j)\Pr(d_j)}{\Pr(q)}$$

容易看出，$\Pr(q)$ 对所有的文档都相同，而 $\Pr(d_j)$ 通常被认为是统一的，所以这两项不会对查询归类概率产生影响。这里只需要计算 $\Pr(q \mid d_j)$ 即可。基于多项分布和一元模型（Unigram），得到：

$$\Pr(q = q_1 q_2 \cdots q_m \mid d_j) = \prod_{i=1}^{m} \Pr(q_i \mid d_j) = \prod_{i=1}^{|V|} \Pr(t_i \mid d_j)^{f_{iq}}$$

上式中 f_{iq} 是 q 中出现 t_i 的次数，满足 $\sum_{i=1}^{|V|} \Pr(t_i \mid d_j) = 1$。而 $\Pr(t_i \mid d_j)$ 可以通过简单的频率求得，公式如下：

$$\Pr(t_i \mid d_j) = \frac{f_{ij}}{|d_j|}$$

上式中 f_{ij} 是文档 d_j 中出现 t_i 出现的次数，$|d_j|$ 表示 d_j 中的单词数量。

但是上面的公式存在一个问题，即如果查询 q 中一个词不出现在 d_j 中，那么对应概率就是 0。有多种方法可以解决 0 概率的问题，其中平滑技术使用最为普遍，上面的公式经过平滑技术改进后如下：

$$\Pr(t_i \mid d_j) = \frac{\lambda + f_{ij}}{\lambda |V| + |d_j|}$$

最终，通过上面的公式计算给定的用户查询属于每一个文档的概率，然后对计算后的概率排序，确认查询与文档的相似性。

（3）文本特征抽取

文本模型表示后的数据规模一般非常大，特别是采用向量空间模型时，文本向量会达到数百万维甚至更大。巨大的维度空间将导致后续的文本挖掘消耗更多的资源和时间，因此从已经建立的文本模型中选择最有代表性的特征词是非常必要的。有多种特征抽取的方法，下面介绍几个比较典型的方法。

首先定义全局权重：

对于一个向量空间模型，设 f_{ij} 表示词 i 在文档 j 中的出现频数，P_{ij} 表示词 i 在文档 j 中的出现频率（或概率），则有下面公式：

$$\mathrm{P}_{ij} = \frac{f_{ij}}{\sum_j f_{ij}}$$

1）信息熵（Entropy）

对任意一个词 i，信息熵定义如下：

$$E_i = 1 + \sum_j \frac{p_{ij}\log(p_{ij})}{\log(n)}$$

其中 n 是所有文档个数。信息熵值越大，表示该词在整个文档中越重要。

2）逆向文档频率（IDF）

请参考前面的 IDF 定义。同样，如果 IDF 值越大，则该词在整个文档中越重要。

接下来就要考虑如何降维了。在向量空间模型中，降维其实就是去掉那些不重要的词。有两种方法可以完成：一种是筛选那些在向量空间模型中全局权重比较大的所有词，阈值需要根据具体的商业环境设定。另外一种是通过奇异值分解技术（SVD），然后取前 $k(k<n)$维特征向量，代表所有词的信息集合。第一种方法本质上是原有向量空间的强制降维，而第二种方法是对原有向量空间的转置再降维，因此第二种方法更有可能发现潜在的语义关联。

（4）文本挖掘

文本数据经过特征化处理后，接下来就要进入挖掘阶段了。文本挖掘是挖掘流程相对较难的环节。一般而言，文本挖掘任务主要包括：文本聚类分析、文本关联分析、文本分类分析、信息检索、链接分析等。

聚类分析在数据挖掘领域又被称为无监督学习。其主要作用是将处在某个空间维度中的若干数据点进行分类，使得同类中的元素彼此相似，但是类别之间差异很大。大体上，主要的聚类算法有三类：第一类是划分方法（partitioning method）。典型的划分方法就是 K-means 方法。第二类是层次方法（hierarchical method）。层次方法包括自下而上的凝聚式聚类和自上而下的分裂式聚类。第三类是基于密度的方法（density-based method）。划分方法和层次方法对于球状数据非常有效，但是遇到任意形状的数据，则密度方法是一个更好的选择。典型的密度方法是 DBSCAN。无论是哪一种聚类算法，在一般的聚类分析中都是可以完成计算的，但是文本聚类由于其维度的巨大而显得相对困难得多。从技术的角度，一个现成的算法包是很难完成文本聚类的。例如可以使用 SAS 的 fastclus 过程步进行 K-means 聚类，也可以用 cluster 过程步进行层次聚类，但是在文本聚类中却行不通，因为一旦一个文本数据集维度超过百万维，即便一个简单的 fastclus 可能也要运行几天几夜。因此，商业实践中，对文本的聚类需要通过优化算法来实现，比如通过 C++语言的 CFILE 或者分布式集群来实现。

关联分析的主要作用是在事件项目中找到所有的并发关系（Co-occurrence Relationship）。其经典应用就是购物篮分析，即找出顾客购买所选商品之间的关联。在文本关联分析中，可以是用户查询的词与词之间的关联。

分类分析在数据挖掘领域被称为有监督学习。其主要作用是从一个训练数据集产生分类函数或分类器，然后把若干数据映射到给定类别中的一个。主要应用方法有决策树、基于关联规则的分类、朴素贝叶斯分类，支持向量机等。

信息检索（Information Retrieval）是从大量的数据文本信息中发现所需要的资料。传统的 IR 假定基本的信息单元是单个文档（Document），大量的文档构成文本数据库。信息检索的主要任务是根据用户的查询返回用户相应的一组关联文档。信息检索中最常用的两种技术是倒排索引（Inverted Index）和潜在语义索引（Latent Semantic Index），建立 LSI 一个最著名的算法就是奇异值分解（Singular Value Decompostion）。

链接分析是信息检索的进一步延伸。由于传统的信息检索假定文档与文档之间是相互独立的，但是在万维网的虚拟世界里，不同的网页却可以通过一个超链接联系起来，因此独立性已不复存在，如果某一个网页被众多其他网页所指向，则该网页应该是被研究者关注的。典型的链接分析算法是 PageRank 和 HITS。

（5）知识发现及评估

这是文本挖掘的最后一个环节。通过用户预定义的评估指标体系对文本挖掘所获取的知识进行评价，并根据评价结果抉择是否留用。

16.2 商业案例

本章拟从一个具体的商业案例出发，介绍从商业需求开始到需求实现的一套解决方案。开发工具仍然是 SAS，解决方案包含了如下算法：

- TF-IDF。
- 朴素贝叶斯文本分类。
- EM 迭代。

虽然上述算法相对简单，但是在解决具体的商业需求问题时非常高效，下面将结合实战代码来详细介绍。

16.2.1 商业需求

某电子商务公司每天会获取百万级的客户查询数据，如何把这些查询数据（关键字）进行归类是一个非常重要的商业需求。正确的查询归类可以更好地了解不同查询之间的联系和区别，从而更好地了解用户的消费习惯。

16.2.2 建模框架设计

该需求从技术角度讲是一个文本分类问题。文本分类从总体上有两大类机器学习算法：一类是有监督学习算法，如决策树、基于关联规则的分类、朴素贝叶斯分类、朴素贝叶斯文本分类、支持向量机、神经网络等。另外一类是半监督学习算法。如 EM 迭代、PU 学习算法等。半监督学习算法是在有监督学习算法的目标分类变量难以获取或者只有少量的目标分类变量数据情况下实施的。商业实践中，目标分类变量数据往往很难获取，或者即便获取，也很难保证数据的真实性，需要花费大量的人工去验证，因此代价比较昂贵。这种情况下，采用半监督学习就是一个明智而科学的选择。半监督学习方法的优势在于，只要给定少量完备的目标分类变量数据，再给定大量无标注的（缺少目标分类变量）数据，就可以通过迭代的方法得到分类器的局部最优解，从而可以达到和有监督学习同样的效果。本章就是采用半监督学习中比较著名的 EM 迭代算法来实现给定的商业需求，建模框架设计如图 16-2 所示。

该建模框架遵循了一般文本挖掘的流程，即包含了三个主要步骤：

第 1 步：数据获取、数据预处理和文本特征化。数据预处理涉及很多技术和业务问题，如停用词、单复数、特殊字符等。文本特征化采用了 TF-IDF 算法。

第 2 步：模型开发阶段。本阶段是整个算法的核心部分。首先利用朴素贝叶斯本文分类初始化条件概率和先验概率，然后通过 EM 迭代最终找到条件概率和先验概率的局部最优解。最终产生两个预测分类器，包括条件概率分类器和先验概率分类器。

第 3 步：模型验证阶段。本阶段主要测试两个分类器在另外一个真实商业数据环境中的命中率和覆盖率。

最后，根据预测效果决定是否实施该模型以及如何实施模型。

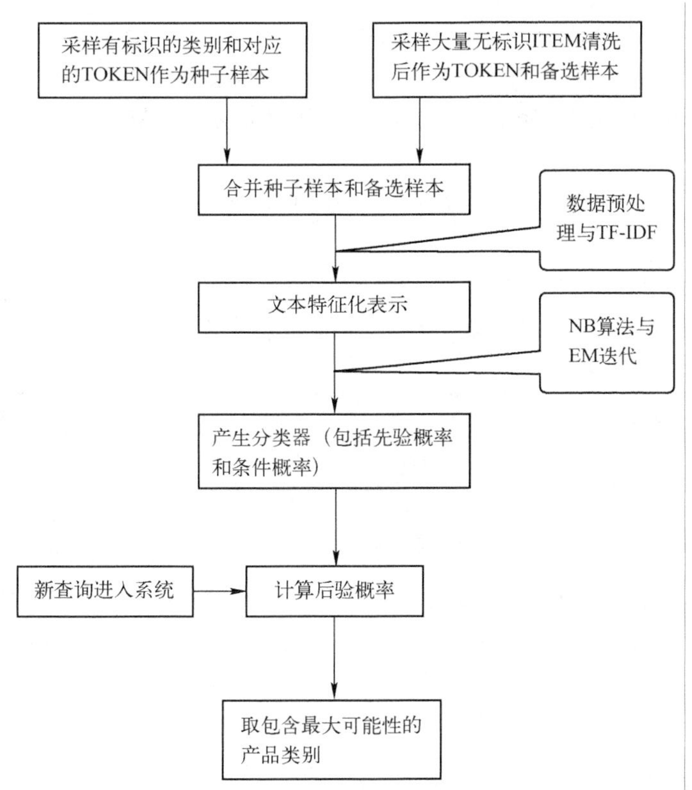

图 16-2　建模框架设计流程

16.2.3　结合朴素贝叶斯文本分类的 EM 迭代

在建模框架设计中，最重要的算法就是 EM 迭代，本节将介绍结合朴素贝叶斯文本分类的 EM 迭代算法思想，这也是项目实施过程中必备的一个步骤。

1. 文本分类介绍

文本分类就是在给定类别（categories）的情况下，判别一个新的文档（document）属于不同类别的概率。如图 16-3 所示。

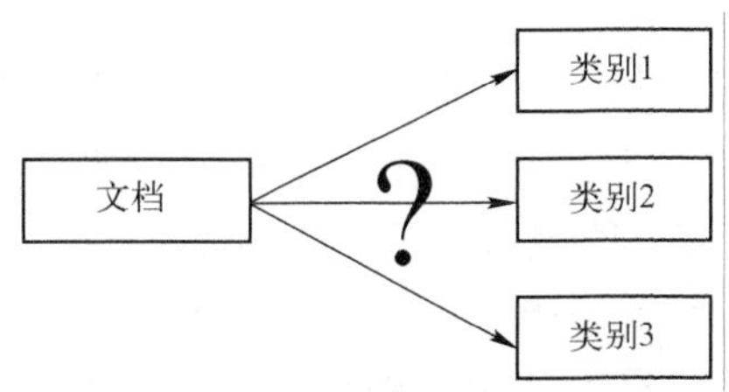

图 16-3　文本分类基本框架

2. 混合模型的概率框架

朴素贝叶斯文本分类是在一个概率生成框架上进行推导的。模型框架基于两个假设：

- 文档由一个混合模型生成。
- 混合模型的每一个成分和类别一一对应。

第一个假设避免目标分类的单一性。即如果目标分类变量只有一个分类值，则失去分类意义。第二个假设将拒绝同一个成分（分布）可能对应多个目标类别。如图 16-4 所示。

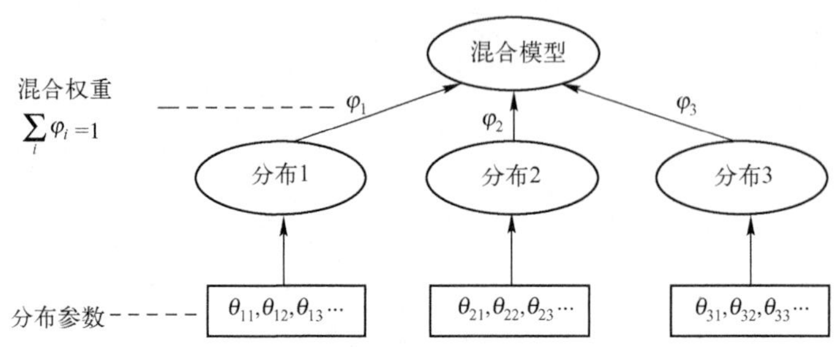

图 16-4　混合模型的概率框架

一个混合模型用一些统计分布对训练数据建模。从上图直观来看，一个分布对应一个分类，而分布的参数则是对相应的分类进行描述。不同的分布在混合模型中所占比重则用混合权重来表示。显然混合权重一定满足 $\sum_i \varphi_i = 1$ 。混合模型的一个具体应用就是文本分类模型，图 16-5 给出了一个分类模型的框架。

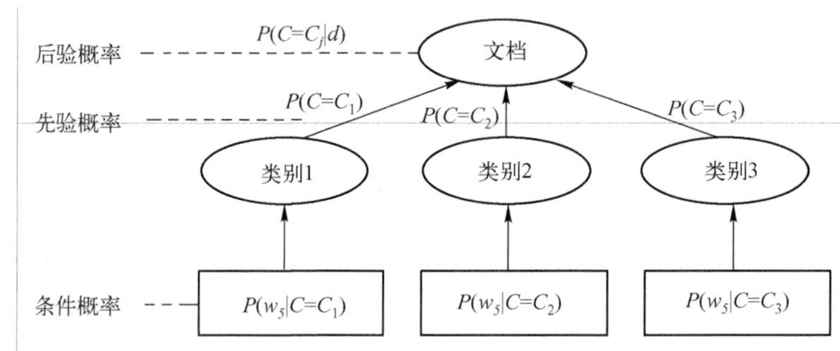

图 16-5　文本分类模型的概率框架

上图中，先验概率对应混合权重，而条件概率对应分布参数。

3. 朴素贝叶斯文本分类

一个文本文档包含了一系列的句子，每个句子又包含了一系列的单词。为了推导贝叶斯分类，需要在概率框架的大前提下做一些假设：每一个文档中的词都是独立于语境产生的。换句话说，给定类别后，每一个词的生成和别的词是相互独立的。另外，词被生成的概率和它在文档中的前后顺序也没有关系。例如，在文档开始看到词“word”和在其他任何地方看到的概率都是一样的。接下来，还要假定文档是由什么分布生成的。这里假定文档由多项分布产生，则在给定类别 c_j 的前提下，文档 d_i 产生的概率可以用下面的式子表示：

$$\Pr(d_i \mid c_j) = \Pr(|d_i|)(|d_i|!)\prod_{t=1}^{|V|}\frac{\Pr(\omega_t \mid c_j;\Omega)^{N_{ti}}}{N_{ti}!} \tag{1}$$

其中，$|V|$是所有词的总数，N_{ti} 是 ω_t 在 d_i 中出现的次数，并且：

$$\sum_{i=1}^{|V|} N_{ti} = |d_i|, \quad \sum_{t=1}^{|V|} \Pr(\omega_t \mid c_j;\Omega) = 1$$

给定类别 c_j 后，ω_t 的概率可以简单地用 ω_t 在类别 c_j 出现的次数除以单词总数来估计，公式如下：

$$\Pr(\omega_t \mid c_j;\Omega) = \frac{\sum_{i=1}^{|D|} N_{ti} \Pr(c_j \mid d_i)}{\sum_{s=1}^{|V|}\sum_{i=1}^{|D|} N_{si} \Pr(c_j \mid d_i)} \tag{2}$$

上式中，$|D|$ 表示所有文档个数，对于在 c_j 中的文档 d_j，则 $\Pr(c_j \mid d_i)$ =1，否则 $\Pr(c_j \mid d_i)$=0。

为了解决某一个单词不在某一个文档中出现的零概率估计，需要对（2）式做平滑处理，公式如下：

$$\Pr(\omega_t \mid c_j;\Omega) = \frac{\lambda + \sum_{i=1}^{|D|} N_{ti} \Pr(c_j \mid d_i)}{\lambda|V| + \sum_{s=1}^{|V|}\sum_{i=1}^{|D|} N_{si} \Pr(c_j \mid d_i)} \tag{3}$$

通常情况下，$0<\lambda<1$，具体取何值需要在训练数据集中通过交叉验证得到。

最后，类别的先验概率，即混合权重可以通过训练数据集容易地得到，公式如下：

$$\Pr(c_j \mid \Omega) = \frac{\sum_{i=1}^{|D|} \Pr(c_j \mid d_i)}{|D|} \tag{4}$$

最后，需要确定测试文档 d_i 属于每一个类别 c_j 的概率。这个概率可以通过贝叶斯公式求得：

$$\Pr(c_j \mid d_i;\Omega) = \frac{\Pr(c_j \mid \Omega)\Pr(d_i \mid c_j;\Omega)}{\Pr(d_i;\Omega)} = \frac{\Pr(c_j \mid \Omega)\prod_{k=1}^{|d_i|}\Pr(\omega_{d_i,k} \mid c_j;\Omega)}{\sum_{r=1}^{|C|}\Pr(c_r \mid \Omega)\prod_{k=1}^{|d_i|}\Pr(\omega_{d_i,k} \mid c_r;\Omega)} \tag{5}$$

其中，$\omega_{d_i,k}$ 表示文档 d_i 中 k 位置上的单词（和 ω_t 含义一样）。最后求得每一个文档属于所有类别的概率，可以取具有最大后验概率的那个类别作为文档的预测类别。

$$\arg\max_{c_j \in C} \Pr(c_j \mid d_i;\Omega)$$

4. 结合朴素贝叶斯文本分类的 EM 迭代

朴素贝叶斯文本分类可以解决有监督学习的情况下文档的归类问题，但是正如前面所说，如果目标分类变量的标识数据很少，则半监督学习将是一个很好的选择。在半监督学习中，最为著名的就是 EM 迭代。

EM 算法由两个步骤组成，包括期望过程（Expectation-Step）和最大化过程（Maximization-Step）。在 E 过程中，使用现有的已标注数据产出的参数估计对未标注数据部分进行填充。在 M 过程中，各个参数被重新估计，估计的原理依据最大似然函数。随后进入算法的下一个循环，当模型中的参数不再发生变化时，EM 算法收敛到一个局部最优点。

尽管 EM 算法推导过程非常复杂，但是在应用层面还是比较简单的。把 EM 迭代移植到朴素贝叶斯文本分类中，经过如下步骤就可以完成迭代：

第 1 步：对文档集 D 中的已标注文档利用公式（5）建立一个分类器 f。

第 2 步：利用第 1 步建立的分类器 f 对无标注文档计算属于每一个类别的后验概率。

第 3 步：根据无标注文档的后验概率再次构造一个新的分类器。这个分类器同时使用已标注文档和未标注文档的后验概率。新的分类器由下面的公式给出：

先验概率迭代公式：

$$\Pr(c_j \mid \Omega^T) = \frac{\sum_{i=1}^{|D|} \Pr(c_j \mid d_i; \Omega^{T-1})}{|D|} \tag{6}$$

条件概率迭代公式：

$$\Pr(\omega_t \mid c_j; \Omega^T) = \frac{\lambda + \sum_{i=1}^{|D|} N_{ti} \Pr(c_j \mid d_i; \Omega^{T-1})}{\lambda|V| + \sum_{s=1}^{|V|}\sum_{i=1}^{|D|} N_{si} \Pr(c_j \mid d_i; \Omega^{T-1})} \tag{7}$$

第 4 步：重复第 2 步和第 3 步，直到最终的分类器参数不再发生变化或者仅发生很小的变化为止。这里要特别注意的是，在迭代过程中，已标注文档的后验概率始终只有两个值：如果某个文档 d_i 属于类别 c_j，则 $\Pr(c_j \mid d_i) = 1$ 而 $\Pr(c_k \mid d_i) = 0$，其中 $j \neq k$。

由于在商业实践中，已标注文档可能非常少，而无标注文档则很大，所以在第一次迭代后，EM 算法对参数的估计几乎完全由无标注文档决定。从而分类结果主要演变成无监督的聚类过程。在朴素贝叶斯文本分类满足混合模型假定时，数据中的自然聚类和类别标识之间有着对应关系，从而聚类结果可以被当做分类器。但是如果不满足混合模型假定时，聚类结果可能是错误的，即聚类结果可能不会收敛到给定类别所对应的混合分量，从而使分量精度下降。为解决这个问题，可以通过给无标注文档加权，把公式（3）修改如下：

$$\Pr(\omega_t \mid c_j; \Omega) = \frac{\lambda + \sum_{i=1}^{|D|} \Lambda(i) N_{ti} \Pr(c_j \mid d_i)}{\lambda|V| + \sum_{s=1}^{|V|}\sum_{i=1}^{|D|} \Lambda(i) N_{si} \Pr(c_j \mid d_i)} \tag{8}$$

其中，

$$\Lambda(i) = \begin{cases} \mu \cdots \text{当} d_i \in \text{无标注文档} \\ 1 \cdots \text{当} d_i \in \text{已标注文档} \end{cases}$$

μ 的值可以通过训练数据集交叉验证得到。

至此，作者给出了本章建模涉及的所有公式，在接下来的代码开发过程中，会把上面所有相关公式转换成 SAS 代码。

16.2.4 数据获取与数据预处理

数据一般都是从公司内部数据库获取，但是这里由于涉及商业机密问题，作者将只列出建模所需的部分数据和所有变量列表，而对具体的商业数据予以屏蔽。

在数据获取并经过简单的处理后，会形成下面的三个数据集：

- L1_item_train_class：是有标注的训练数据集。该数据集包含了三个变量，它们是：item_id（一个具体产品的 ID）；auct_titl（对该产品的描述，包含了大量的产品描述文本信息）；meta_categ_id（目标分类标识变量，一共包含了 31 个类）。
- L1_item_train_no_class：是无标注的数据集。该数据集包含了两个变量，它们是：item_id；auct_titl。
- Test_em：是验证数据集。包含了和 L1_item_train_class 一样的三个变量的数据结构，但是产生于不同的商业环境。

接下来进入数据预处理阶段。由于该阶段需要处理的问题非常多且细，因此将分块讲解代码。首先合并 L1_item_train_class 和 L1_item_train_no_class，代码如下：

```
%let LPLS=0.1;
%put &LPLS.;
%let weight=0.7;
%put &weight.;

proc sql noprint;
select max(length(AUCT_TITL)) into:max_len_item
from plat.L1_item_train_class
;
quit;
%put &max_len_item;

proc sql ;
select item_id,count(*)
from plat.L1_item_train_class
group by 1
having count(*) ge 2
;
quit;

data plat.L1_item_train_class1(keep=class flag_class item item_id weight);
length AUCT_TITL_new $ &max_len_item.;
set plat.L1_item_train_class(keep=META_CATEG_ID ITEM_ID AUCT_TITL);
where item_id ne .;
length flag_class weight 3;
```

```
AUCT_TITL_new=AUCT_TITL;
flag_class=1;
weight=1;
rename META_CATEG_ID=class AUCT_TITL_new=item;
run;

data plat.L1_item_train_class2(keep=flag_class item item_id weight);
length AUCT_TITL_new $ &max_len_item.;
set plat.L1_item_train_no_class(keep=ITEM_ID AUCT_TITL);
where item_id ne .;
length flag_class weight 3;
AUCT_TITL_new=AUCT_TITL;
flag_class=0;
weight=&weight.;
rename   AUCT_TITL_new=item;
run;

data plat.L1_item_train_basic;
set plat.L1_item_train_class1 plat.L1_item_train_class2;
run;
```

程序解读：

程序一开始设置了后面将要用到的两个宏变量，一个是拉普拉斯系数 LPLS，就是 16.2.3 节公式（8）中的λ，另外一个是 WEIGHT，就是 16.2.3 节的公式（8）中的Λ。第一个 SQL 是获取数据集 L1_item_train_class 中变量 AUCT_TITL 的最大长度，之所以开发这小段 SQL 的原因是由于 AUCT_TITL 本身是一个字符变量，包含了大量的文本信息，因此将会占用大量的磁盘空间，在取最大长度后，会在后续的代码中创建一个字符长度等于该最大长度的新变量，从而节约磁盘空间。第二个 SQL 是防止 L1_item_train_class 出现重复观测。接下来的第一个 DATA 步将创建有标注数据集 L1_item_train_class 的三个重要变量：一个是刚才说的最小化字符长度的新变量 AUCT_TITL_NEW；第二个 DATA 步是创建有标注目标变量的分类标识变量（flag_class=1），最后一个是设置一个权重变量 weight，该权重变量主要用在 EM 迭代中。第二个 DATA 步创建无标注数据集 L1_item_train_no_class 的三个重要变量，类似第一个 DATA 步，只是分类标识变量值和权重值不同。最后一个 DATA 步将两个新生成的数据集合并。新数据集 L1_item_train_basic 将是下面建模的基础数据集。

接下来对基础数据集 L1_item_train_basic 做一些简单的处理，代码如下：

```
proc sql;
create table plat.excld_item as
select
item_id,count(*) as cnt
from plat.L1_item_train_basic
group by 1
having count(*) ge 2
;
```

```
quit;

proc sort data=plat.L1_item_train_basic;by item_id;run;
proc sort data=plat.excld_item;by item_id;run;
data plat.L1_item_train_basic1;
merge plat.L1_item_train_basic(in=a) plat.excld_item(in=b);
by item_id;
if a and b and flag_class=0 then delete;
drop cnt;
run;

data _null_;
if 0 then set plat.L1_item_train_basic1 nobs=obs;
call symputx('doc_num',obs);
stop;
run;
%put &doc_num.;
```

程序解读：

第一个 SQL 创建包含重复 item_id 的数据集；接下来的 DATA 步排除重复 item_id。这段程序简单但是非常重要。由于本章的建模方法是朴素贝叶斯文本分类，该模型主要基于两个假设：一个假设是数据文档由一个混合模型生成；另外一个是混合模型的每一个成分和类别要一一对应。第一个假设保证目标分类变量的标识非唯一性，第二个假设则保证了不同类别的成分（数据观测）彼此要互不相同。最后一个 DATA 步创建该基础数据集的文档个数，以便后面建模调用。

下面的代码将对文本变量 item 做初步处理。

```
data plat.L1_item_train_basic2;
set plat.L1_item_train_basic1;
length item_new $ &max_len_item.;
trlt2=translate(item, ' ','ABCDEFGHIJKLMNOPQRSTUVWXYZabcdefghijklmnopqrstuvwxyz0123456789');
item_new=left(compbl(translate(item,'',trlt2)));
word_cnt=count(trim(item_new),"")+1;
keep item_id item_new word_cnt class flag_class weight;
run;

proc freq data=plat.L1_item_train_basic2 noprint;
table word_cnt/out=plat.word_cnt_freq;
run;
proc print;run;

proc sql noprint;/***exclude too long item***/
select word_cnt into: excld_word_cnt separated by ","
from plat.word_cnt_freq
where word_cnt gt 16
```

```
;
quit;
%put &excld_word_cnt.;

data plat.L1_item_train_basic2;
modify plat.L1_item_train_basic2;
if word_cnt in (&excld_word_cnt.) then remove;
run;

proc sql noprint;
select max(word_cnt) into:max_word
from plat.L1_item_train_basic2
;
quit;

%put &max_word.;
%let max_word=&max_word.;
%let item_cat_len=%eval(&max_word.*16);
%put &item_cat_len;
```

程序解读：

第一个 DATA 步将产生新的文本字符变量 item_new，该变量只包含 26 个英文字母和 0～9 的数字组合，并且词（TOKEN）与词之间用空格隔开。接下来的 FREQ 过程步将产生一个文本 TOKEN 数的分布，然后在 SQL 过程中查找那些 TOKEN 总数超过 16 的 TOKEN 数，并在接下来的 DATA 步中删除那些包含 TOKEN 总数超过 16 个的 item。当然，这里面完全可以保留这些 item，但是最好截去后面的 TOKEN。因为这些 TOKEN 会在接下来的数据处理中变成变量，从而占用磁盘空间。另外，这里的阈值定义为 16 主要和业务有关，读者可以把它想象成一个用户查询，几乎不可能输出超过 16 个 TOKEN 的查询，一般情况下也就 3～5 个。

接下来的一段程序是数据处理中最重要的环节，就是把上面的变量 item_new 分解成一个一个的 TOKEN，并赋值给新的变量，代码如下：

```
data plat.item_token;
set plat.L1_item_train_basic2;
length tk1-tk&max_word. $16;

/****capture token***/
i=1;
count=0;
word_cnt2=0;
array tk[1:&max_word.] $ tk1-tk&max_word.;

do while (i le &max_word.);
temp=compress(scan(item_new,i));
length_t=length(temp);
```

```
        if length_t ge 2 then tk(i)=temp;

        if tk(i) ne '' then do;
            last_second=upcase(substr(tk(i),length(tk(i))-1,1));
            last_find=upcase(substr(tk(i),length(tk(i)),1));
            word_cnt2+1;
        end;
        else do;
             last_second='';
             last_find='';
        end;
        if   last_second   not   in('I','U','S')   and   last_find   in('S')   and   length(tk(i))   ge   4   then
tk(i)=substr(tk(i),1,length(tk(i)) -1);
        if length(tk(i)) lt 2 then count+1;
        i+1;
        end;

        /*****remove the record whose token length less than 2***/
        if count eq &max_word. then delete;
        keep item_id    item_new tk1-tk&max_word. class flag_class weight;
        run;
```

程序解读：

该程序中最关键的是 DO 循环语句，该语句实现把变量 item_new 分解成 TOKEN，并赋值给一个数组。另外对分解后的 TOKEN 进行了简单的单复数处理，同时考虑到了英语中的元音字符。这里的处理其实非常简单。因此可以根据具体的业务加入更多的业务逻辑，使得处理好的 TOKEN 更具有特征性。

接下来产生实施 TF-IDF 算法的基础数据集，代码如下：

```
        data plat.Item_token_class_basic;
        set plat.item_token;
        array ar[1:&max_word.] tk1-tk&max_word.;
        do i=1 to &max_word.;
        token=ar(i);
        fst_token=substr(token,1,1);
        if ar(i) ne '' then if length(ar(i)) gt 2 then if fst_token not in('0','1','2','3','4','5','6','7','8','9') then output;
        end;
        keep class item_id token flag_class weight;
        run;
```

程序解读：

上面的程序通过 DO 语句将所有的 TOKEN 输出成观测，同时对将要输出的 TOKEN 做了简单的处理。最终产生的数据集 Item_token_class_basic 将实施 TF-IDF 算法。这里要提醒读者注意的是，该数据集结构和书本上所说的向量空间模型的数据结构有点不一样。在书本的向量空间模型中，行列分别是词（Term）和文档（Document），但是在实际的应用环境中，除非迫不得已（如做聚类分析时），一般要尽可能避免这种模型结构，主要原因是无论以词为列还是以文档为列，产生的维度都有可能达到百万、千万甚至上亿维，可以想象，如果用这样的数据集去运行代码会有什么样的效果。解决这种高维度的方法就是通过转置把列变成行，然后实施算法。行对于任何一个开发工具来说理论上都是可以达到无限大，因此请读者仔细关注上面的数据集结构。

16.2.5 文本特征化

文本特征化阶段主要是把每一个文档的特征词筛选出来。首先，根据业务需要对数据集 Item_token_class_basic 每一个文档的所有 TOKEN 按照先后出现的顺序创建索引标识，最先出现的 TOKEN 最重要，依此类推。代码如下：

```
proc sort data=plat.Item_token_class_basic(keep=item_id token)
out=plat.Item_token_for_tfidf_basic0;
by item_id;
run;

data plat.Item_token_for_tfidf_basic0;
set plat.Item_token_for_tfidf_basic0;
by item_id;
retain token_flag 0;
if first.item_id then token_flag=0;
token_flag+1;
run;

proc sql;
create table plat.freq_item_token as
select
item_id,token
,count(*) as item_token_level_cnt
from plat.Item_token_for_tfidf_basic0
group by 1,2
;
quit;

proc sql;
create table plat.Item_token_for_tfidf_basic as
select
a.item_id
,a.token_flag
,a.token
,b.item_token_level_cnt
from plat.Item_token_for_tfidf_basic0 as a
join plat.freq_item_token as b
on a.item_id=b.item_id
and a.token=b.token
```

```
order by 1,2
;
quit;
```

程序解读：

第一个 SQL 过程和 DATA 步创建 TOKEN 的顺序标识，接下来的第二个 SQL 计算每一个 item 中不同 token 出现的频数，最后一个 SQL 获得 TOKEN 数，并按照 item_id 和 token_flag 排序。这样可以保持原有的每一个 item 中 token 的先后顺序。

接下来计算 TF-IDF。根据 TF-IDF 公式，需要计算四个值：第一个是每一个 item 中每一个 token 出现总数；第二个是每一个 item 中 token 总数；第三个是每一个 token 在所有文档中出现的总数；最后一个是所有文档数。第一个和第二个计算 TF，第三和第四个计算 IDF。

第一个数据上面的代码已经完成计算，接下来的这些代码完成剩下的三个值计算：

```
proc sql;
create table plat.freq_item as
select
item_id
,count(*) as item_token_cnt
from plat.Item_token_class_basic
group by 1
;
quit;


proc sort data=plat.Item_token_for_tfidf_basic;by item_id;run;
proc sort data=plat.freq_item;by item_id;run;
data plat.freq_item_merge_basic;
merge plat.Item_token_for_tfidf_basic plat.freq_item;
by item_id;
run;

proc sql;
create table plat.freq_token0 as
select
token
,count(*) as total_token_cnt
from plat.Item_token_class_basic
group by 1
;
quit;

proc sort data=plat.freq_item_merge_basic;by token;run;
proc sort data=plat.freq_token0;by token;run;
data plat.tf_idf_basic00;
```

```
merge plat.freq_item_merge_basic plat.freq_token0;
by token;
run;

proc sort data=plat.tf_idf_basic00;by item_id token_flag;run;
data plat.tf_idf_basic0(keep=item_id token item_token_level_cnt item_token_cnt tf_idf);
set plat.tf_idf_basic00;
local_weight=item_token_level_cnt/item_token_cnt;
globe_weight=1+log(&doc_num./total_token_cnt);
tf_idf=local_weight*globe_weight;
;
run;
```

程序解读：

除最后一个 DATA 步外，前面所有的代码都是为了得到计算 TF-IDF 所需要的变量。最后一个 DATA 步整合这些计算变量，并严格按照 TF-IDF 定义计算每一个 item 中每一个 token 的 TF-IDF 值。

由于在计算 TF-IDF 时考虑到了重复的 TOKEN，但是计算完 TF-IDF 后，不再需要重复的 TOKEN，因此下面这段代码将消除重复的 TOKEN：

```
proc sort data=plat.tf_idf_basic0;
by item_id descending tf_idf item_token_level_cnt;
run;
data plat.tf_idf_basic;
set plat.tf_idf_basic0;
by item_id descending tf_idf item_token_level_cnt;
if first.item_token_level_cnt then output;
run;
```

接下来的代码完全和业务结合了。下面代码的主要目的是截去那些 TF-IDF 值非常低的 token，并根据每一个 item 包含不同 token 数设定 cutoff。最终得到的数据集将截去大量不重要的 token，从而为后面的建模铺平道路。代码如下：

```
proc sort data=plat.tf_idf_basic;
by item_id descending tf_idf ;
run;
data plat.tf_idf_basic1;
set plat.tf_idf_basic;
by item_id descending tf_idf;
retain rt_cnt 0;
if first.item_id then rt_cnt=0;
rt_cnt+1;
if item_token_cnt le 2 then cutoff=item_token_cnt;
else if item_token_cnt le 5 then cutoff=2;
else if item_token_cnt le 9 then cutoff=3;
else cutoff=4;
```

```
if rt_cnt le cutoff then output;
keep item_id token item_token_level_cnt;
run;

proc sort data=plat.Item_token_class_basic out=plat.Item_token_class_basic0 nodupkey;
by item_id token;
run;
proc sort data=plat.tf_idf_basic1;by item_id token;run;

data plat.Item_token_class_basic1;
merge plat.Item_token_class_basic0(in=a) plat.tf_idf_basic1(in=b);
by item_id token;
if a and b;
run;
```

上面代码最终产生的数据集 Item_token_class_basic1 包含了每一个 item 中最重要的 token，并且保留了一个重要变量 item_token_level_cnt。数据集 Item_token_class_basic1 将是下面即将实施的朴素贝叶斯文本分类算法的基础数据集。

16.2.6 模型开发：产生文本分类器

本节主要是在数据处理完毕的基础上开发模型，也是整章最难的部分。由于包含了大量的开发代码，因此作者把这些代码整理成如下的几个部分：

第一部分：初始化 NB 的先验概率、条件概率和后验概率。

第二部分：初始化 EM 的条件概率和先验概率。

第三部分：实施 EM 迭代。

第四部分：创建文本分类器。

先来看第一部分代码。首先，得到标识文档的初始化先验概率，代码如下：

```
proc freq data=plat.Item_token(keep=class flag_class where=(flag_class=1)) noprint;
table class/out=plat.freq_class(rename=(PERCENT=prior_prob COUNT=prior_cnt)) ;
run;

data plat.freq_class2(drop=prior_prob rename=(prior_prob2=prior_prob));
set plat.freq_class;
class_idx=_n_;
prior_prob2=prior_prob/100;
run;
proc print ;run;
data _null_;
if 0 then set plat.freq_class2 nobs=obs;
call symputx('class_count',obs);
stop;
run;
%put &class_count.;
```

接下来计算每一个 token 的总数，并创建 token 的笛卡儿数据集。代码如下：

```
proc sql;
create table plat.freq_token as
select
token
,sum(item_token_level_cnt) as total_token_cnt
from plat.Item_token_class_basic1
group by 1
;
quit;

data plat.token_dkr_class;
set plat.freq_token(keep=token);
do class_idx=1 to &class_count.;
output;
end;
run;
```

接下来创建条件频数表，代码如下：

```
proc sql;
create table plat.token_condi_class as
select
a.token
,b.class_idx
,sum(item_token_level_cnt) as condi_cnt
from plat.Item_token_class_basic1 as a
join plat.freq_class2 as b
on a.class=b.class
where flag_class=1
group by 1,2
order by 2
;
quit;

proc sql;
create table plat.token_total_class as
select
b.class_idx
,sum(item_token_level_cnt) as token_class_cnt
from plat.Item_token_class_basic1 as a
join plat.freq_class2 as b
on a.class=b.class
where flag_class=1
group by 1
order by 1
```

```
;
quit;

proc sort data=plat.token_condi_class;by class_idx;run;
proc sort data=plat.token_total_class;by class_idx;run;
data plat.token_condi_total_class;
merge plat.token_condi_class plat.token_total_class;
by class_idx;
run;
```

继续前面的代码，创建条件概率表，代码如下：

```
proc sort data=plat.token_dkr_class;by token class_idx;run;
proc sort data=plat.token_condi_total_class;by token class_idx;run;
data plat.token_dkr_condi0(drop=token_class_cnt);
merge plat.token_dkr_class(in=ina) plat.token_condi_total_class(in=inb);
by token class_idx;
if ina;
run;

proc sort data=plat.token_dkr_condi0;by class_idx;run;
proc sort data=plat.token_total_class;by class_idx;run;
data plat.token_dkr_condi;
merge plat.token_dkr_condi0 plat.token_total_class;
by class_idx;
run;

proc sort data=plat.token_dkr_condi;by class_idx;run;
proc sort data=plat.freq_class2;by class_idx;run;
proc sql noprint;
select sum(total_token_cnt) into: m_total_tk_cnt
from plat.freq_token
;
quit;
%let m_total_tk_cnt=&m_total_tk_cnt.;
%put &m_total_tk_cnt.;

data plat.condi_prior_tb;
merge plat.token_dkr_condi plat.freq_class2
;
by class_idx;
condi_cnt=sum(&LPLS.,condi_cnt);
condi_prob=condi_cnt/(&LPLS.*&m_total_tk_cnt.+token_class_cnt);
run;
proc print data=plat.condi_prior_tb(obs=30);run;
```

程序解读：

实际上，前面这些代码和第 15 章的模型开发有很多地方类似，因此这里没有重复介绍。主要的不同是第 15 章定义的事件是 leaf 和 location，而这里是 token。

在创建好初始化的先验概率和条件概率表后，接下来为实施初始化的 NB 做最后的数据集准备，代码如下：

```
%put &class_count.;
proc print data=plat.Item_token_class_basic1(obs=30);run;

data plat.Item_token_class_basic2;
set plat.Item_token_class_basic1;
do class_idx=1 to &class_count.;
output;
end;
run;

proc sort data=plat.Item_token_class_basic2(rename=(class=true_class));
by class_idx token;
run;
proc sort data=plat.condi_prior_tb(keep=
token
class_idx
condi_cnt
condi_prob
prior_prob
class
)
out=plat.condi_prior_tb2(rename=(class=false_class));
by class_idx token;
run;
data plat.NB_Bayes_basic;
merge plat.Item_token_class_basic2 plat.condi_prior_tb2;
by class_idx token;
;
label   prior_prob='prior_prob';
run;
proc sort data=plat.NB_Bayes_basic;by item_id class_idx;run;

proc datasets lib=plat nolist;
save
freq_meta_id_name_map
L1_item_train_no_class
L1_item_train_class
test_em
NB_Bayes_basic
freq_token
freq_class2
```

```
;
quit;
```

程序解读：

上面代码中，最重要的是要标识每一个 item 的真类别（true_class）和假类别（false_class），这两个变量在后面的 NB 和 EM 实施过程中都要用到。另外，在程序的最后利用 DATASETS 过程步保留了最重要的数据集，而其余数据集都全部删除，主要目的是为了节省磁盘空间。

接下来，完成第一部分最后的代码开发。由于初始化先验概率和条件概率已经创建，只要再初始化后验概率，则初始化 NB 代码即可完成。代码如下：

```
data plat.space00_nb_basic0(drop=denominator_prob log_post_prob)
plat.space00_nb_post_smy(keep=item_id denominator_prob);
set plat.NB_Bayes_basic;
retain   denominator_prob log_mult_indepn_prob 0;
by item_id   class_idx;
if first.item_id then denominator_prob=0;
if flag_class=0 then do;
   if first.class_idx then log_mult_indepn_prob=log(condi_prob);
   else log_mult_indepn_prob=log_mult_indepn_prob+log(condi_prob);
   if last.class_idx then do;
      log_post_prob=log(prior_prob)+log_mult_indepn_prob;
      numerator_prob=exp(log_post_prob);
   end;
end;
else do;
if last.class_idx then do;
if true_class=false_class then numerator_prob=1;
else numerator_prob=0;
end;
end;
denominator_prob=sum(denominator_prob,numerator_prob);
output plat.space00_nb_basic0;
if last.item_id then output plat.space00_nb_post_smy;
run;

/****calculate every item post prob***/
proc sort data=plat.space00_nb_post_smy;by item_id;run;
data plat.space00_nb_basic1;
merge plat.space00_nb_basic0 plat.space00_nb_post_smy;
by item_id ;
true_post_prob_init=numerator_prob/denominator_prob;
if _error_=1 then _error_=0;
run;

proc datasets lib=plat nolist;
```

```
delete space00_nb_basic0;
quit;
```

程序解读：

第一个 DATA 步是整个初始化 NB 算法的核心。最关键的是要根据 16.2.3 节的公式，对已标注数据的后验概率取非 0 即 1 值，对无标注文档根据上面的初始化先验概率和条件概率进行计算。最后得到的数据集 space00_nb_basic1 包含了初始化的先验概率、条件概率和后验概率三个最重要的变量。

接下来进入第二部分 EM 迭代的初始化代码开发。这部分主要完成对先验概率和条件概率的初次迭代。依据的公式就是 16.2.3 节的（6）式和（8）式。代码如下：

```
proc sort data=plat.space00_nb_basic1;by item_id class_idx;run;
data plat.space00_nb_pp_smy(rename=( true_post_prob_init=true_post_prob_init2));
set plat.space00_nb_basic1(keep=item_id class_idx prior_prob true_post_prob_init);
by item_id class_idx;
if last.class_idx;
run;

/****calculate numerator and denomitor of iterate prior prob***/
proc sort data=plat.space00_nb_pp_smy;by class_idx;run;
data plat.space00_nb_post_smy2(keep=class_idx sum_post)
plat.space00_nb_post_smy3(keep=total_post);
set plat.space00_nb_pp_smy end=eof;
by class_idx;
retain sum_post    total_post 0;
if first.class_idx then sum_post=0;
sum_post=sum_post+true_post_prob_init2;
total_post=total_post+true_post_prob_init2;
if last.class_idx then output plat.space00_nb_post_smy2;
if eof then output plat.space00_nb_post_smy3;
run;

data plat.space00_nb_post_smy4;
set plat.space00_nb_post_smy2;
if _n_=1 then set plat.space00_nb_post_smy3;
run;
proc print data=plat.space00_nb_post_smy3;run;
proc print data=plat.space00_nb_post_smy4;run;

/****add true_post_prob_init2 to table space00_nb_basic2*/
proc sort data=plat.space00_nb_basic1;by item_id class_idx;run;
proc sort data=plat.space00_nb_pp_smy;by item_id class_idx;run;
data plat.space00_nb_basic2(keep=
item_id
class_idx
token
```

```
condi_cnt
condi_prob
prior_prob
flag_class
weight
true_class
false_class
true_post_prob_init2
);
merge plat.space00_nb_basic1 plat.space00_nb_pp_smy;
by item_id class_idx;
;
run;

proc datasets lib=plat nolist;
delete space00_nb_basic1;
quit;

/****add sum_post and total_post to table space00_nb_basic3***/
proc sort data=plat.space00_nb_basic2 ;by class_idx;run;
data plat.space00_nb_basic3;
merge plat.space00_nb_basic2 plat.space00_nb_post_smy4;
by class_idx;
run;

proc datasets lib=plat nolist;
delete space00_nb_basic2;
quit;

/****calculate numerator and denomitor of iterate condi prob***/
/****cumulate same token by token by class_idx based on all item*/
proc sort data=plat.space00_nb_basic3;by token class_idx;run;
data plat.space0_nb_basic1(drop=condi_nmrt)
plat.space0_nb_condi_nmrt_smy(keep=token class_idx condi_nmrt condi_prob condi_cnt);
set plat.space00_nb_basic3;
by token class_idx;
retain condi_nmrt    0;
if first.class_idx then do;condi_nmrt=0;end;
condi_nmrt=condi_nmrt+weight*condi_cnt*true_post_prob_init2;
output plat.space0_nb_basic1;
if last.class_idx then do;
condi_nmrt=condi_nmrt+&LPLS.;
output plat.space0_nb_condi_nmrt_smy;
end;
run;
```

```
proc datasets lib=plat nolist;
delete space00_nb_basic3;
quit;

proc sort data=plat.space0_nb_condi_nmrt_smy;by class_idx token;run;
data plat.space0_nb_condi_deno_smy(keep=class_idx condi_deno);
set plat.space0_nb_condi_nmrt_smy;
by class_idx token;
retain condi_deno 0;
if first.class_idx then condi_deno=0;
condi_deno=condi_deno+condi_nmrt;
if last.class_idx then do;
condi_deno=condi_deno+&LPLS.*&m_total_tk_cnt.;
output;
end;
run;
proc print data=plat.space0_nb_condi_deno_smy;run;

/****calculate iterate condi prob***/
proc sort data=plat.space0_nb_condi_nmrt_smy;by class_idx;run;
proc sort data=plat.space0_nb_condi_deno_smy;by class_idx;run;
data plat.space0_nb_condi_smy;
merge plat.space0_nb_condi_nmrt_smy plat.space0_nb_condi_deno_smy;
by class_idx;
condi_prob2=condi_nmrt/condi_deno;
drop condi_prob condi_cnt;
run;

/****calculate iterate prior prob***/
proc sort data=plat.space0_nb_basic1;by token class_idx;run;
proc sort data=plat.space0_nb_condi_smy;by token class_idx;run;
data PLAT.NB_EM_BASIC(rename=(true_post_prob_init2=true_post_prob));
merge plat.space0_nb_basic1 plat.space0_nb_condi_smy;
by token class_idx;
prior_prob2=sum_post/total_post;
drop sum_post condi_deno condi_nmrt;
run;

proc sql noprint;
select abs((max(prior_prob)-max(prior_prob2)))
into: cur_dif_prior_prob
from PLAT.NB_EM_BASIC
where flag_class=0
;
quit;
%put &cur_dif_prior_prob.;
```

```
proc datasets lib=plat nolist;
save
freq_meta_id_name_map
L1_item_train_no_class
L1_item_train_class
test_em
NB_EM_BASIC
freq_token
freq_class2
;
quit;
```

程序解读：

主要完成计算初次迭代的先验概率 prior_prob2 和条件概率 condi_prob2，最终得到数据集 NB_EM_BASIC，最后的 DATASETS 过程步保留了最重要的数据集。

由于这部分代码比较长，因此作者插入了很多的注释语句，请读者在理解代码时以这些注释作为辅助。

接下来进入第三部分开发，也是实施 EM 迭代最关键的部分。代码如下：

```
%macro dl;
%if %sysfunc(exist(NB_EM_BASIC_INIT)) ne 0 %then %do;
proc datasets nolist;
delete NB_EM_BASIC_INIT;
quit;
%end;
proc datasets nolist;
copy    in=plat out=work;
select NB_EM_BASIC;
change NB_EM_BASIC=NB_EM_BASIC_INIT;
copy move in=work out=plat;
select NB_EM_BASIC_INIT;
quit;
%mend dl;
%dl;

proc datasets lib=plat nolist;
save
freq_meta_id_name_map
L1_item_train_no_class
L1_item_train_class
test_em
NB_EM_BASIC
NB_EM_BASIC_INIT
freq_token
freq_class2
```

```
;
quit;

%macro EM(converge=);
%if %sysfunc(exist(plat.w_record_iter_prior_dif)) ne 0 %then %do;
proc datasets lib=plat nolist;
delete w_record_iter_prior_dif;
quit;
%end;
data plat.w_record_iter_prior_dif;
length iter_cnt prior_max_dif 5;
stop;
run;

%let i=1;
%do %until (&cur_dif_prior_prob. le &converge.);

proc sort data=PLAT.NB_EM_BASIC;by item_id class_idx;run;

data plat.space_nb_basic0(drop=denominator_prob log_post_prob)
plat.space_nb_post_smy(keep=item_id denominator_prob)
 ;
set PLAT.NB_EM_BASIC(drop=true_post_prob);
condi_prob=condi_prob2;
prior_prob=prior_prob2;
retain   denominator_prob log_mult_indepn_prob 0;
by item_id   class_idx;

if first.item_id then denominator_prob=0;
if flag_class=0 then do;
   if first.class_idx then log_mult_indepn_prob=log(condi_prob);
   else log_mult_indepn_prob=log_mult_indepn_prob+log(condi_prob);
   if last.class_idx then do;
      log_post_prob=log(prior_prob)+log_mult_indepn_prob;
      numerator_prob=exp(log_post_prob);
      end;
end;

else do;
if last.class_idx then do;
if true_class=false_class then numerator_prob=1;
else numerator_prob=0;
end;
end;

denominator_prob=sum(denominator_prob,numerator_prob);
```

```
output plat.space_nb_basic0;
if last.item_id then output plat.space_nb_post_smy;
run;

proc sort data=plat.space_nb_post_smy;by item_id;run;
data plat.space_nb_basic1;
merge plat.space_nb_basic0 plat.space_nb_post_smy;
by item_id ;
true_post_prob=numerator_prob/denominator_prob;
run;

proc datasets lib=plat nolist;
delete space_nb_basic0;
quit;

proc sort data=plat.space_nb_basic1;by item_id class_idx;run;
data plat.space_nb_pp_smy(rename=(true_post_prob=true_post_prob2));
set plat.space_nb_basic1(keep=item_id class_idx prior_prob true_post_prob);
by item_id class_idx;
if last.class_idx;
run;
proc sort data=plat.space_nb_pp_smy;by class_idx;run;
data plat.space_nb_post_smy2(keep=class_idx sum_post)
plat.space_nb_post_smy3(keep=total_post);
set plat.space_nb_pp_smy end=eof;
by class_idx;
retain sum_post    total_post 0;
if first.class_idx then sum_post=0;
sum_post=sum_post+true_post_prob2;
total_post=total_post+true_post_prob2;
if last.class_idx then output plat.space_nb_post_smy2;
if eof then output plat.space_nb_post_smy3;
run;

data plat.space_nb_post_smy4;
set plat.space_nb_post_smy2;
if _n_=1 then set plat.space_nb_post_smy3;
run;

proc sort data=plat.space_nb_basic1;by item_id class_idx;run;
proc sort data=plat.space_nb_pp_smy;by item_id class_idx;run;
data plat.space_nb_basic2(keep=
item_id
class_idx
token
condi_cnt
```

```
condi_prob
prior_prob
flag_class
weight
true_class
false_class
true_post_prob2
);
merge plat.space_nb_basic1 plat.space_nb_pp_smy;
by item_id class_idx;
;
run;

proc datasets lib=plat nolist;
delete space_nb_basic1;
quit;

proc sort data=plat.space_nb_basic2;by class_idx;run;
data plat.space_nb_basic3;
merge plat.space_nb_basic2 plat.space_nb_post_smy4;
by class_idx;
run;

proc datasets lib=plat nolist;
delete space_nb_basic2;
quit;

proc sort data=plat.space_nb_basic3;by token class_idx;run;
data plat.space_nb_basic4(drop=condi_nmrt )
plat.space_nb_condi_nmrt_smy(keep=token class_idx condi_nmrt condi_prob condi_cnt);
set plat.space_nb_basic3;
by token class_idx;
retain condi_nmrt    0;
if first.class_idx then do;condi_nmrt=0;end;
condi_nmrt=condi_nmrt+weight*condi_cnt*true_post_prob2;
output plat.space_nb_basic4;
if last.class_idx then do;
condi_nmrt=condi_nmrt+&LPLS.;
output plat.space_nb_condi_nmrt_smy;
end;
run;

proc datasets lib=plat nolist;
delete space_nb_basic3;
quit;
```

```
proc sort data=plat.space_nb_condi_nmrt_smy;by class_idx token;run;
data plat.space_nb_condi_deno_smy(keep=class_idx condi_deno);
set plat.space_nb_condi_nmrt_smy;
by class_idx token;
retain condi_deno 0;
if first.class_idx then condi_deno=0;
condi_deno=condi_deno+condi_nmrt;
if last.class_idx then do;
condi_deno=condi_deno+&LPLS.*&m_total_tk_cnt.;
output;
end;
run;

proc sort data=plat.space_nb_condi_nmrt_smy;by class_idx;run;
proc sort data=plat.space_nb_condi_deno_smy;by class_idx;run;
data plat.space_nb_condi_iter_his;
merge plat.space_nb_condi_nmrt_smy plat.space_nb_condi_deno_smy;
by class_idx;
condi_prob2=condi_nmrt/condi_deno;
drop condi_prob condi_cnt;
run;

proc sort data=plat.space_nb_basic4;by token class_idx;run;
proc sort data=plat.space_nb_condi_iter_his;by token class_idx;run;
data PLAT.NB_EM_BASIC(rename=(true_post_prob2=true_post_prob));
merge plat.space_nb_basic4 plat.space_nb_condi_iter_his;
by token class_idx;
prior_prob2=sum_post/total_post;
drop sum_post condi_deno condi_nmrt;
run;

proc datasets lib=plat nolist;
delete space_nb_basic4;
quit;

proc sql noprint;
select abs((max(prior_prob)-max(prior_prob2)))
into: cur_dif_prior_prob
from PLAT.NB_EM_BASIC
where flag_class=0
;
quit;
%put &cur_dif_prior_prob.;

proc sql;
insert into plat.w_record_iter_prior_dif
```

```
set iter_cnt=&i.,
prior_max_dif=&cur_dif_prior_prob.
;
quit;

%if &cur_dif_prior_prob. ge &converge. %then %let i=%eval(&i.+1);
%put &i.;
%end;
%mend em;

%em(converge=0.001);
```

程序解读：

首先，对将要迭代的数据集 NB_EM_BASIC 进行复制，防止迭代过程出现意外。接下来的宏运用 DO 循环语句对初次迭代后的先验概率和条件概率进行多次迭代，迭代过程的代码和初始化 EM 的代码几乎一样。最后的收敛条件是最后一次迭代后的最大先验概率值与前一次迭代的最大先验概率值之差小于指定的阈值（这里是 0.001）。数据集 w_record_iter_prior_dif 记录了迭代过程的每一次最大先验概率的变化。

最后进入第四部分，即创建文本分类器部分，这部分工作相对比较容易。代码如下：

```
proc sort data=plat.nb_em_basic(keep=token condi_prob2 class_idx)
nodupkey out=plat.nb_em_condi_pool;
by token    class_idx condi_prob2;
run;

proc sort data=plat.nb_em_basic(keep=prior_prob2 class_idx)
nodupkey out=plat.nb_em_prior_pool;
by    class_idx prior_prob2;
run;
data plat.w_comp_prior_dif;
merge plat.Freq_class2 plat.Nb_em_prior_pool;
dif=prior_prob-prior_prob2;
run;
```

程序解读：

第一个 SORT 过程步创建迭代后的条件概率表；第二个 SORT 过程步创建迭代后的先验概率表；最后的 DATA 步比较 EM 迭代前和迭代后的先验概率，目的是观察一下迭代前后的先验概率的波动情况。理想状况下，这种波动不应该太大，理由就是 EM 所求的都是局部最优解。但是商业实践往往不遂人愿，这时就要进一步寻找原因，比如调整拉普拉斯系数，调整权重；或者去掉那些分类标识太少的数据。总之，EM 迭代绝对不是一蹴而就的，而是经过了多次调整才能得到相对理想的结果。

在确认上面的最终结果可以满足商业需求时，接下来就可以创建文本分类器了。文本分类器一般以文本文件方式存储，目的是可以让更多的客户或其他分析师等共享或调用该分类器，代码如下：

```
filename em_condi "/sas/cac/zyao/analys_platfrom/em_score/condi_score";
filename em_prior "/sas/cac/zyao/analys_platfrom/em_score/prior_score";

proc sql noprint;
select min(condi_prob2) into : min_condi_prob
from plat.nb_em_condi_pool
;
quit;
%let min_condi_prob=&min_condi_prob.;
%put &min_condi_prob.;

data _null_;
set plat.nb_em_condi_pool end=eof;
file em_condi;
temp='"';
if _n_=1 then do;
put "if token =" @;
put temp @ +(-1);
put token @ +(-1);
put temp @;
put " and class_idx=" class_idx "then condi_prob=" condi_prob2 ";";
end;
else do;
put "else if token =" @;
put temp @ +(-1);
put token @ +(-1);
put temp @;
put " and class_idx=" class_idx "then condi_prob=" condi_prob2 ";";
end;
if eof then do;
lp=&min_condi_prob.;
put "else" @+2;
put "condi_prob=" lp ";";
end;
run;

data _null_;
set plat.nb_em_prior_pool end=eof;
file em_prior;
temp='"';
if _n_=1 then do;
put "if    class_idx=" class_idx "then prior_prob=" prior_prob2 ";";
end;
else if not eof then do;
put "else if    class_idx=" class_idx "then prior_prob=" prior_prob2 ";";
end;
```

```
else do;
put "else prior_prob=" prior_prob2 ";";
end;
run;
```

程序解读：

上面的代码和前面两章的打分模型代码类似，目的都是把模型参数结果从 SAS 数据集导出，变成文本文件。

一旦生成文本文件后，模型开发阶段即告结束，接下来就需要在另外一个真实的商业数据环境中来测试文本分类器的效果。

16.2.7 模型验证：测试分类器效果

本节主要是利用上一节的文本分类器，在另外一个真实商业数据环境中开发代码，测试该文本分类器的效果。使用的数据集就是 16.2.4 节提到的 Test_em。该数据集本身包含了类别标识变量 meta_categ_id，但是在模型验证过程中没有使用，而是用文本分类器来预测每一个 item 属于哪个 meta_categ_id 的最大概率，最终得到预测的 meta_categ_id。然后将预测的 meta_categ_id 和真实的 meta_categ_id 比较，根据商业指定的评价指标决定建模效果。

首先需要对测试数据集 Test_em 做一些数据处理，代码如下：

```
proc datasets lib=plat nolist;
modify test_em;
rename AUCT_TITL=kw ITEM_ID=kw_id;
quit;

data plat.kw1_score;
set plat.test_em;
len_kw=length(kw);
keep kw kw_id len_kw ;
run;

proc sql noprint;
select max(len_kw) into:max_len_kw_scr
from plat.kw1_score
;
quit;
%put &max_len_kw_scr.;

data plat.kw2_score;
set plat.kw1_score;
length kw_new $ &max_len_kw_scr.;
trlt2=translate(kw,                                                                  '
','ABCDEFGHIJKLMNOPQRSTUVWXYZabcdefghijklmnopqrstuvwxyz0123456789');
kw_new=left(compbl(translate(kw,'',trlt2)));
```

```
word_cnt=count(trim(kw_new),"")+1;
keep kw_id kw_new word_cnt ;
run;

proc sql noprint;
select max(word_cnt) into:max_word_scr
from plat.kw2_score
;
quit;
%let max_word_scr=&max_word_scr.;
%put &max_word_scr.;

%let kw_cat_len_scr=%eval(&max_word_scr.*16);
%put &kw_cat_len_scr;

/****capture token***/
data plat.kw_token_score;
set plat.kw2_score;
length tk1-tk&max_word_scr. $16;
i=1;
count=0;
word_cnt2=0;
array tk[1:&max_word_scr.] $ tk1-tk&max_word_scr.;
do while (i le &max_word_scr.);
temp=compress(scan(kw_new,i));
length_t=length(temp);
if length_t ge 2 then tk(i)=temp;

if tk(i) ne '' then do;
   last_second=upcase(substr(tk(i),length(tk(i)) -1,1));
   last_find=upcase(substr(tk(i),length(tk(i)),1));
   word_cnt2+1;
end;
else do;
     last_second='';
     last_find='';
end;
if last_second not in('I','U','S') and last_find in('S') and length(tk(i)) ge 4
then tk(i)=substr(tk(i),1,length(tk(i)) -1);
if length(tk(i)) lt 2 then count+1;

i+1;
end;

/*****remove the record whose token length less than 2***/
if count eq &max_word_scr. then delete;
```

```
keep kw_id kw_new    word_cnt2 tk1-tk&max_word_scr. ;
run;

/****** transpose the table kw_token in terms of class ****/
data plat.kw_token_class_clean_score;
set plat.kw_token_score(keep=kw_id tk1-tk&max_word_scr.);
array ar[1:&max_word_scr.] tk1-tk&max_word_scr.;
do i=1 to &max_word_scr.;
token=ar(i);
fst_token=substr(token,1,1);
if ar(i) ne '' then if length(ar(i)) gt 2 then if fst_token not in('0','1','2','3','4','5','6','7','8','9') then output;
end;
keep kw_id token ;
run;

/****** distribute to each class *********/
proc sort data=plat.kw_token_class_clean_score;by kw_id token;run;
data plat.kw_token_class_basic_score;
set plat.kw_token_class_clean_score;
   do class_idx=1 to &class_count.;
   output;
   end;
keep kw_id token class_idx;
run;
```

上面这段代码和模型开发阶段数据处理代码类似，不再赘述。

接下来导入测试分类器，有两种方法导入：一种是把上面产生的分类器通过 SAS 的 %INCLUDE 语句导入，还有一种是直接关联原来的条件概率表 nb_em_condi_pool 和先验概率表 nb_em_prior_pool。代码如下：

```
/****option1:include score files,but found insuffic ent memory in UNIX**/
data plat.kw_token_class_basic_score2;
set plat.kw_token_class_basic_score;
%include em_condi ;
%include em_prior ;
run;

/*****option2: use MERGE statement ***/
proc sort data=plat.kw_token_class_basic_score;by token class_idx;run;
proc sort data=plat.nb_em_condi_pool;by token class_idx;run;
data plat.kw_token_class_basic_score1;
merge plat.kw_token_class_basic_score(in=a)
plat.nb_em_condi_pool(in=b);
by token class_idx;
if condi_prob2=. then condi_prob2=&min_condi_prob.
;
```

```
if a;
run;

proc sort data=plat.kw_token_class_basic_score1;by class_idx;run;
proc sort data=plat.nb_em_prior_pool;by class_idx;run;
data plat.kw_token_class_basic_score2;
merge plat.kw_token_class_basic_score1(in=a)
plat.nb_em_prior_pool(in=b);
by class_idx;
run;
```

实际商业环境中，第二种方法用得比较多，原因是第一种方法在文本量大的情况下会影响%INCLUDE 语句导入数据的效率。

在导入分类器数据后，接下来根据朴素贝叶斯文本后验概率格式计算每一个 item_id（这里重命名为另外一个变量 kw_id）的后验概率，然后取最大后验概率对应的 meta_categ_id 即为预测的 meta_categ_id，代码如下：

```
proc sort data=plat.kw_token_class_basic_score2;by kw_id class_idx;run;
data plat.scoring_basic(drop=denominator_prob log_post_prob)
plat.scoring_post_smy(keep=kw_id denominator_prob);
set plat.kw_token_class_basic_score2;
retain   denominator_prob log_mult_indepn_prob 0;
by kw_id   class_idx;
if first.kw_id then denominator_prob=0;
   if first.class_idx then log_mult_indepn_prob=log(condi_prob2);
   else log_mult_indepn_prob=log_mult_indepn_prob+log(condi_prob2);
   if last.class_idx then do;
      log_post_prob=log(prior_prob2)+log_mult_indepn_prob;
      numerator_prob=exp(log_post_prob);
   end;
denominator_prob=sum(denominator_prob,numerator_prob);
output plat.scoring_basic;
if last.kw_id then output plat.scoring_post_smy;
run;

proc sort data=plat.scoring_basic;by kw_id;run;
proc sort data=plat.scoring_post_smy;by kw_id;run;
data plat.scoring_post;
merge plat.scoring_basic plat.scoring_post_smy;
by kw_id ;
true_post_prob=numerator_prob/denominator_prob;
run;

proc sort data=plat.scoring_post;by kw_id class_idx;run;
data plat.scoring_post2;
set plat.scoring_post(keep=kw_id class_idx true_post_prob);
```

```
by kw_id class_idx;
if last.class_idx;
run;

proc sort data=plat.scoring_post2;by kw_id true_post_prob;run;
data plat.scoring_final;
set plat.scoring_post2;
by kw_id true_post_prob;
if last.kw_id;
run;
```

上面代码中，最后的数据集 scoring_final 的每一个 kw_id 都得到唯一一个 meta_categ_id，该值根据最大后验概率计算得到，这就是每一个 kw_id 对应的预测分类值。

接下来的代码非常简单，就是求出每一个 kw_id 所在的真实的类别值 meta_categ_id，然后和预测分类值做交叉频数表，代码如下：

```
proc sort data=plat.scoring_final;by class_idx;run;
proc sort data=plat.freq_class2;by class_idx;run;
data plat.scoring_final_pred_class(keep=kw_id class rename=(class=pred_class));
merge plat.scoring_final(keep=kw_id class_idx in=a)
plat.freq_class2(keep=class_idx class in=b);
by class_idx;
if a and b;
run;

proc sql;
create table plat.scoring_final_pred_true_class as
select
a.kw_id
,a.pred_class
,b.META_CATEG_ID as true_class
from plat.scoring_final_pred_class as a
join plat.test_em as b
on a.kw_id=b.kw_id
;
quit;

proc sql;
create table plat.scoring_final_pred_class_cnt as
select
pred_class as class
,count(*) as pred_cnt
from plat.scoring_final_pred_true_class
group by 1
;
```

```
quit;

proc sql;
create table plat.scoring_final_true_class_cnt as
select
true_class as class
,count(*) as true_cnt
from plat.scoring_final_pred_true_class
group by 1
;
quit;

proc sort data=plat.scoring_final_pred_class_cnt;by class;run;
proc sort data=plat.scoring_final_true_class_cnt;by class;run;
data plat.scoring_final_pred_true_cnt;
merge plat.scoring_final_pred_class_cnt
plat.scoring_final_true_class_cnt;
by class;
run;
proc freq data=plat.scoring_final_pred_true_class;
table true_class*pred_class;
run;

proc datasets lib=plat nolist;
save
/***save training stage data**/
freq_meta_id_name_map
L1_item_train_no_class
L1_item_train_class
test_em
NB_EM_BASIC_INIT
freq_token
freq_class2
w_record_iter_prior_dif
/***save scoring stage data**/
nb_em_condi_pool
nb_em_prior_pool
scoring_final
scoring_final_pred_true_cnt
scoring_final_pred_true_class
;
quit;
```

上面代码中，数据集 scoring_final_pred_true_class 将产生最终的交叉频数表，在模型评估中，交叉频数表又被称为“混淆矩阵”（Confusion Matrix）。

16.2.8 模型评估：计算混淆矩阵

所有的分类模型本质上是一个映射过程，所以评价一个分类模型优劣的标志是映射的准确程度和映射的速度。映射的速度取决于映射规则的复杂程度，比如第 14 章的映射规则就是 LOGISTIC 回归的系数，而第 15 章和第 16 章则是 NB 的条件概率和先验概率。映射的准确度的参照系统是基于定性判断或者行业标准，但前提是必须训练数据集的分类标识完全准确。使用映射规则所预测的结果与原有的分类标识越接近，分类准确度就越高。

在第 15 章，已经介绍了一种模型评估的方法，即 LIFT 图。除了 LIFT 图之外，还有基尼系数、ROC 曲线、混淆矩阵等多种评估方法。本节将重点介绍混淆矩阵的计算方法在实际中的应用。

设有原始类别集 $C=\{c_1,c_2,\cdots,c_{|C|}\}$，并假设预测类别集也是 $C=\{c_1,c_2,\cdots,c_{|C|}\}$，则通过数据交叉，容易得到表 16-1 的矩阵（混淆矩阵）。其中 c_{11} 表示 c_1 类中有 c_{11} 个观测正确分类到 c_1，c_{12} 表示有 c_{12} 个 c_1 类的观测被误分类到 c_2 类，其余类推。

表 16-1　混淆矩阵

预测 / 实际	c_1	c_2	…	$c_{\vert C\vert}$
c_1	c_{11}	c_{12}	…	$c_{1\vert C\vert}$
c_2	c_{21}	c_{22}	…	$c_{2\vert C\vert}$
…	…	…	…	…
$c_{\vert C\vert}$	$c_{\vert C\vert 1}$	$c_{\vert C\vert 2}$	…	$c_{\vert C\vert\vert C\vert}$

若记：

a_i：表示实际属于 c_i 类预测也被分到 c_i 类的观测数；

b_i：表示实际属于 c_i 类预测未被分到 c_i 类的观测数；

c_i：表示实际不属于 c_i 预测却被分到 c_i 类的观测数；

d_i：表示实际不属于 c_i 类预测也未被分到 c_i 类的观测数；

显然有：

$$a_i=c_{ii} \qquad (1)$$

其余三个值的计算公式分别是：

$$b_i=\sum_{j=1}^{i-1}c_{ij}+\sum_{j=i+1}^{|C|}c_{ij} \qquad (2)$$

$$c_i=\sum_{k=1}^{i-1}c_{ki}+\sum_{k=i+1}^{|C|}c_{ki} \qquad (3)$$

$$d_i=\sum_{j=1}^{i-1}\sum_{k=1}^{i-1}c_{kj}+\sum_{j=1}^{i-1}\sum_{k=i+1}^{|C|}c_{kj}+\sum_{j=i+1}^{|C|}\sum_{k=1}^{i-1}c_{kj}+\sum_{j=i+1}^{|C|}\sum_{k=i+1}^{|C|}c_{kj} \qquad (4)$$

则可以用以下两个指标来衡量模型预测的优劣：命中率（Precision）和覆盖率(Recall)。公式分别如下：

$$precision=\frac{\sum_{i=1}^{|C|}a_i}{\sum_{i=1}^{|C|}a_i+\sum_{i=1}^{|C|}b_i};\qquad recall=\frac{\sum_{i=1}^{|C|}a_i}{\sum_{i=1}^{|C|}a_i+\sum_{i=1}^{|C|}c_i}$$

上面两个公式中的数据很容易通过 SAS 的 FREQ 过程步得到。在随书源代码及数据包中有本章最后产生的 scoring_final_pred_true_class 数据表对应的 freq 过程步输出数据。由于类别太多（一共 31 个类别），因此不在这里列出。最终用本章的 NB+EM 迭代模型产生的上述两个比例（命中率和覆盖率）都接近和超过 70%，这在商业实践中是一个非常成功的模型。

16.2.9 模型应用：对用户查询关键字进行分类

在模型验证阶段，如果交叉验证的结果（包括命中率和覆盖率）满足商业设定的阈值（比如 70%），该模型就可以投入实际生产应用。根据上一节的模型评估，该模型满足商业阈值下限，可以投入运营。接下来回到本章的最初商业需求，该需要要求将所有用户查询关键字进行归类，则模型应用实施流程如下：

1）市场部提供分析部一部分用户查询测试名单

这里之所以强调一部分，主要原因是因为尽管在模型验证阶段，模型交叉验证的效果非常好，但是仍然要防止在另外一个商业环境中模型出现差的可移植性，所以先随机抽样一部分测试数据，把测试结果让市场部做进一步定性分析，然后再决定是否真正使用模型来预测大规模数据。

2）分析部根据测试名单预测用户查询的目标分类值

这一步完全可以参考模型验证阶段的开发代码流程，主要包括：

- 用户查询数据获取与数据预处理。
- 导入文本分类器。
- 计算每一个用户查询在每一个可能的目标分类中的后验概率。
- 取最大后验概率对应的目标分类值。

最后得到的目标分类值即为每一个用户查询对应的预测目标分类。

3）分析部提交预测目标分类结果

在预测完每一个用户查询的目标分类值后，分析部提交最终的分类结果给市场部。接下来市场部将根据这些目标值，从定性分析的角度再次将这些用户查询重新归类，然后把分析部的预测归类和重新归类结果再次做交叉验证，如果交叉验证结果通过市场部评价指标设定的阈值，则分析部就可以在大规模用户查询数据集上使用模型。否则需要进一步优化模型，直至市场部最终认可模型结果。

16.2.10 小结与展望

数据挖掘可以说是一个方兴未艾的领域，本章涉及的内容只是该领域极小的一个部分。目前的国际市场上有很多数据挖掘分析工具，如 SAS 的 Enterprise mining，SPSS 的 clementine 以及形形色色的小算法包工具。但是无论是什么分析工具或者算法，都必须解决如下几个问题：

数据挖掘算法的可伸缩性：与传统的数据分析方法相比，数据挖掘必须能够有效地处理大数据问题，而且尽可能是交互式开发流程，而不是菜单操作式应用界面模式。由于面对大量的数据，算法的可伸缩性就显得尤为重要。一个只在实验室或者教科书上进行“纸上谈兵”的算法是无法适应真正的商业需求的。

数据挖掘算法的可移植性：数据库系统、数据仓库系统和 Web 已经成为当今世界三大主流信息处理系统。保证数据挖掘的各类算法能够在不同系统之间无缝切换就显得尤为重要。关系型数据、事务型数据、查询检索、联机分析数据能够有效集成在一个统一的框架中无疑将会加速数据挖掘的效率。

数据挖掘语言的标准化：目前的数据挖掘没有自己的特定语言，都是依附于其他开发语言之上。显然，标准化和高效的数据挖掘语言将有助于数据挖掘的系统开发，改善不同数据系统之间的交互操作。

参 考 文 献

[1] SAS 在线帮助文档[OL]. http://support.sas.com.
[2] 高惠旋，等. SAS 系统・Base SAS 软件使用手册[M]. 北京：中国统计出版社，1998.
[3] 朱世武. SAS 编程技术教程[M]. 北京：清华大学出版社，2007.
[4] 韩家炜，堪博. 数据挖掘概念与技术[M]. 范明，等译. 北京：机械工业出版社，2001.
[5] Liu Bing. Web 数据挖掘[M]. 俞勇，等译. 北京：清华大学出版社，2009.